La storia. Temi
119

Sara De Simone

L'atto sospeso

Azione e inazione dell'eroe dall'*Iliade* a Virginia Woolf

viella

Prima edizione: aprile 2024
ISBN 979-12-5469-499-2

DE SIMONE, Sara
L'atto sospeso: azione e inazione dell'eroe dall'Iliade a Virginia Woolf / Sara De Simone. - Roma : Viella, 2024. - 185 p. : ill. ; 21 cm. (La storia. Temi ; 119)
Bibliografia: p. [171]-181
Indice dei nomi: p. [183]-185
ISBN 979-12-5469-499-2
1. Letteratura - Critica
809.9 (DDC WebDewey) Scheda bibliografica: Biblioteca Fondazione Bruno Kessler

viella
libreria editrice
via delle Alpi, 32
I-00198 ROMA
tel. 06 84 17 758
fax 06 85 35 39 60
www.viella.it

Indice

Chiesi a mio padre chi fossero i templari; mio padre mi rispose – non perché non lo sapesse, ma perché aveva il senso della misura – qualcosa che potevo capire; ricordo che mi disse che erano dei cavalieri, e io ero una donna, allora domandai, non so se a mio padre o a mia madre, se si dovesse essere sempre ciò che già si era, se essendo io una bambina non potessi mai essere un cavaliere, per il fatto di essere donna. E questo mi restò nell'anima, galleggiando, perché io volevo essere un cavaliere senza per questo smettere di essere donna. No, io non volevo rifiutare, io volevo conciliare, tantomeno volevo rinnegare la mia condizione di donna, perché era la condizione data e io l'accettavo, ma volevo renderla compatibile con l'essere cavaliere.

María Zambrano, *A modo de autobiografía*

Tutte le traduzioni, ove non diversamente indicato, sono a cura dell'Autrice.

Introduzione

C'è un eroe che cammina, anzi corre, in un cunicolo. Sta facendo quello che deve fare. È un uomo d'azione, ed è dunque nell'azione che il suo stare al mondo, e la sua funzione nella storia narrata, trovano senso. L'eroe è Porthos, il più grande, grosso, forzuto dei tre moschettieri. Siamo ne *Il visconte di Bragelonne*, l'ultimo volume della trilogia di Dumas, pubblicato a puntate tra il 1847 e il 1850 con grande successo di pubblico. Ma siamo anche in un bistrot di Parigi, nel 1962, mentre il filosofo Brice Parain racconta proprio questo episodio a una malinconica Anna Karina, protagonista del film *Vivre sa vie* di Jean-Luc Godard.

Porthos – racconta il filosofo, mediando e riscrivendo il testo dumasiano – deve piazzare della dinamite in una grotta per mettere in salvo sé stesso e i suoi compagni dall'inseguimento dei soldati di Luigi XIV. Né più né meno di una delle tante imprese che ha compiuto in anni di avventurosa e onorata carriera. Ebbene lo fa, dà fuoco alla dinamite, comincia a scappare. Ma mentre fugge, di colpo, inizia a pensare a come sia possibile per lui mettere un piede dopo l'altro. Questo pensiero lo blocca, non riesce più a camminare, tantomeno a correre. L'amico Aramis lo aspetta fuori dal cunicolo, gli grida «fai presto». Ma Porthos non può più andare avanti. La dinamite esplode, la grotta gli crolla addosso. Ha le spalle forti, resiste reggendo le macerie sulla schiena ma alla fine, esausto, non può che lasciarsi andare. Il filosofo-personaggio di Godard conclude: la prima volta in vita sua in cui ha pensato, il titanico Porthos è morto.

La naturale didascalia per questa scena sembrerebbe essere «chi si ferma è perduto». E in particolare, se l'uomo d'azione si ferma – se pensa, se esita, se dubita – allora non ha scampo. Ma è davvero sempre così? Deve l'eroe soccombere sotto il peso di un pensiero?

L'atto sospeso nasce dal desiderio di rispondere a questa domanda, e per farlo prova a ricostruire una genealogia di eroi che, nel corso dei secoli, attraversano lo spazio dell'inazione come momento essenziale allo svolgimento della propria epopea.

Da Arjuna ad Achille, da Oreste a Pelasgo, da Perceval a Lancelot, fino ad arrivare alle riscritture novecentesche di Orlando e Percival nell'opera di Virginia Woolf, questi eroi «in sospeso» – indecisi, riluttanti, temporaneamente inefficaci – attraversano la storia della letteratura mettendo in crisi lo stesso paradigma eroico di cui sono il simbolo.

Se è vero, come scrive Blanchot, che «l'eroismo è la splendente sovranità dell'atto» e che «solo l'atto è eroico, mentre l'eroe che non agisce non è nulla, l'eroe preso al di fuori della chiarezza dell'atto che illumina e lo illumina non è nulla»,[1] questi eroi sembrano esistere e brillare anche e proprio quando i loro gesti tardano a farsi «gesta», esitando in un'animazione sospesa, carica di vertigine ed energia dinamica.

Non solo lance alte verso il cielo, dunque, ma anche archi che scivolano dalle mani. Non solo impazienza di combattere e foga smisurata, ma anche pensosa inoperosità. Non solo furore, da campioni eccezionali, ma anche eccezionale capacità di accedere e sostare in un tempo altro, in un «frattempo» che non sempre diviene inciampo tragico senza uscita, come nel caso di Amleto.

Basti pensare ad Achille che, irato, si ritira nella sua tenda, rifiutandosi di combattere, e ciononostante continua a «muovere» – da fermo, proprio perché fermo – le sorti della battaglia intorno a sé; o a Oreste che esita davanti al seno scoperto di Clitemnestra, che lo ha nutrito, e la cui visione lo costringe a ritardare il suo gesto di matricida di un attimo, quanto basta perché il tempo della coscienza faccia irruzione sulla scena. O ancora ai campioni della cavalleria medievale Perceval e Lancelot che, a scapito del *tourbillon* che li vorrebbe sempre mobili e gravidi di propositi, non fanno che interrompere la propria *quête*, inciampando, deviando, cadendo – da cavallo o in pensieri troppo profondi. Così come il loro sovrano Artù, che sembra passare più tempo con la guancia appoggiata al pugno, perso nel suo «panser», che a governare il suo regno.

Se non fosse che sono proprio i momenti in cui il re si mostra pensoso a sospingere i suoi cavalieri verso nuove *aventures*, nel tentativo di porre

1. Maurice Blanchot, *La fine dell'eroe*, in *L'infinito intrattenimento: scritti sull'insensato gioco di scrivere*, trad. it. R. Ferrara, Torino, Einaudi, 1977, p. 493 [ed. or. *L'entretien enfini*, Paris, Gallimard, 1969].

rimedio alla malinconia del loro sovrano. E sono proprio i momenti in cui Perceval e Lancelot sembrano assenti a sé stessi, trasognati, stralunati, assorbiti da un'estasi amorosa, ad anticipare i loro grandi exploit cavallereschi.

In tutti i testi di cui sono protagonisti gli uomini d'azione menzionati finora, la sospensione pare configurarsi – seppur con registri e modalità differenti – come un dispositivo narrativo e drammaturgico essenziale, che nell'atto stesso di mettere in crisi il procedere della storia, ne rigenera e rafforza il tessuto. Come pure i personaggi, che proprio mentre contraddicono il paradigma eroico cui dovrebbero corrispondere – mostrandosi incerti, incapaci o esplicitamente ridicoli – sembrano in realtà portare a tensione massima la propria potenza, che esploderà, qualche verso o qualche pagina più tardi, con esiti di rinnovata forza e prodezze ancora maggiori.

Incerti e ridicoli, senza per questo diventare degli antieroi, sono anche i protagonisti delle riscritture contemporanee di Woolf, che in *Orlando* e *Le onde* – due opere molto diverse ma composte e pubblicate nello stesso intervallo di anni (tra il 1927 e il 1931) – affronta il tema dell'eroismo partendo proprio dalla tradizione epico-cavalleresca europea.

Orlando, protagonista dell'omonimo romanzo, e Percival, figura centrale de *Le Onde*, sono entrambi esplicitamente modellati sulla memoria dei loro grandi antenati, ma al contempo ne sconfessano le qualità ed esasperano i difetti. Le loro imprese appaiono inesistenti o insulse: il primo, discendente dalla più illustre schiatta di uccisori di infedeli, passa le sue giornate a fantasticare gesta che non compirà mai, a scrivere versi e a cadere da cavallo perché troppo preso dai suoi pensieri; il secondo, definito da tutti gli altri personaggi del romanzo come un «eroe» e guardato costantemente come un modello, morirà proprio per una banale caduta da cavallo, mentre trotta per le vie dell'India con in testa non l'elmo, ma un caschetto da colonialista.

Ridicoli prodotti residuali di un eroismo maschile che – per Woolf – non ha più senso di esistere, Orlando e Percival sembrano però conservare i tratti e il fascino dei loro predecessori: un fascino ambiguo, che li rende patetici e straordinari al tempo stesso, incapaci di grandi imprese eppure figure indispensabili alla creazione letteraria, in cui l'inazione diviene spazio fecondo, vuoto vitale attraverso cui interrogare la Tradizione, e nell'atto stesso di dichiararla inattuale, mantenerla presente e viva.

In questo quadro, può ben essere che il più celebre dei paladini si svegli una mattina, si scopra mutato nelle membra e nel volto, ed esclami a gran voce: «Praise God that I'm a woman!».[2] Con un vero e proprio *coup de théâtre*, Orlando è diventato una donna. Ma che cosa significa essere un'eroina dopo secoli di eroi? Ed è proprio vero che «quando si scrive la vita di una donna – si sa, sono tutti d'accordo – bisogna mettere da parte l'azione»?[3]

Lo scopriremo insieme.

2. Virginia Woolf, *Orlando: A Biography*, a cura di Maria DiBattista, New York, Harcourt, 2006, p. 119 [ed. or. Hogarth Press, London, 1928]..

3. Virginia Woolf, *Orlando*, trad. it. di N. Fusini, Milano, Neri Pozza, 2023, p. 245.

1. La freccia ferma*

Ja, der fliegende Pfeil ruht
Sì, sta ferma la freccia in volo
Franz Kafka (*Diari*, 17 Dicembre 1910)

Stando a quanto ci è pervenuto, il termine ἥρως fa la sua prima comparsa "epica" al quarto verso del proemio dell'Iliade. Si tratta di una parola dall'origine incerta – e per Kerényi non traducibile senza che se ne perda la ricchezza di significato e di suono[1] – attestata anche in Mimnermo e in Esiodo e, più anticamente, in tavolette votive di epoca micenea vergate in scrittura Lineare B.

In Esiodo, e poi in Omero, questo termine viene utilizzato per riferirsi a uomini forti e valorosi, dalle notevoli virtù militari. Per quanto, infatti, in questi testi sia presente anche la definizione di ημίθεοι – a indicare il carattere semidivino di tali figure, ma anche la loro condizione di «speciale «quasi-esistenza», che è meno e più della comune esistenza umana»[2] – in entrambi i poemi, e soprattutto in quello omerico, l'uso del termine è per lo più sganciato da una dimensione cultuale. «Gli eroi erano coloro che avevano combattuto a Troia e a Tebe»,[3] quindi, sostanzialmente, dei guerrieri.

«Effettivamente, a parte la morte, forse non vi è nulla che caratterizzi in maniera così spiccata un così gran numero di eroi, come la qualità

* È il titolo di un bel saggio di Elvio Fachinelli su tempo e psiche. Elvio Fachinelli, *La freccia ferma. Tre tentativi di annullare il tempo*, Milano, Adelphi, 1992 [1ª ed. «L'erba voglio», Milano, 1979].

1. Károly Kerényi, *Gli dei e gli eroi della Grecia*, trad. it. V. Tedeschi, Milano, Il Saggiatore, 2009, p. 235 [ed. or. *Die Mythologie der Griechen*, Rhein-Verlag, Zurich, 1958-1962].

2. *Ibidem*

3. Angelo Brelich, *Gli eroi greci. Un problema storico-religioso*, Roma, Edizioni dell'Ateneo, 1958, p. 11.

di combattente»,[4] anzi, secondo Brelich, è proprio questa stessa qualità a distinguerli non solo dagli uomini, ma anche dagli dei, poiché nessun dio, anche quando abbia affrontato combattimenti o sia un dio armato, come Ares,[5] rappresenta il "tipo del guerriero" tanto quanto l'ἥρως.

«Per la maggior parte degli eroi [...] il combattimento – che si tratti di guerra o di μονομαχία – è l'elemento principale dell'esistenza».[6]

Il corpo dell'eroe è dunque un corpo che combatte, che corre, che fende, un corpo percorso dalla furia, animato dal θυμός – un istinto, una forza, un desiderio, un coraggio fuori dalla norma.

Nella *Politica*, Aristotele scrive che un eroe, rispetto agli uomini comuni, ha un corpo e un'anima più grande – εὐθὺς πρῶτον κατὰ τὸ σῶμα πολλὴν ἔχοντας ὑπερβολήν, εἶτα κατὰ τὴν ψυχήν[7] – ed è impossibile non leggere in quella πολλὴν ὑπερβολήν non solo una superiorità, ma anche un eccesso, una sovrabbondanza, un'eccedenza che trabocca, per l'appunto, un'iperbole.

L'iperbole eroica si realizza proprio in quel «lanciarsi oltre il limite» (ὑπερ + βάλλειν), in quel superamento a cui il corpo eroico è costantemente teso: è lo slancio della corsa, del balzo, del grido, dell'arco e della spada. Del resto, βέλος, che nell'Iliade ricorre 76 volte, è l'arma da getto: dunque la freccia, il dardo, la lancia.

Sono braccia e mani potenti quelle che scoccano questi colpi, gambe rapide quelle che si gettano alla rincorsa del nemico – la fuga non è contemplata, anzi è considerata μέγα κακόν, un grande male.

Forza, rapidità, coraggio, continuo impulso all'azione: come sottolinea Walter Burkert «gli eroi non sono in genere immaginati come vecchi, grigi e brutti, ma sono sempre raffigurati nel pieno delle forze e al "culmine" della giovinezza».[8]

Non è dell'eroe la *gravitas*, piuttosto gli è proprio l'*impetus*: si tratta di una costante che travalica le singole tradizioni e va a costituire il tipo dell'eroe indoeuropeo che, come dimostrato da George Dumézil,[9] nella

4. Ivi, p. 90.
5. *Ibidem*. Per Brelich, Ares rappresenta il combattimento stesso, non il combattente.
6. Ivi, p. 91.
7. Aristotele, *Politica*, a cura di Federico Ferri, Firenze, Bompiani, 2016, 1332b, p. 23.
8. Walter Burkert, *La religione greca di epoca arcaica e classica*, trad. it G. Arrigoni, Milano, Jaca Book, 2003, p. 394 [ed. or. *Griechische Religion der archaischen und klassischen Epoche*, Stuttgart-Berlin-Köln, W. Kohlhammer GmbH, 1977].
9. Georges Dumézil, *Mitra-Varuna. Essais sur deux représentations indo-européennes de la souveraineté*, Gallimard, Paris, 1948, pp. 38-54.

coppia antinomica *gravitas/celeritas* tende quasi sempre ad occupare lo spazio del secondo termine. *Celeres*, a Roma, è il nome dato alla centuria di giovani eroi guerrieri che affiancano Romolo, opposti e complementari ai *seniores*, i senatori che incedono con passo lento e deliberano scelte importanti; rapidi sono gli indiani Marut, che cavalcano i venti armati di lance e folgori per scortare Indra, divinità delle tempeste e del combattimento munita di arco e saette; giovane, bello, furioso e velocissimo è il più celebre eroe irlandese, Cúchulainn, protagonista dell'epopea celtica *Tain Bo Cualnge*, che rotea il giavellotto animato dalla *ferg*,[10] la furia maniacale guerriera;[11] πόδας ὠκὺς e ποδάρκης, dai piedi rapidi e leggeri, è Achille, con gli occhi fiammeggianti,[12] la testa infuocata,[13] l'urlo più potente di una tromba,[14] che corre all'inseguimento di Ettore come un nibbio fa con una colomba tremante,[15] come un cane con un cervo,[16] o che sul campo di battaglia si muove come un leone che spalanca le fauci e schiuma dalle zanne.[17]

10. Il termine *ferc/ferg*, deriva dalla radice **uerg* che esprime l'idea della frenesia e dell'ansimare per la rabbia, e connette con l'ὀργή greca. Per il parallelo tra *ferg* e ὀργή si veda Pierre Chantraine, *Dictionnaire Étymologique de la Langue Grecque*, [d'ora in poi *DELG*], vol. I, Paris, Éditions Klincksieck, 1968, p. 816.

11. Bernard Sergent, *Celtes et grecs. Le livre des héros*, vol. I, Paris, Payot&Rivages, 1999. Sergent si concentra proprio sul confronto tra Cúchulainn e Achille.

12. Omero, *Iliade*, I, vv. 199-201, trad. it. Rosa Calzecchi-Onesti, Torino, Einaudi, 2018, p. 13: «Restò senza fiato Achille, si volse, conobbe subito/ Pallade Atena: terribilmente gli lampeggiarono gli occhi/ e volgendosi a lei parlò parole fugaci».

13. Ivi, vv. 205-206, p. 651: «E intorno alla testa la dea gloriosa lo incoronò d'una nube/ d'oro, fece uscire da lui una vampa splendente».

14. Ivi, vv. 215-221, p. 653: «Si fermò sul fossato fuori dal muro, in mezzo agli Achei/ non si mischiò; rispettava il saggio consiglio materno./ Qui ritto gridò, e Pallade Atena al suo fianco/ urlava: fra i Teucri sorse tumulto indicibile./ Come è sonora la voce della tromba che squilla/ quando i nemici massacratori assediano una città,/ così fu sonora allora la voce dell'Eacide».

15. Ivi, vv. 136-143, p. 771: «Come lo vide, spavento prese Ettore, non seppe più/ attenderlo fermo, si lasciò dietro le porte e fuggì:/ si slanciò pure il Pelide, fidando nei piedi veloci/ come il nibbio sui monti ch'è tra gli uccelli il più rapido,/ facilmente insegue una tremante colomba,/ e quella gli fugge di sotto, ma il nibbio stridendole addosso/ vola fitto, il cuore lo sprona a ghermirla;/ così Achille volava, furioso».

16. Ivi, vv. 188-193, p. 773, «Achille veloce seguiva Ettore, senza riposo incalzandolo;/ come un cane sui monti insegue un nato di cerva/ per valli e per gole dopo averlo snidato:/ e se quello s'appiatta smarrito sotto un cespuglio,/ corre pur sempre cercando le tracce finché lo trova;/ così non sfuggiva Ettore al piede rapido di Achille».

17. Ivi, XX, vv. 164-175, p. 709 «Dall'altra parte il Pelide balzò avanti come un leone/ assassino, che gli uomini ardono d'ammazzare,/ tutta un'intera tribù; e quello prima avanza/ sdegnoso; ma quando qualcuno dei giovani ardenti di lotta/ lo tocca con l'asta,

E un leone è anche Arjuna, eroe indiscusso del *Mahābhārata* – e in particolare della *Baghdavagītā* – che di quell'Indra signore delle perturbazioni è il figlio e, come nota Dumézil, «rappresenta l'ideale dei guerrieri» ma proprio per questo paga il prezzo di «vivere indefessamente nelle fatiche e nei pericoli».[18]

Nel XIV libro del *Mahābhārata*, vedendo Arjuna tornare dimagrito per la fatica di molte battaglie, il capo dei Pandava domanda al dio Krishna perché ad un simile eroe non siano stati mai concessi un po' di riposo e di agi, e perché egli sia costretto, per tutta la sua esistenza, a passare da una fatica all'altra senza sosta. A questa domanda Krishna risponde:

> Non vedo in lui alcun tratto fisico indesiderabile, oh re, se non gli zigomi, che in questo leone degli uomini sono troppo alti: a causa loro questa tigre degli uomini è sempre in movimento sulle strade, non vedo altro in lui che lo destini a una vita di sventura.[19]

Per Dumézil «questa disgrazia fisica, questi zigomi un po' troppo alti o pronunciati» sono ciò che condanna l'eroe indiano «all'agitazione, alle spedizioni, alle fatiche, in breve alla carriera del guerriero» e compaiono sul suo viso come «segno della sua vocazione».[20]

Una vocazione che attraverso il volto si rivela, quindi, e al contempo lo trasforma rendendolo simile a quello delle bestie feroci, contraendolo in uno sforzo continuo, che finisce per diventare espressione fissa: si tratta, sempre per Dumézil, della «stilizzazione di un contorcimento eroico tradizionale», ovvero di una smorfia, di un digrignamento tipico, che è possibile rintracciare sul volto di molti eroi della cultura indoeuropea.

a fauci aperte si raggomitola, bava sui denti/ gli viene e nel cuore geme l'animo forte; fianchi e ventre di qua e di là con la coda/ flagella, s'eccita alla battaglia; poi con occhi splendenti/ si lancia diritto con furia, se uccida qualcuno/ degli uomini o lui stesso perisca davanti alla folla:/ così la furia e il nobile cuore spingevano Achille/ a muovere incontro al magnanimo Enea».

18. Georges Dumézil, *Le sorti del guerriero. Aspetti della funzione guerriera presso gli Indoeuropei*, trad. it. F. Bovoli, Milano, Adelphi, 1990, p. 212 [ed. or. *Heur et malheur du guerrier, aspects de la fonction guerrière chez les Indo-Européens*, Paris, Presses Universitaire de France, 1969].

19. *Mahābhārata*, XIV, 89, 7-8. Il testo citato è presente in Dumézil, *Le sorti del guerriero*, p. 213.

20. *Ibidem*.

Anche per Brelich i segni fisici della vocazione eroica sono costituiti per lo più da disgrazie e difetti fisici: l'eroe è sempre portatore, accanto ad «una luce di sovrumana grandezza»,[21] di caratteri mostruosi o eccessivi – dal cuore peloso al gigantismo, dai tratti animaleschi alla zoppia, a uno smodato appetito sessuale – tanto che «non vi è neppure uno tra gli eroi sufficientemente conosciuti che sia assolutamente privo di simili caratteri»,[22] questo perché un attributo fondamentale della «forma eroica» è proprio la sua «connaturata imperfezione e smisuratezza».[23]

Eroi smisurati, dunque, costantemente contratti, senza riposo, sempre in movimento sulle strade del mondo, tesi senza sosta nello slancio rapido del colpo micidiale.

Sono eroi che dispongono del proprio corpo esorbitante come dell'arma da getto, sono essi stessi l'asta protesa e la freccia che scoccano in una incessante proiezione attiva di sé.

Eppure, se è vero che questi eroi sono ciò che fanno, se il loro essere coincide con la loro azione, se dunque per essere essi devono continuamente agire, è anche vero che esistono circostanze – di durata variabile – in cui questa azione viene interrotta, e l'atto rimane sospeso.

Sono momenti carichi di intensità, proprio perché l'eroe che di volta in volta ne è protagonista vive attraverso di essi una condizione apparentemente opposta, o quanto meno contraddittoria, rispetto alla propria vocazione, alla traiettoria iperbolica del proprio attraversamento del mondo, e del testo.

Quando ciò accade, il corso degli eventi narrati, formalmente strutturato intorno all'azione e da essa trainato su una o più linee di tensione progressiva, sembra interrompersi per allargarsi e ospitare una smagliatura, talora uno strappo.

Non si tratta però di una caduta di tono o di un difetto di coesione: la smagliatura di cui tanti e tali eroi sono primi attori può brillare all'interno di un testo con un'energia ineguagliabile.

E, si capisce, tanto più brilla quanto più ad agirla – ad agirla, non agendo – sono coloro il cui compito fondamentale è quello di portare avanti la storia attraverso le proprie imprese.

21. Brelich, *Gli eroi greci*, p. 225.
22. Ivi, p. 268.
23. Ivi, p. 314.

In tal senso, possiamo immaginare questi eroi – colti nel paradosso del non fare – come una freccia ferma, rappresentazione sospesa e sconcertante in cui, per un tempo più o meno breve, «non c'è né futuro né passato, c'è una condizione "stazionaria" nella permanente irrequietezza».[24] Davanti alla visione della freccia ferma il compimento dell'azione ci appare tanto possibile quanto impossibile, e contemporaneamente reale e irreale.

24. Fachinelli, *La freccia ferma*, p. 25.

Per un'epica della sospensione

Bhagavadgītā e *Iliade* sono poemi di guerra. Entrambi raccontano di un grande conflitto in atto, ma entrambi cominciano con una interruzione: sia Arjuna che Achille, gli eroi protagonisti, appaiono infatti sulla scena in un momento di sospensione, ed è significativamente sotto il segno della loro inazione che le rispettive narrazioni hanno inizio.

La *Bhagavadgītā* si apre con la descrizione di due eserciti, schierati nella piana di Kurukṣetra,[25] non lontano dall'attuale Nuova Delhi: qui i due rami della dinastia dei Kuru – i Pāndava e i Kaurava – che da anni si contendono il trono di Hastināpura, sono pronti ad affrontare la battaglia. Si tratta di eserciti immensi: quasi tutte le famiglie dell'India settentrionale, occidentale e orientale sono in campo, migliaia di carri, di elefanti, cavalli, e soldati a piedi sono riuniti, «impazienti di combattere».[26]

Dopo l'elenco dei condottieri presenti – il classico catalogo dei guerrieri – tra cui «tanti eroi [...] che vanno all'assalto con armi diverse, ma possiedono tutti una scienza consumata della guerra»,[27] il segnale di inizio viene suonato: «D'improvviso, le conchiglie risuonano; si battono i gong, i tamburi e i tamburelli. Uno strepito assordante».[28]

Le nuvole e la terra tremano, i carri cominciano ad avanzare, i primi dardi volano, e Arjuna – l'eroe destinato al movimento costante, l'incomparabile arciere – chiede al suo auriga di essere portato al centro, tra i due eserciti, per osservare più da vicino i volti degli eroi con cui dovrà confrontarsi.

> Vedendo allora i Dhrtarāstridi in ordine di battaglia – già volavano i lanci di dardi – il Pāndava dalla bandiera coll'insegna della scimmia alzò il suo arco e rivolse queste parole a Hrsīkeśa: «Ferma il mio carro, o Acyuta, tra i due eserciti, il tempo di scrutare attentamente le file di questi guerrieri determinati a battersi e con i quali bisogna misurarsi in questa mischia che si va scatenando».[29]

È in questo momento che, non appena solleva in aria il suo arco, pronto a colpire, l'eroe indiano si blocca: schierati di fronte a lui, come nemici,

25. La battaglia di Kurukṣetra si colloca, secondo la cronologia tradizionale hindū, a cavallo tra il 3139 e il 3138 a.C. e dura diciotto giorni.

26. *Bhagavadgītā*, I, 1, a cura di Anne-Marie Esnoul, trad. it. B. Candian, Milano, Adelphi, 1991, p. 21.

27. Ivi, I, 4-9, pp. 21-22.

28. Ivi., I, 13, pp. 22-23.

29. Ivi, I, 20-22, pp. 23-24.

ci sono i suoi parenti Kaurava – cugini, zii materni, cognati, nipoti, amici – che pure sono traditori e usurpatori, ma che lui non vorrebbe uccidere.

Arjuna, così, comincia a sentirsi debole, ha le vertigini, non si regge in piedi, e il prodigioso arco Gāṇḍīva gli scivola dalle mani:

> Il figlio di Kuntī contemplava tutti suoi parenti che si trovavano in quella situazione e, invaso da una profonda pietà, pronunciò queste parole desolate: «O Krishna, quando vedo i miei desiderosi di combattere, pronti a dare battaglia, mi vengono meno le membra, la mia bocca si dissecca, un brivido mi percorre il corpo, mi si drizzano i peli, il mio arco Gāṇḍīva mi cade dalle mani, la mia pelle brucia, non posso stare dritto e la mia mente sembra presa da vertigine. [...]
> Se, rifiutando di affrontarli e di usare le mie armi, fossi ucciso in combattimento dai Dhrtarāstridi con le armi in pugno, sarebbe per me una sorte migliore». [...] Con tali parole Arjuna, in piena battaglia, lasciò cadere arco e frecce e si sedette in fondo al suo carro, la mente turbata dall'angoscia.[30]

Proprio nel punto di massima tensione, mentre la battaglia comincia a crescere, il suo eroe principale – colui dal quale dipendono le sorti tutte della guerra – si ferma, contravvenendo tanto alle prescrizioni del codice eroico, quanto alle esigenze di una narrazione epica.

Il ritmo rallenta, la tensione tutta verticale della scena decresce, smonta, si dilata: sebbene tutt'intorno i guerrieri continuino a combattere, il racconto si fissa sul solo ed unico che non combatte, proprio lui, il grande Arjuna, il leone degli uomini, l'eroe infaticabile di centinaia di imprese, colui che porta in volto i segni di una contrazione costante – quegli zigomi alti, tirati, sempre nello spasmo della mira e del colpo.

Il corpo dell'arciere bello e imbattibile si allenta come la corda del suo arco, un attimo prima tesa. Nessuna freccia può essere scoccata.

Ci pare di poter vedere, di momento in momento, la progressiva diminuzione del tono muscolare delle sue braccia, la presa – di solito tanto salda – che si indebolisce, la postura maestosa, eretta, che si abbandona e lo fa ripiegare su sé stesso.

Eppure, quell'arco che cade, e che Arjuna ha ricevuto come dono direttamente dalle mani di Agni, il dio del fuoco, è lo stesso che in passato ha ucciso o terrorizzato centinaia di nemici, compresi i Kaurava.

Non molto tempo prima della battaglia di Kurukṣetra, infatti, Arjuna annunciava il suo ritorno dall'esilio col fragore di Gāṇḍīva:

30. Ivi, I, 28-47, pp. 24-27.

Così il grande eroe, dopo essersi chinato a terra per porgere loro i rispetti, afferrò Gāṇḍīva e lo sollevò; e fece vibrare la corda con un vigore impressionante, che causò un tuono talmente assordante che fece tremare i soldati Kaurava. Nessun guerriero al mondo ignorava quel suono inconfondibile. «È Arjuna, è Arjuna», mormorarono tutti in gran fermento. «Stanno arrivando i Pāndava. Che i deva ci proteggano!». Un panico irrefrenabile si diffuse tra i soldati.[31]

Arjuna *è* il suo arco: ciascun guerriero lo sa. Ed è per «il suono inconfondibile» di quell'arco che tutti lo riconoscono, e lo temono enormemente. Si tratta di un'arma divina, dunque infallibile, come infallibili si sono sempre dimostrati la mano e l'occhio dell'uomo che quell'arma governa – e che in essa si identifica e per essa viene identificato.

Se Gāṇḍīva scivola è perché l'emozione della pietà non consente ad Arjuna di essere tutt'uno con la sua arma. Le dita hanno teso la corda, ma poi l'hanno lasciata: l'istante dell'azione è perduto, e tra l'impulso e l'atto si è insediato un tempo che fiacca, che fa girare la testa. La vertigine di un pensiero.

In molti hanno associato l'eroe dei *Mahābhārata* al principe di Elsinore[32] – Mircea Eliade lo definisce proprio «l'Amleto indiano»[33] – per questo sostare dubbioso e doloroso davanti all'azione, un'azione che in entrambi i casi ha il compito di ristabilire l'ordine sovvertito da parenti usurpatori, ma il percorso di Arjuna è completamente diverso.

L'arciere indiano, infatti, può superare il conflitto interno e l'indecisione grazie alla rivelazione mistica e agli insegnamenti spirituali del dio Krishna, incarnato nelle sembianze del suo auriga.

Attraverso un lungo dialogo iniziatico, Krishna, alla guida del carro fermo nel mezzo della battaglia, convince Arjuna a riprendere l'azione e a compiere i propri doveri di *kshatra* (guerriero), combattendo i nemici senza farsi coinvolgere dal frutto delle proprie azioni, ovvero liberando la mente da qualsiasi intenzione o profitto personale.

Il *brahman*, e cioè la liberazione – spiega Krishna – passa attraverso il *karman*, che significa letteralmente «azione»: ogni uomo, mediante i

31. *Mahābhārata*, V, 71, a cura di Paola Agnolucci, Arezzo, Digitalsoul, 2018. Anche all'arrivo delle nuove armi di Achille la reazione è di sgomento e terrore: tutti i Mirmidoni tremano terrorizzati e non osano guardare l'armatura. Inoltre, anche nel caso di Achille, le armi provengono dalla divinità del fuoco, Efesto, che le ha forgiate per lui su richiesta di Teti.

32. Cfr. Joseph Campbell, *L'eroe dai mille volti*, trad. it. F. Piazza, Milano, Feltrinelli, 1958, p. 212 [ed. or. *The Hero with a Thousand Faces*, New York, Pantheon Books, 1949].

33. Mircea Eliade, *Dictionnaire des Religions*, Paris, Plon, 1990, p. 317.

propri atti, deve adempiere il proprio *dharma* – la propria natura – che, nel caso di un guerriero, si realizza nel combattimento. In questo *karman* non c'è *crimen*: esso piuttosto concorre a mantenere l'ordine del cosmo.[34]

È un'idea che colpì molto Simone Weil, e che diventa centrale nei suoi *Quaderni*, dove la filosofa formula la categoria di «azione non-agente»: un modo di agire libero da scopi e vantaggi personali, per cui la scelta diventa «fare solamente ciò che non si può non fare»,[35] nel tentativo di «stabilire un equilibrio tra forza esercitata e forza subita, tra lato attivo e lato passivo della forza».[36]

Ed è proprio attorno alla figura di Arjuna che Weil coagula molti dei suoi ragionamenti sulla forza, sull'azione e sulla sospensione.

Sente che «l'impulso di pietà di Arjuna», «il suo essere dilacerato tra la pietà e la necessità di combattere» la riguardano profondamente.[37]

Inoltre l'immagine dell'eroe che, teso l'arco, si accinge a scoccare la prima freccia, ma si blocca, la colpisce particolarmente. In questo atto sospeso, nota Weil, si può guardare da vicino qualcosa che normalmente è impossibile isolare: «l'energia che arresta».[38]

Le sembra straordinario, e al contempo necessario, «che ogni attività abbia al centro dei momenti di arresto»:

> È soprannaturale che per un istante la bilancia si arresti e sia sospesa. Dopo l'arresto, le STESSE FORZE agiscono su di essa, ma è più giusta. Deve esservi un ritmo ottimale – una durata e una frequenza ottimali negli arresti. Anche quest'arresto implica necessariamente dispendio di energia ma energia essenzialmente differente. Come avviene che qualcosa si arresti?[39]

È una domanda per cui non esiste una risposta semplice. Anzi, «rimane un mistero»,[40] come scrive poco più avanti. Ma è possibile: è possibile

34. Per una estesa trattazione su karman-crimen cfr. Giorgio Agamben, *Karman. Breve trattato sull'azione, la colpa e il gesto*, Torino, Bollati Boringhieri, 2017.

35. Simone Weil, *Quaderni*, a cura di Giancarlo Gaeta, Milano, Adelphi, 2017, vol. I, p. 334 [ed. or. *Cahiers*, Paris, Plon, 1970].

36. Roberto Esposito, *L'origine della politica: Hannah Arendt o Simone Weil?*, Roma, Donzelli Editore, 1996, p. 110.

37. Weil, *Quaderni*, I, p. 272. La riguardano perché riguardano ogni essere umano di fronte alla violenza, in particolare alla violenza della guerra che, mentre scrive i *Quaderni*, la circonda implacabile.

38. Ivi, p. 333.

39. *Ibidem*.

40. *Ibidem*.

per l'energia arrestarsi, proprio mentre raggiunge la sua acme. È possibile interporre una pausa. Rimanere sospesi e così mettere un tempo tra sé e l'esercizio della propria forza.

Una forza che in altre circostanze può essere pura ferocia – cieca, disumanizzante. È quello che accade, sempre secondo la filosofa, nell'altro poema epico con cui abbiamo aperto questo paragrafo e a cui dedica – solo pochi anni prima dei *Quaderni* – uno dei suoi saggi più noti: *L'Iliade poema della forza*.

Qui, pur riconoscendo all'*Iliade* lo statuto di «sola, autentica epopea che l'occidente possieda»,[41] insiste sulla fascinazione per l'orrore e la violenza che la sua lettura inevitabilmente produce. Nessuna sfumatura, nessun bagliore, niente si salva: il movimento centrale e assoluto del poema è quello dell'uomo che schiaccia l'altro uomo, la nientificazione dell'uno a opera dell'altro.

La «struttura caratteristicamente e coerentemente ambivalente»[42] dell'eroe non è percepita né restituita dalla lettura di Weil. Anche perché, per lei, gli eroi di questa epopea non sono gli uomini, ma la potenza distruttiva che senza sosta li muove o li annienta:

> Il vero eroe, il vero argomento, il vero centro dell'*Iliade*, è la forza. La forza adoperata dagli uomini, la forza che piega gli uomini, la forza dinanzi alla quale si ritrae la carne degli uomini. L'anima umana vi appare continuamente modificata dai suoi rapporti con la forza: travolta, accecata dalla forza di cui crede disporre, si curva sotto l'imperio della forza che subisce.[43]

Una forza inarrestabile, dunque, che implacabilmente agisce e modifica e mortifica. Una potenza che non conosce tregua, né modulazioni, ma tutta intera, fendente, amara, tragica, domina questa o quella scena.

Le interruzioni – quelle energie sospese che Weil ha così bene isolato nella *Bhagavadgītā* – sembrano sfuggirle nell'*Iliade*, che pure ne contiene diverse.[44]

41. Simone Weil, *L'Iliade poema della forza*, in *La Grecia e le intuizioni precristiane*, trad. it. M. Harwell Pieracci e C. Campo, Torino, Borla, 1967, p. 38 [ed. or. *L'Iliade ou le poème de la force*, in *La source grecque*, Paris, Gallimard, 1953].

42. Brelich, *Gli eroi greci*, p. 383.

43. Ivi, p. 11.

44. Per una rassegna dei momenti di pausa dell'*Iliade* cfr. Piero Boitani, *Il poema della forza e della pietà: l'Iliade*, in *Dieci lezioni sui classici*, Bologna, il Mulino, 2007, pp. 7-43.

È come se «nell'ostinata concentrazione sulla sua tesi» la filosofa perdesse di vista «il ricco panorama di umanità»[45] del poema greco. Salta alcune parole, ignora le immagini che potrebbero portarla in un'altra direzione, fino a commettere veri e propri errori di traduzione, quindi di interpretazione: «qui non vede che la spada è piantata in terra, lì sopprime la gentilezza di Achille: il risultato è che isola, appunto, i disastri di guerra».[46]

Più attenta alla complessità del poema e all'ambivalenza dei suoi protagonisti è invece Rachel Bespaloff, che negli stessi anni legge e commenta l'*Iliade*.[47] Per Bespaloff in Omero non c'è «nessuna apologia della forza. Al contrario la forza non è né bene né male. Non si tratta né di condannare né di assolvere la forza».[48]

Dove Weil – profondamente condizionata dal clima militarista e dagli orrori bellici che la circondano – non riesce a vedere altro che un ininterrotto susseguirsi di brutalità e di desolazione, Bespaloff riconosce e dà spazio alla poesia: è la poesia che domina l'*Iliade*, è questa la forza che tiene assieme i suoi ventiquattro libri.[49]

E la poesia è fatta di interruzioni. Si tratta, scrive Bespaloff, di «pause planetarie», «in cui la storia appare nella sua incompiutezza creatrice».[50]

Sono sospensioni in cui il gesto epico, ovvero il gesto che produce il racconto – che è proprio dell'eroe, anzitutto – non si compie. È un gesto che si arresta, prende tempo, o lo perde, una energia trattenuta che non affonda la punta della freccia o della lancia ma lascia andare, manca il bersaglio, contempla.

Ma se il racconto, l'*epos*, ha bisogno di gesti conclusi – ovvero di gesta – per essere tale, che ne è dell'*epos* quando ha «al centro dei momenti di arresto»?[51]

Per Bespaloff, l'energia sospesa della pausa concorre tanto quanto quella dinamica dell'azione alla tessitura del poema:

45. Nadia Fusini, *Hannah e le altre*, Milano, Einaudi, 2013, p. 30.

46. Ivi, p. 31.

47. Rachel Bespaloff, *Sull'Iliade*, trad. it. S. Mambrini, Milano, Adelphi, 2018 [ed. or. *De l'Iliade*, New York, Brentano's, 1943].

48. *Ibidem*, p. 72.

49. Per Bespaloff la forza della poesia omerica restituisce l'ambiguità del reale: «Non si finisce mai di indagare la fattura del poema. Qui la chiarezza moltiplica gli enigmi. La precisione del tratto accentua la tormentata duttilità della vita. Sotto la bella unità della forza rinasce l'ambiguità del reale» (p. 88).

50. Bespaloff, *Sull'Iliade*, p. 62.

51. Weil, *Quaderni*, I, p. 333.

Queste pause del divenire, in cui la bellezza offre all'eternità la sua trasparenza, non sono «begli istanti» disancorati, slegati dalla realtà che li ignora. Non possono essere separati dalla durata che scandisce il ritmo indiavolato dell'azione.[52]

È ciò che accade ad esempio nella celebre scena della teichoscopia di Elena, sulle mura delle porte Scee, nel terzo libro dell'*Iliade*:

> In una scena che pur nella sua serenità astrale conserva un accento umano, Priamo prega Elena di dirgli i nomi dei più famosi guerrieri achei che si scorgono nelle schiere nemiche. Sul campo di battaglia placato, a pochi passi di distanza l'uno dall'altro, i due eserciti si fronteggiano in attesa del duello che deciderà le sorti della guerra. Siamo al vertice dell'*Iliade*, in una di quelle pause contemplative nelle quali l'incantesimo del divenire è sospeso, e il mondo dell'azione sprofonda nella calma con tutto il suo furore. La pianura in cui imperversava la baraonda guerriera è diventata una placida visione agli occhi di Elena e del vecchio re.[53]

È in questo «momento di stellata serenità» che – commenta Nadia Fusini – «interviene una pausa, cade una cesura antiritmica, che spezza l'incanto del divenire» ed «apre uno spazio d'interiorità» in cui «si manifesta per tutti e per ciascuno il segreto dell'esistenza».[54]

Nel momento stesso in cui paiono mettere in crisi il ritmo, queste pause – antiritmiche, appunto – lo sostengono. La sospensione nutre l'*epos*, perché contraddicendolo lo fa esistere: nell'unità assoluta di un susseguirsi di azioni, infatti, il movimento è indistinto, e sempre uguale a sé stesso. L'istante sospeso separa e potenzia le energie dinamiche, con un'intensità tanto più forte quanto più ogni attività – per usare ancora la bella immagine weiliana – ha «al suo centro dei momenti di arresto».

Questo «arresto che sta al centro» è per l'appunto la cesura. Una pausa che, come scrive Giorgio Agamben, ha «la consistenza epica d'interstizio intemporale fra due istanti, e sospende il gesto a metà».[55]

Il gesto sospeso a metà, quindi, frattura l'*epos* e al contempo gli dà consistenza: è attraverso l'interruzione che l'azione diventa più vera, e può

52. Bespaloff, *Sull'Iliade*, p. 83.

53. Ivi, p. 47.

54. Fusini, *Hannah e le altre*, p. 74.

55. Giorgio Agamben, *Idea della cesura*, in *Idea della prosa*, Macerata, Quodlibet, 2002, p. 24.

disporre di un vero ritmo, anzi potremmo dire, con Antonio Prete, che l'intera «consapevolezza» del ritmo «si raccoglie nella pausa».[56]

In un celebre passaggio chiave delle sue *Note all'Edipo* Hölderlin scriveva:

> Nella successione ritmica delle rappresentazioni, in cui si espone il trasporto, diventa necessario ciò che nel metro si chiama cesura, la pura parola, l'interruzione antiritmica, per contrastare, al suo culmine, la vicenda incantevole delle rappresentazioni, in modo che venga all'apparenza non più l'alternarsi della rappresentazione, ma la rappresentazione stessa.[57]

«La vicenda incantevole delle rappresentazioni» di cui parla Hölderlin è ciò che Bespaloff chiama «l'incantesimo del divenire», quel «mondo dell'azione» fatto di concatenazioni di avvenimenti e dispiegamento di energie che può interrompersi, proprio mentre è al suo culmine, grazie a un contromovimento.

Così, in quella contraddizione del divenire che è la cesura, non più l'alternanza delle rappresentazioni ma l'intero della rappresentazione diviene visibile e dicibile.

E la respirazione del ritmo passa per la cesura come per una «bocca aperta», «beanza o iato»[58] attorno a cui la continuità dell'*epos*, spezzandosi, si organizza e prende senso.

56. Antonio Prete, *Cesura e storia*, in *Il demone dell'analogia. Da Leopardi a Valéry: studi di poetica*, Milano, Feltrinelli, 1986, p. 145.

57. Friedrich Hölderlin, *Sul tragico*, a cura di Gigliola Pasquinelli e Rermo Bodei, Milano, Feltrinelli, 1989, p. 106.

58. Jacques Derrida, *Rhythmós*, in *Psyché. Invenzioni dell'altro*, trad. it. R. Balzarotti, Milano, Jaca Book, 2008, vol. 2, p. 281 [ed. or. *Psyché. Inventions de l'autre*, Paris, Éditions Galilée, 1997].

Questo canto non va trascurato

In principio era l'ira. Prima parola del poema, oggetto dell'invocazione poetica, argomento del canto. In Omero μῆνις sembra avere una connotazione solenne, non si limita a descrivere uno stato di collera – più spesso indicata con χόλος – ma contiene qualcosa di divino, di sovrumano.

Non a caso, pur aprendo il poema, μῆνις e i suoi derivati ricorrono solo 27 volte nel testo.[59] Il minor numero di occorrenze e la posizione incipitaria ci danno motivo di pensare che, pur facendo parte della «nebulosa collerica»[60] di cui parla Mario Vegetti, μῆνις abbia un valore di rarità e dunque di intensità che lo distingue dagli altri termini.

> Μῆνιν ἄειδε θεὰ Πηληϊάδεω Ἀχιλῆος
> οὐλομένην, ἣ μυρί' Ἀχαιοῖς ἄλγε' ἔθηκε,
> πολλὰς δ' ἰφθίμους ψυχὰς Ἄϊδι προΐαψεν
> ἡρώων, αὐτοὺς δὲ ἑλώρια τεῦχε κύνεσσιν
> οἰωνοῖσί τε πᾶσι·[61]

Non si tratta di una collera che, aggressiva e violenta, fa esplodere chi la prova in una espressione corporea, in uno slancio offensivo. La μῆνις di Achille è, piuttosto, un'ira che trattiene il corpo, che lo fa resistere all'azione, che lo mantiene fermo.

Eppure è dalla μῆνις che dipendono tutti i verbi di azione (tranne quello dell'invocazione, ἄειδε) contenuti nei primi versi del proemio: è l'ira che infligge agli achei infiniti dolori, che getta nella gola di Ade le anime di eroi gagliardi, che dà in pasto a cani e uccelli tanti corpi gloriosi.

Pur stando fermo nella sua μῆνις, dunque, Achille continua a produrre movimento.

L'energia cinetica che tipicamente l'eroe mette in moto con le proprie gesta, quella potenza centrifuga che il corpo eroico, solo e superlativo, produce in mezzo al campo di battaglia, pare in questo caso irradiarsi anche dalla sua stasi, dalla sua assenza.

Se gli achei cadono, uno dopo l'altro, sotto i colpi nemici, è perché Achille non fa. E il movimento discensionale delle anime dei guerrieri

59. A fronte di più di 350 occorrenze di altri termini afferenti alla sfera della collera.

60. Mario Vegetti, *Passioni antiche: l'io collerico*, in *Storia delle passioni*, a cura di Silvia Vegetti Finzi, Roma-Bari, Laterza, 1995, p. 39.

61. Omero, *Iliade*, I, vv. 1-5.

nell'Ade – inarrestabile precipitazione di ψυχὰς – si configura come l'onda d'urto di una inazione.

La posizione di Achille ci appare, da subito, piuttosto insolita: il protagonista nominato nel primo verso è presentato come l'eroe che resiste all'azione ma è anche colui che sembra condizionarne maggiormente gli sviluppi.

L'identità fra il personaggio deputato a rappresentare il guerriero per eccellenza e l'eroe che si rifiuta di combattere è, come nel caso di Arjuna, evidente fin da subito. Scrive in proposito Françoise Frontisi-Ducroux:

> Le personnage de Achille illustre et démontre l'autonomie absolue de la poésie. Protagoniste qui incarne dans leur excellence les qualités guerrières, il est mis en scène refusant le combat. Exclu volontairement de l'action, il ne cesse de régir les événements.[62]

Invece di comparire sulla scena al centro del campo di battaglia, Achille ne abita i margini. Seduto nella sua tenda, nell'accampamento dei Mirmidoni, accanto alle navi veloci, l'eroe punta lo sguardo verso il mare bianco. Lontano da lui, lì dove si svolge l'azione, in molti lo invocano, per desiderio o per terrore, lo rimpiangono, o con paura lo attendono. La scena degli avvenimenti è, di fatto, dislocata rispetto al vertice della narrazione: il protagonista è altrove. E vi resterà per quasi metà dell'opera.

> Tout l'*Iliade* se définit par le déplacement: décentrage du rôle du protagoniste, qui assume l'idéal héroïque dans l'abstention, le refus de la guerre et son dépassement.[63]

È singolare che sia proprio Achille, eroe della forza e dell'impeto – di certo fra le figure più rappresentative di quel folto gruppo di giovani eroi *celeres* di cui parla Dumézil – ad abitare così a lungo lo spazio della sospensione e dell'astensione.

Proprio lui, il πόδας ὠκὺς, dai piedi così rapidi da superare nella corsa cervi e daini, il guerriero ineguagliabile da cui dipendono le sorti tutte della guerra, proprio lui, l'incontenibile, si trattiene, non agisce, resta.

D'altronde, è ciò che gli ha consigliato anche Teti, sua madre: restare presso le navi veloci. Rinunciare alla guerra, resistere. Lo dice chiaramente

62. Françoise Frontisi-Ducroux, *La cithare d'Achille. Essai sur la poétique de l'Iliade*, Roma, Edizioni dell'Ateneo, 1986, p. 74.
63. Ivi, p. 75.

il verbo ἀποπαύω: l'ira, in questo caso, non coincide col furore ma con la pausa.

> ἀλλὰ σὺ μὲν νῦν νηυσὶ παρήμενος ὠκυπόροισι
> μήνι' Ἀχαιοῖσιν, πολέμου δ' ἀποπαύεο πάμπαν·[64]

La sua μῆνις, così, si associa strettamente alla voce verbale μένων – da μένω: rimanere, restare, indugiare. Achille non va più all'assemblea, non va alla guerra. E così, restando, consuma il suo cuore:

> Αὐτὰρ ὃ μήνιε νηυσὶ παρήμενος ὠκυπόροισι
> διογενὴς Πηλῆος υἱὸς πόδας ὠκὺς Ἀχιλλεύς·
> οὔτέ ποτ' εἰς ἀγορὴν πωλέσκετο κυδιάνειραν
> οὔτέ ποτ' ἐς πόλεμον, ἀλλὰ φθινύθεσκε φίλον κῆρ
> αὖθι μένων, ποθέεσκε δ' ἀϋτήν τε πτόλεμόν τε.[65]

È una μῆνις, quella del Pelide, che – stando ferma – non si fa μένος:[66] altro termine-chiave che indica «un improvviso accesso di coraggio, un impulso, una risoluzione, con il senso di energia e potenza che a essi si accompagnano».[67] Secondo la definizione che ne dà Onians, si tratta di una «sostanza, fluida o gassosa, che possiamo per comodità intendere come "energia": esso era percepito interiormente allo stesso modo in cui noi avvertiamo ciò che chiamiamo con questo nome».[68]

64. Omero, *Iliade*, I, vv. 421-22. «Ma tu, restando presso le navi, che vanno veloci/ contro gli Achei conserva l'ira, rinuncia a combattere».

65. Ivi, 488-92. «Intanto, seduto presso le navi che vanno veloci, era irato/ il figlio divino di Peleo, Achille piede rapido./ Mai all'assemblea si recava, gloria degli uomini,/ mai alla guerra; e consumava il suo cuore, / lì fermo, e rimpiangeva l'urlo e la mischia».

66. Secondo le parole di Dodds: «Quando un uomo si sente il *menos* nel petto o "corrergli pungente alle radici del naso" ha coscienza di un misterioso accesso d'energia; la vita è forte in lui, nuova fiducia e slancio lo invadono». Eric Robertson Dodds, *I greci e l'irrazionale*, a cura di Riccardo Di Donato, Milano, BUR, 2009, p. 50 [ed. or. *The greeks and the irrational*, Berkeley, University of California Press, 1951].

67. Richard Broxton Onians, *Le origini del pensiero europeo*, a cura di Lorenzo Perilli, trad. it. P. Zaninoni, Milano, Adelphi, 2006, pp. 76-77 [ed. or. *The Origins of European Thought about the Body, the Mind, the Soul, the World, Time and Fate*, Cambridge University Press, 1951].

68. *Ibidem*. Precisa ancora Onians: «μένος non è né un'astrazione, né una semplice condizione relativa ad altro da sé [...] più specificamente si riteneva che tale energia avesse sede nelle φρένες, insieme al θυμός. Pertanto, colui che la possiede la "soffia", e il dio che la concede la "ispira", o la "soffia dentro" di lui, ponendola alternativamente "nel θυμός" o "nelle φρένες"». Si veda anche la definizione che ne dà Chantraine: «μένος se dite de l'esprit qui anime le corps, mais toujours comme principe actif, peut signifier

Una energia che non prorompe, dunque. La μῆνις che sta μένων non diventa né μένος né μανία: ecco di nuovo il fenomeno così difficile da isolare secondo Weil, «l'energia che arresta».[69]

Questa μῆνις non sfocia nel furore, non scatena movimento dinamico: è una «presenza privativa», cioè a dire una potenza. Una «potenza-di-non». Sono le parole che Giorgio Agamben utilizza a proposito del concetto di *dynamis* in Aristotele: «vi è una forma, una presenza di ciò che non è in atto, e questa presenza privativa è la potenza».[70]

Scrive infatti Aristotele nella *Metafisica* (1050 b 10-12): «τὸ δυνατὸν δὲ πᾶν ἐνδέχεται μὴ ἐνεργεῖν. τὸ ἄρα δυνατὸν εἶναι ἐνδέχεται καὶ εἶναι καὶ μὴ εἶναι: τὸ αὐτὸ ἄρα δυνατὸν καὶ εἶναι καὶ μὴ εἶναι», ovvero «Ciò che è potente può non essere in atto. Ciò che è potente di essere, può tanto essere che non essere. Lo stesso è, infatti, potente di essere e di non essere». La potenza, quindi, commenta Agamben è

> definita essenzialmente dalla possibilità del suo non-esercizio. L'architetto è, cioè, potente, in quanto può non-costruire e il suonatore di cetra è tale perché, a differenza di colui che è detto potente solo in senso generico e che semplicemente non può suonare la cetra, può non-suonare la cetra.[71]

È suggestivo che Agamben utilizzi, fra le tante, proprio questa immagine del suonatore di cetra. Si tratta forse di una coincidenza, perché nulla ci suggerisce che avesse in mente Achille come figura esemplare della potenza-di-non.

Eppure che cosa fa Achille, seduto nella sua tenda, mentre è potente di non-combattere?

Suona, per l'appunto, la cetra. Rappresentato nella sua possibilità di non-esercizio della guerra, l'eroe greco occupa lo spazio del suo non agire con la musica e il canto.

l'intention, la volonté, la passion, l'ardeur au combat, la force qui anime les membres. [...] Cette racine exprimait les mouvements de l'esprit, elle a fourni en latin des termes relatifs à l'intelligence, comme *mens*, *memini* qui a pour le sens un correspondant dans grec μέμνημαι. Mais le group de μέμονα-μένος s'est spécialisé avec la valeur d'«ardeur, volonté de combattre» etc; avec une évolution de sens encore plus marquée on a μαίνομαι «être furieux» qui est rapproché de μένος. A un correspondant exact dans skr. mânas» (*DELG*, vol. I, p. 685).

69. Weil, *Quaderni*, I, p. 333.

70. Giorgio Agamben, *La potenza del pensiero. Saggi e conferenze*, Vicenza, Neri Pozza, 2005, p. 285.

71. *Ibidem*.

Si tratta di una scena che, malgrado la sua brevità, gioca un ruolo fondamentale nel poema e che non sempre ha ricevuto la giusta attenzione da parte di critici e lettori.

Siamo nel IX libro. I Troiani, grazie all'aiuto di Zeus, hanno quasi sconfitto gli Achei con un'offensiva implacabile. Ma è sopraggiunta la sera e la battaglia è stata interrotta. Il IX libro si apre proprio con l'assemblea degli Achei, che sono arretrati, in fuga, e si dichiarano estremamente preoccupati per le proprie sorti. Agamennone ha addirittura proposto di abbandonare Ilio, e salpare per tornare in patria. Il saggio Nestore, invece, ha suggerito di inviare un'ambasceria ad Achille per convincerlo a tornare in battaglia: Briseide gli sarà restituita e gli verranno offerti molti altri doni e bottini di guerra. In tre partono per la visita al Pelide: Ulisse, Aiace Telamonio e l'anziano Fenice, suo precettore. Giunti all'accampamento dei Mirmidoni trovano Achille nella sua tenda, intento a suonare la cetra, mentre Patroclo, che gli siede davanti, silenzioso, lo ascolta:

> Μυρμιδόνων δ' ἐπί τε κλισίας καὶ νῆας ἱκέσθην,
> τὸν δ' εὗρον φρένα τερπόμενον φόρμιγγι λιγείῃ
> καλῇ δαιδαλέῃ, ἐπὶ δ' ἀργύρεον ζυγὸν ἦεν,
> τὴν ἄρετ' ἐξ ἐνάρων πόλιν Ἠετίωνος ὀλέσσας·
> τῇ ὅ γε θυμὸν ἔτερπεν, ἄειδε δ' ἄρα κλέα ἀνδρῶν.
> Πάτροκλος δέ οἱ οἶος ἐναντίος ἧστο σιωπῇ,
> δέγμενος Αἰακίδην ὁπότε λήξειεν ἀείδων.[72]

Achille dunque si diletta con la *phórminx*, attributo tipico dell'aedo, che – dettaglio da non trascurare – ha scelto appositamente tra gli oggetti preziosi del bottino di guerra di Tebe Ipoplacia, città alleata di Troia, che egli stesso aveva distrutto e saccheggiato.

E che cosa fa un eroe che si astiene dal combattimento, un eroe che non agisce? Canta le imprese celebri di altri eroi «κλέα ἀνδρῶν», le loro glorie, e così «φρένα τερπόμενον» e «θυμὸν ἔτερπεν», dà sollievo, soddisfa, consola, diletta le sue φρένες (v.186) e il suo θυμός (v. 189), parole che ricorrono spesso nel poema ma di difficile traduzione,[73] e che infatti – purtroppo – Calzecchi-Onesti sceglie in entrambi i casi di non rendere.

72. Omero, *Iliade*, IX, vv. 185-91. «E giunsero alle tende dei Mirmídoni,/ e lo trovarono che con la cetra sonora si dilettava,/ bella, ornata; e sopra v'era un ponte d'argento./ Questa, distrutta la città di Eezíone, tra il bottino si scelse;/ si dilettava con essa, cantava glorie d'eroi./ Patroclo solo, in silenzio gli sedeva di faccia,/ spiando l'Eacide, quando smettesse il canto».

73. Per alcuni studiosi le φρένες di cui parla Omero si situano nel diaframma, per altri φρένες sono i polmoni. Per Rüsche, φρένες è il diaframma (Franz Rüsche, *Blut*, *Le-*

È importante, invece, tenere presente come il canto e il suono di questa cetra preziosa, una cetra dalla voce «chiara» (λίγεια), diano ristoro all'animo, al cuore, alla coscienza, al respiro dell'eroe che, non potendo e non volendo impiegarli in ciò che gli è più congeniale – la lotta – si fa cantore delle imprese di altri eroi, come se, per interposta persona, potesse vivere nel racconto ciò che nella realtà si nega.

Ma l'interposta persona non è solo quella degli altri eroi, che Achille col suo canto rammemora, e che fanno ciò che lui non fa, ovvero agiscono. Anche lui è un'interposta persona: è la proiezione del poeta, così come Patroclo rappresenta il pubblico che ascolta attento.

Un rapporto intimo, dunque, quello tra il cantore e il suo uditorio, che il momento di pausa consente di rappresentare con straordinaria intensità.

Si tratta di una di quelle «pause del divenire» a cui Rachel Bespaloff, come abbiamo visto, ha dedicato particolare attenzione. Quei «momenti in cui la bellezza offre all'eternità la sua trasparenza»[74] e la poesia salva.

> Non dimentichiamo che questo conquistatore eternamente insoddisfatto ha una vera passione per la musica. Quando arriva con la sua ambasceria per cercare di rabbonirlo, Ulisse lo trova intento a suonare la cetra – quella bella cetra decorata che ha scelto per sé nel bottino di una città che aveva raso al suolo. «Con questa allietava il suo cuore, cantando imprese di eroi». Questo canto non va trascurato.[75]

ben und Seele, Paderborn, Ihr Verhältnis nach Auffassung der griechischen und der alten alexandrinischen Theologie. Eine Vorarbeit zur Religions- geschichte des Opfers, in «Studien zur Geschichte und Kultur des Altertums», 5, 1930, p. 48); per Rohde φρένες è il diaframma, ma non in senso corporeo, piuttosto come «concetto astratto di volontà e di pensiero»; θυμὸς è termine intraducibile «il cui nome non fu derivato da nessuna parte del corpo e designa già una funzione puramente spirituale» (Erwin Rohde, *Fede nelle anime e culto delle anime nei poemi omerici*, in *Psiche. Culto delle anime e fede nell'immortalità presso i Greci*, Roma-Bari, Laterza, 2006, vol. I, p. 46 [ed. or. *Psyche: Seelencult und Unsterblichkeitsglaube der Griechen*, Mohr, Tübingen, 1903]); per Dodds il θυμὸς è, in sostanza, l'«io irrazionale» dell'uomo (Dodds, *I greci*, p. 236); per Onians: «Se le φρένες, in cui il θυμὸς è detto aver sede, non corrispondono al diaframma ma ai polmoni, non sarà necessario un grande sforzo di immaginazione per concludere che il θυμὸς è il respiro. [...] È evidente tuttavia che θυμὸς esprimeva per i greci dell'età di Omero un concetto assai più ampio del nostro «respiro», o della semplice aria inspirata ed espirata. Il θυμὸς è attivo e palpita, batte, ansima. [...] Per i Greci di Omero il θυμὸς è lo «spirito», il respiro che si identifica con la coscienza, variabile, dinamico; va e viene, muta con il mutare dei sentimenti e, si può aggiungere, con il mutare del pensiero» (Onians, *Le origini del pensiero europeo*, pp. 70-75).

74. Bespaloff, *Sull'Iliade*, p. 62.

75. Ivi, p. 53.

Proprio così, il canto di Achille non va trascurato. È, anzi, sorprendente. Che la cetra provenga essa stessa da un'impresa eroica, che l'eroe distruttore della città di Eezione l'abbia scelta e "salvata" per sé; che, lontano dalla battaglia, la suoni nella tenda all'amico amatissimo che ascolta; che canti rievocando – con Mnemosyne al fianco, dunque – le gesta passate degli eroi che lo hanno preceduto: si tratta di una *mise en abyme* senza eguali nell'*Iliade.* E che spetti proprio ad Achille il ruolo dell'aedo, che sia il guerriero più istintivo, forte, rapido, potente, a impersonare il poeta mentre canta l'*epos* è fatto senza dubbio degno di nota.[76]

Achille non è Odisseo, che padroneggia la lingua, conosce le parole, che è ἀγχίνοος – acuto, pronto di mente –, che ha ingegno, μῆτις, e capacità di pensiero. Come nota ancora Frontisi-Ducroux:

> L'écart est considérable entre cet aède occasionnel et le guerrier suprême qui se déchaînera après la mort de Patrocle. Bien plus accentué quel dans le cas d'Ulysse. [...] Chez lui, la prise de possession de la narration est une conséquence naturelle de sa constante maîtrise du verbe. Dans le cas d'Achille, il y a discontinuité radicale, semble-t-il, et même paradoxe.[77]

Del resto il paradosso sta, come abbiamo visto, già nel fatto che l'annunciato protagonista dell'*epos* non compia nessun gesto «epico» per quasi la metà del poema, che anzi si rifiuti di combattere, e che l'azione si svolga altrove, per quanto fortemente condizionata dalla sua assenza.

Ma è poi davvero un paradosso che, deposte le armi e deciso a non riprenderle, Achille imbracci la cetra?

Non dobbiamo dimenticare che l'unica altra figura che impugna la φόρμιγξ nell'*Iliade* è il dio Apollo.[78] è lui che coniuga l'elemento guerresco con quello canoro, l'arco e la cetra, che dell'arco è il rovescio, e dunque anche la rappresentazione.[79]

76. Anche Vernant sottolinea come «de tous les personnages mis en scène par l'*Iliade*, Achille est le seul qui nous soit décrit s'adonnant au chant poétique» (Jean-Pierre Vernant, *La belle mort et le cadavre outragé*, in *La mort, les morts dans les sociétés anciennes*, Cambridge University Press, 1982, pp. 45-76).

77. Frontisi-Ducroux, *La cithare d'Achille*, p. 12.

78. Omero, *Iliade*, I, vv. 601-604. «Ὣς τότε μὲν πρόπαν ἦμαρ ἐς ἠέλιον καταδύντα/ δαίνυντ', οὐδέ τι θυμὸς ἐδεύετο δαιτὸς ἐΐσης,/ οὐ μὲν φόρμιγγος περικαλλέος ἣν ἔχ' Ἀπόλλων,/ Μουσάων θ' αἳ ἄειδον ἀμειβόμεναι ὀπὶ καλῇ». «E tutto il giorno, fino al calare del sole/ banchettarono e il cuor non sentiva mancanza di parte abbondante,/ non di cetra sublime, ché la reggeva Apollo, / non delle Muse, ché queste cantavano alterne, con voce armoniosa».

79. Per il rapporto tra arco e cetra/lira cfr. Massimo Stella, *Gioco di vita e di morte: la lira che uccide*, in *Madreparola. Risorgenze della Musa tra modernismo europeo e an-*

Dio dell'azione e insieme della poesia, arciere formidabile e cantore per eccellenza, Apollo è

> celui qui tient l'arc, le dieu qui pourrait donner le signal du combat. Celui qui constamment, dans le campe des Troyens, mine et ordine la lutte, souvent en manipulant Arès, le guerrier fou. C'est donc un dieu régisseur de l'action, et un dieu qui est l'aède suprême.[80]

Dio regista dell'azione e aedo supremo, dunque, Apollo sovrintende alla guerra e al canto, e se con l'arco sferra i colpi mortali, con la cetra immortala. E ispira e commemora e perpetua.

È per questo che il guerriero massimamente deputato all'azione, il distruttore di città, salva la bella cetra. E, ai margini della guerra, canta. Di altre guerre, di altre imprese epiche, di altri sé stesso. Come loro morirà, come loro sarà ricordato.

«Ὡς καὶ ὀπίσσω ἀνθρώποισι πελώμεθ' ἀοίδιμοι ἐσσομένοισι»,[81] «e anche in futuro noi saremo cantati fra gli uomini che verranno» dice Elena a Ettore, nel libro VI. Saremo ἀοίδιμοι, dice, «materia di aedi», oggetto di canto.

E in effetti Elena è l'unico altro personaggio che, all'interno dell'*Iliade*, assume su di sé il ruolo del poeta: Elena che, mentre la vive, ricama la guerra di Troia filando su un manto di porpora le gesta dei Troiani e degli Achei, Elena che, come abbiamo visto, dall'alto delle porte Scee indica a Priamo i guerrieri greci.

Come nota in proposito Pierre Vidal-Naquet:

> L'*Odyssée* connaîtra deux personnages d'aèdes, chez Alcinoos et au palais d'Ulysse. L'*Iliade* n'en a pas, mais Achille est un aède, ce que n'est aucun

tichità classica, Milano, Mimesis Edizioni, 2017, pp. 117-119. A proposito di arco e cetra nell'*Odissea*, riporto la traduzione e il commento di Stella all'episodio della gara con l'arco di Ulisse con i Proci: «E l'ingegnoso Odisseo il grande arco palpò e lo tastò da ogni parte: come un uomo esperto della cetra e del canto, senza fatica, tende le corde sul collabo nuovo, fissando ai due estremi il budello ritorto di pecora, così, senza sforzo, tese il grande arco Odisseo. Poi con la destra pizzicò e provò il nervo, e quello bene cantò simile alla voce della rondine. Ai pretendenti un grande peso ne venne, e tutti scolorarono in viso. E Zeus tuonò forte per dare il segno». Straordinaria immagine [...] questa formula visivo-sonora, ci fa ascoltare la nota perfetta e squillante della corda pizzicata e la voce della rondine, restituendoci al contempo il gesto muscolare del braccio che tende e aggancia l'arco e il movimento dell'aria tutt'intorno che quel suono e quel gesto mirabili sostiene e trasmette: ecco l'identità tra arco e cetra (p. 118).

80. Frontisi-Ducroux, *La cithare d'Achille*, p. 23.

81. Omero, *Iliade*, VI, vv. 357-358.

autre guerrier. [...] Il n'y a qu'un autre personnage dans l'*Iliade* qui relaie ainsi le poète. Hélène de Lacédémone, qui est aussi de Troie, trace sur une tapisserie «les épreuves des Troyens dompteurs de cavales et des Achéens à cotte de bronze». Elle partage avec le poète, dans la scène fameuse où, au chant III, elle monte sur le rempart pendant la trêve, le privilège de nommer les chefs des Achéens: Agamemnon, Ulysse, Ajax. La fonction suprême de l'Iliade serait-elle la poésie?[82]

La domanda che si pone Vidal-Naquet è molto in linea con le riflessioni di Rachel Bespaloff. Anche per lei è la poesia la vera forza dell'*Iliade* – non la forza fisica, non l'azione, non la guerra, ma la poesia che riluce negli attimi in cui il divenire si arresta.

Ci pare significativo, allora, che gli unici due personaggi ad assumere, con un sapiente gioco di specchi, il ruolo del poeta, siano il guerriero che non combatte e la donna per cui si combatte.

È nel canto di Achille, nella filatura di Elena e nella sua teichoscopia che la voce della poesia si fa più chiara, sonora, penetrante – λίγεια, proprio come quella della Musa – Μοῦσα λίγεια.[83]

È questa sonorità, che si coagula attorno ai momenti di sospensione, a illuminare il cuore più profondo dell'opera.

82. Pierre Vidal-Naquet, *L'Iliade sans travesti*, Paris, Gallimard, 1975, p. 32.
83. Omero, *Odissea*, XXIV, v. 62.

τί δράσω. Che fare?

Se la sospensione dell'eroe epico concorre tanto quanto le sue gesta a produrre *epos*, quella dell'eroe tragico produce *drama*: è un dispositivo fondamentale dell'invenzione drammaturgica.

Aristotele, nella *Poetica*, ricorda come l'origine della parola «dramma» sia legata al fatto che al suo interno «si imitano persone che agiscono»: «Ὅθεν καὶ δράματα καλεῖσθαί τινες αὐτά φασιν, ὅτι μιμοῦνται δρῶντας».[84]

A rendere possibile il dramma, dunque, non è una semplice narrazione, ma una πρᾶξις, ovvero l'attuazione di un μύθος[85] che deve svolgersi, compiersi. L'eroe tragico non ha, su questo, alcun potere, né dispone di alcuna libertà: è la trama a condurlo.

Eppure, come nota Monica Centanni, per quanto non abbiano scelta, sono molte «le tragiche *personae* che, nel momento del compimento scenico dell'evento, si chiedono «tí drasō»:[86] che farò?, che fare?

È ciò che si chiede Medea, tormentata dai dubbi, prima di uccidere i propri figli;[87] è la domanda che pronuncia Ecuba fra sé e sé, mentre Agamennone la interroga davanti al cadavere di Polidoro;[88] è quanto si chiede Neottolemo, incerto se obbedire o meno all'ordine di Odisseo, per proseguire l'inganno ai danni di Filottete.[89]

Τί δράσω è la domanda tragica per eccellenza. Lo è a tal punto che Aristofane, come registra Diego Lanza,[90] la ripete continuamente nelle sue commedie per parodiare la posa del personaggio tragico.

È di sicuro la domanda che sta al vertice delle *Coefore*, nel momento in cui la vendetta per il padre assassinato, Agamennone, sta per abbattersi sulla madre assassina, Clitemnestra.

84. Aristotele, *Poetica*, a cura di Pier Luigi Donini, Torino, Einaudi, 2011, p. 16.

85. Per Aristotele il μύθος è «σύνθεσιν τῶν πραγμάτων»: «l'insieme delle azioni», ovvero la trama, la composizione dei fatti.

86. Monica Centanni, *La tragedia dei vinti*, in Eschilo, *I Persiani*, a cura di Monica Centanni, Milano, Feltrinelli, 1991, pp. 5-28.

87. Euripide, *Medea*, in *Le tragedie*, a cura di Anna Beltrametti, trad. it. F.M. Pontani, Milano, Mondadori, 2007, vol. I, p. 196, v. 1042.

88. Euripide, *Ecuba*, in *Le tragedie*, vol. II, p. 170, v. 734.

89. Sofocle, *Filottete*, a cura di Maria Serena Mirto, trad. it. M.P. Pattoni, Milano, BUR, 2000, p. 240, v. 908.

90. Diego Lanza, *Les temps de l'émotion tragique. Malaise et soulagement*, in «Métis. Anthropologie des mondes grecs anciens», 3, 1-2 (1988), pp. 15-39, poi ripreso in Diego Lanza, *La disciplina dell'emozione. Un'introduzione alla tragedia greca*, Milano, Il Saggiatore, 1997, pp. 157-186.

La mano che resta sospesa a metà, prima di affondare nel corpo che lo ha generato e nutrito, è quella del figlio – Oreste – l'eroe.

Così lo chiama il coro, mentre nel palazzo di Argo uccide l'usurpatore Egisto: «θεῖος Ὀρέστης»:[91] eroico, mirabile, eccelso Oreste; e così gli si rivolge, mentre sta per colpire Clitemnestra: «λέων» e, ancora, «Ἄρης».[92] È sovrumano, questo eroe tragico, è un leone, fiera bestia vendicatrice, o addirittura la personificazione della divinità della guerra, Ares.

Tuttavia, al momento di compiere l'azione, Oreste esita. Sembra smarrito, sconcertato, perplesso. È un'esitazione che dura il tempo di quattro versi. Eppure, in questo breve spazio, paiono condensarsi tutte le tensioni, e giocarsi tutti gli esiti della tragedia:

Κλυταιμνήστρα ἐπίσχες, ὦ παῖ, τόνδε δ' αἴδεσαι, τέκνον,
μαστόν, πρὸς ᾧ σὺ πολλὰ δὴ βρίζων ἅμα
οὔλοισιν ἐξήμελξας εὐτραφὲς γάλα.

Ὀρέστης Πυλάδη τί δράσω; μητέρ' αἰδεσθῶ κτανεῖν;

Πυλάδης ποῦ δὴ τὰ λοιπὰ Λοξίου μαντεύματα
τὰ πυθόχρηστα, πιστὰ δ' εὐορκώματα;
ἅπαντας ἐχθροὺς τῶν θεῶν ἡγοῦ πλέον.[93]

Possiamo figurarci Oreste con la mano già alzata, pronta a sferrare il colpo, quando sua madre gli mostra il seno che lo ha allattato e su cui si è addormentato tante volte.

È in seguito all'imperativo materno – «ἐπίσχες», «fermati!» «sta' indietro!» – e alla visione del seno scoperto che Oreste pone la domanda.

La pone a Pilade, ma è come se la ponesse a sé stesso, perché Pilade è il doppio di Oreste. Sempre presente sulla scena insieme a lui – anche se nella tragedia viene nominato solo due volte e parla una volta sola – Pilade «si muove come un'ombra dell'amico: è la figura più perfetta della solidarietà tra *philoi*».[94]

91. Eschilo, *Coefore*, in *Le tragedie*, a cura di Monica Centanni, Milano, Mondadori, 2007, v. 867.

92. Ivi, v. 938.

93. Ivi, vv. 896-902. «CLITEMNESTRA: Fermati! Abbi rispetto, figlio mio, di questo seno, su cui tante volte ti addormentavi e intanto con le labbra succhiavi il dolce latte che ti nutriva. ORESTE: Pilade: cosa devo fare? È mia madre: come trovo il coraggio di ucciderla? PILADE: E cosa ne sarà degli oracoli del Lossia, delle parole della Pizia, della fede nei giuramenti? Meglio avere tutti contro, tutti nemici, ma non di dèi!».

94. Centanni, *Commento alle tragedie*, in Eschilo, *Le tragedie*, p. 1080.

Fig. 1. *Oreste sta per uccidere Clitemnestra che si scopre il seno*, anfora pestana, attribuita al pittore di Würzburg H 5739, 350-320 a.C. ca., Malibu, J.P. Getty Museum.

È a lui – vero e proprio io adiuvante – che spetta il compito di ricordare al protagonista le sacre parole dell'oracolo del dio Apollo e l'inevitabile adempimento del vaticinio:

> Nell'unica battuta che recita nel dramma, Pilade, ha una fondamentale responsabilità: deve spingere Oreste a essere pienamente "attore" dell'azione drammatica, con l'assumersi la responsabilità dell'atto supremamente innaturale del matricidio.[95]

Il breve differimento dell'azione non ne modifica l'esito. Compiendola, Oreste dimostra di essere Oreste: questo il destino della sua maschera tragica.

La domanda τί δράσω svela, per un istante, lo scenario di una possibilità irrealizzabile: quella catena di colpe e vendette e assassinii che è la saga degli Atridi non può essere interrotta.

Eppure l'intervallo esiste. E cade proprio nel momento in cui l'azione drammatica sta per compiersi, interrompendone controritmicamente l'acme.

Si tratta – lo abbiamo visto – di una formula drammaturgica consolidata: serve a rafforzare l'intensità del gesto tragico mettendolo in tensione. È così che l'irriducibilità dei conflitti che compongono il μύθος si esprime al suo massimo grado.

D'altra parte, questa raffigurazione sospesa, così carica di espressività, ci consente di affacciarci sul teatro della mente del personaggio. Se la risposta all'interrogativo tragico: che fare? non può che essere una e una soltanto ovvero: «vendicare il padre, uccidere la madre, compiere la trama», la domanda – anche quando l'azione drammatica la sciolga riprendendo il suo corso –, rimane tesa e acuta in quel gesto trattenuto, in quell'«attimo-prima-di», potente e concentrato fermo-immagine dello spazio del pensiero.

La mancanza di compiutezza del gesto – l'omicidio che sta per avvenire, ma viene interrotto dall'interrogazione – si condensa così in un'immagine dinamica sospesa, potremmo dire in una «formula di pathos», secondo l'espressione coniata dallo storico della cultura Aby Warburg.[96]

95. *Ibidem.*

96. Aby Warburg, *Dürer und die italienische Antike*, in *Verhandlungen der achtundvierzigsten. Versammlung deutscher Philologen und Schulmänner*, in Hamburg vom 3 bis 6 Oktober, Leipzig, 1905. E poi in *Opere*, a cura di Maurizio Ghelardi, vol. II, Torino, Aragno, 2008. A questa conferenza su Dürer, tenuta ad Amburgo nel 1905, risale il primo utilizzo del termine *Pathosformel.*

Il ritardo dell'attuazione drammatica – della πρᾶξις di cui il protagonista è responsabile e a cui è destinato – diviene dunque rappresentazione patetica di una *dynamis* che, nell'atto di interrompersi, si fa «Denkraum der Besonnenheit», «spazio mentale della ponderazione»,[97] «intervallo di riflessione»,[98] «zona del ragionamento»,[99] che si frappone fra lo stimolo e la velocità fulminea della risposta.

Secondo Jan Kott tutte le tragedie si strutturano sul «principio del ritardamento», poiché «l'azione drammatica di ogni tragedia consiste nel procrastinare il momento dell'uccisione».[100] È forse un'affermazione troppo netta, ma è senz'altro vera per i due personaggi che il critico mette a confronto, Oreste e Amleto. «Amleto è nella situazione di Oreste»,[101] scrive infatti Kott, evidenziando le tante somiglianze di trama e struttura delle due opere.

Quel che più ci interessa, in tale confronto, è notare come l'esitazione di Oreste rappresenti davvero una delle prime cellule di questo «ritardamento» che apre allo «spazio del pensiero». E che diventerà elemento centrale nelle cosiddette «tragedie della volontà» di Shakespeare:

97. Cfr. in particolare Warburg, *Mnemosyne Atlas* 73, «Medea a teatro e in Rembrandt – Spazio mentale della ponderazione. Art officiel con il pathos dell'infanticidio. Donne nella battaglia. Battaglia sul ponte. Tacito prende il posto di Ovidio»; *Mnemosyne Atlas* 41, «*Pathos* dell'annientamento (cfr. tav. 5). Vittima sacrificale. Ninfa come strega. Sprigionarsi del *pathos*»; *Mnemosyne Atlas* 5, nello specifico «Medea prima dell'assassinio dei figli», affresco, da Pompei, Casa dei Dioscuri, 62-79 d.C., Napoli, Museo archeologico nazionale. Ciò che ci interessa particolarmente è il gesto di Medea: «Si tratta di un gesto che, nelle rappresentazioni antiche di Medea, è solitamente scotomizzato: nei rilievi e negli affreschi l'uccisione dei bambini – come ben testimoniano le immagini di Tavola 5 – è sempre richiamato per allusione, e Medea è raffigurata sempre nel momento che precede (o che segue) l'efferatezza del gesto omicida, enfatizzando quello "spazio mentale della ponderazione" che, sospendendo l'azione drammatica, rende ancora più esasperata, ed efficace, la *climax* dell'epilogo tragico» (Giulia Bordignon, *Riemersione del pathos dell'annientamento. Una proposta di lettura di Mnemosyne Atlas, Tavola 41*, in «Engramma», 157, 2018).

98. Ernst Hans Gombrich, *Aby Warburg. Una biografia intellettuale*, trad. it. A. Dal Lago e P.A. Rovatti, Milano, Feltrinelli, 2003, p. 218 [ed. or. *Aby Warburg: an intellectual biography*, London, Warburg Institute, 1970].

99. Ivi, p. 196.

100. Jan Kott, *Divorare gli dei. Un'interpretazione della tragedia greca*, trad. it. E. Capriolo, Milano, Mondadori, 2005, pp. 290-291 [ed. or. *The Eating of the Gods: Interpretation of Greek Tragedy*, New York, Random House, 1973].

101. *Ibidem*.

[...] Tra l'attuazione
D'una cosa spaventosa e il primo impulso,
L'intervallo è come un'allucinazione o un sogno
odioso: il genio e gli strumenti mortali
Sono in concilio; e lo stato dell'uomo,
Come un piccolo regno, subisce allora
Una sorta di insurrezione.[102]

Queste parole, tratte dal monologo di Bruto nel *Giulio Cesare*, ci paiono particolarmente adatte per descrivere la «scena della mente» dell'eroe tragico quando, in procinto di compiere un'azione «spaventosa», egli si trovi a vivere il fantasma dell'intervallo: smagliatura tra potenza e atto, crepa angosciosa, spazio di una ponderazione penosa e tormentata.

«Se fosse fatto, una volta fatto,/ Sarebbe bene che fosse fatto presto»,[103] afferma Macbeth, che pure porta in scena il ragionamento sull'azione e le sue conseguenze, e vive quell'intermezzo pauroso tra scelta e attuazione, ma vorrebbe eliminarlo, per l'appunto, in modo da saltare subito ai risultati, oltre la «secca del tempo».[104]

«Il brivido tragico nasce qui: nell'intervallo tra l'impulso e l'atto, ovvero tra il "moto spirital" che insorge nella mente, e l'azione vera e propria della "cosa tremenda"».[105]

In Shakespeare questo "tempo che sta in mezzo" – il *frattempo* – è diventato una notte oscura e insonne, un interstizio allucinato e spettrale in cui tutta la «struttura umana» dell'eroe è percorsa e agitata dalle pulsazioni frenetiche del pensiero, da desideri contraddittori, da una psicomachia in cui ragione e pathos si confrontano e si scontrano senza pace.

«The interim is mine»,[106] dichiarerà allora Amleto – «l'intervallo è mio» – e di questo spazio del pensiero farà il suo territorio, il suo unico

102. William Shakespeare, *Giulio Cesare*, II, I, vv. 63-69, trad. it. A. Lombardo, Milano, Feltrinelli, 2000. «Between the acting of a dreadful thing/ And the first motion, all the interim is/ Like a phantasma, or a hideous dream./ The genius and the mortal instruments./ Are then in council, and the state of a man,/ Like to a little kingdom, suffers then/ The nature of an insurrection».

103. William Shakespeare, *Macbeth*, I, 7, vv. 1-2, trad. it. A. Lombardo, Milano, Feltrinelli, 1997, p. 40. «If it were done when 'tis done, then 'twere well/ It were done quickly».

104. *Ibidem.*, v. 6: «shoal of time».

105. Nadia Fusini, *Di vita si muore. Lo spettacolo delle passioni nel teatro di Shakespeare*, Milano, Mondadori, 2010, p. 63.

106. William Shakespeare, *Amleto*, V, 2, v. 72, trad. it. A. Lombardo, Milano, Feltrinelli, 1995.

regno, che dura, per l'appunto, finché dura il «ritardamento», che esiste finché l'azione resta in sospeso.

Quando gli amici Rosencrantz e Guildenstern, per svagare il malinconico principe, invitano a corte una compagnia di attori, Amleto chiede loro, come prima cosa, di recitare quell'episodio dell'*Eneide* in cui si narra la morte di Priamo per mano di Pirro, il figlio di Achille.

Siamo durante l'ultima battaglia che decreta la distruzione di Troia da parte degli Achei, la città è in fiamme, e Pirro vi si aggira, il corpo grondante sangue nemico, l'animo tutto rivolto alla vendetta per la morte del padre. In alto, vicino all'altare di Zeus, il vecchio sovrano Priamo sta sferrando gli ultimi colpi stanchi: Pirro lo vede, lo raggiunge con un balzo, furibondo gli si scaglia contro ma proprio nell'attimo in cui sta per abbatterlo la scena di combattimento si trasforma in una scena sospesa: «immobili i cieli, senza voce i venti, e il mondo taciturno».[107] Così dice il testo shakespeariano, e continua, descrivendo la parabola improvvisamente interrotta del braccio di Pirro:

> Ed ecco che la sua spada, che già inclinava
> sul capo bianco del vecchio Priamo, parve attaccarsi
> all'aria. Così, come un tiranno dipinto in un quadro,
> Pirro stette, e come indifferente alla volontà
> e all'intento, non faceva nulla.[108]

La spada di Pirro si incaglia nell'aria, quasi come se una forza sconosciuta la trattenesse, o meglio ancora come se l'uccisore – catturato dalla forza sconosciuta del suo stesso pensiero, improvvisamente svuotato di volontà – non potesse più disporre della propria potenza, né controllare la traiettoria, né procedere all'atto.

È bloccato, Pirro, non più eroe in movimento ma personaggio di un quadro, ritratto in posa plastica, nell'intensità di un gesto imminente che non si realizza, nella tensione di un "non ancora".

La similitudine shakespeariana, che arricchisce e illumina l'episodio virgiliano, è un'immagine potente: il guerriero che si approssima al pieno

107. *Ibidem.*

108. Ivi, II, 2, vv. 475-480. «For lo! his sword/ Which was declining on the milky head/ Of reverend Priam, seem'd i' the air to stick:/ So, as a painted tyrant, Pyrrhus stood,/ And, like a neutral to his will and matter,/ Did nothing».

dispiegamento della propria energia cinetica, se pensa, se indugia, se esita, diventa un quadro.

Non più uomo d'azione, dunque, ma forma vivente catturata nello spazio intermedio fra intenzione e atto, nell'interstizio che Warburg, a partire dall'osservazione della pittura di Rembrandt, avrebbe definito come «die ewig flüchtige Pause zwischen Antrieb und Handlung», «la pausa eternamente fuggente tra impulso e azione».[109]

I versi di Shakespeare sono in effetti una sintesi molto efficace del concetto di *Pathosformel*, e del rapporto costantemente attivo e vivo tra arti figurative e teatro, della «loro comune appartenenza ad una tradizione nutrita di ricordi 'patetici' tradotti in gesti ricorrenti».[110]

La straordinaria *mise en abyme* di Shakespeare è in grado di raccontare la potenza del teatro – ricordiamolo, è una compagnia di attori quella invitata alla corte di Amleto – rievocando il gesto di un grande poema epico e arricchendolo della dimensione figurativa: tutto questo all'interno di una tragedia in cui il protagonista, l'eroe tragico, non agisce.

La metamorfosi di Pirro in personaggio "dipinto" descrive, cattura, illumina la posizione esitante di Amleto. Ma anche quella di Oreste – che s'interroga, con la mano alzata, prima di sferrare il colpo – e di tutti gli eroi analizzati finora.

Si tratta della resa figurata di un momento topico: l'attimo in cui l'eroe – il cui compito è agire – sosta in una oscillazione carica di potenzialità.

Questo attimo, che può dilatarsi o contrarsi, proprio come per i movimenti di una respirazione,[111] è racconto di «vita in movimento». Il gesto eroico sospeso a metà, nella sua apparente dimensione statica – o meglio ancora, nella sua latenza – contiene energie e tensioni dinamiche al massimo grado.

109. Aby Warburg, *L'antico italiano nell'epoca di Rembrandt*, in *Opere*, vol. II, p. 632. La stessa (auto)citazione è presente in: Warburg Institute Archive, *General Correspondence*, lettera di Aby Warburg a Carl Neumann, 22 gennaio 1927, consultabile anche in «Rivista Di Storia Della Filosofia», 60, 3 (2005), pp. 525-539, cit. p. 535.

110. Silvia De Laude, *Ancora su Ernst Robert Curtius e Aby Warburg (con l'idea di una nuova ricerca sul teatro)*, in «Moderna», VI (2004), p. 136.

111. Warburg, *L'antico italiano nell'epoca di Rembrandt*, in *Opere*, p. 632: «Come unico bagaglio per intraprendere questo viaggio possiamo portare con noi solo l'intervallo eternamente mobile tra impulso e azione: sta a noi decidere quanto possiamo dilatare, con l'aiuto di Mnemosyne, questo intervallo della respirazione».

La rappresentazione artistica cattura e si organizza attorno a questa latenza, rendendola nella sua «oscillatoria vitalità».[112] È una vitalità che si vede e che vibra proprio perché abita l'intervallo, quel framezzo tra sistole e diastole che Mnemosyne recupera, risignifica e perpetua in quella che Lina Bolzoni ha chiamato «la rete delle immagini»:

> Rete di immagini vuole significare sia la rete che le immagini costruiscono, legandosi fra di loro, sia la rete che ogni immagine costruisce dentro di sé e intorno a sé, una rete di ricordi e di associazioni creative.[113]

112. Corrado Bologna, *Mnemosyne. Il «teatro della memoria» di Aby Warburg*, in *Lo sguardo di Giano. Aby Warburg fra tempo e memoria*, a cura di Benedetta Cestelli Guidi, Torino, Aragno, 2004, p. 287.

113. Lina Bolzoni, *La rete delle immagini. Predicazione in volgare dalle origini a Bernardino da Siena*, Torino, Einaudi, 2009, p. XXVIII.

Un pensiero profondo che salva

Un arco che scivola dalle mani, una mano alzata che si blocca a mezz'aria, una spada che rimane impigliata nel cielo: solo alcuni fra i segni e le figure che, abbiamo visto, rappresentano l'irruzione dello spazio del pensiero sulla scena del racconto.

Un'altra immagine significativa attorno a cui si organizza uno dei primi monologhi della storia della tragedia greca[114] è quella del tuffo negli abissi.

Si tratta di una metafora utilizzata dal protagonista delle *Supplici* di Eschilo, Pelasgo, re di Argo, che si trova a dover fronteggiare una situazione drammatica con l'arrivo improvviso di cinquanta donne esuli nella sua città.

Sono donne dalla pelle scura, con in mano rami d'ulivo ravvolti nella lana, a simboleggiare la loro condizione di supplici. Sono le Danaidi, in fuga dalle proprie terre con il padre Danao – che le segue e accompagna – perché rifiutano l'odioso matrimonio con i cugini Egizi, decisi ad ampliare il proprio potere sulle terre dello zio attraverso un'unione forzata.

Al re Pelasgo che, sorpreso e preoccupato da questo arrivo imprevisto, chiede notizie sulle loro origini, rispondono che una radice antica le lega alla città di Argo: discendono infatti da Io, la giovane principessa argiva amata da Zeus e, per questo, trasformata in giovenca da Era.[115]

Il re è perplesso e angosciato: l'antico legame delle Danaidi con Argo e la loro condizione di esuli presuppongono accoglienza. Rifiutare una simile richiesta di asilo è sacrilegio. Significa attirarsi addosso l'ira di Zeus, protettore dei supplici.

114. Cfr. Franco Ferrari, *Il dilemma di Pelasgo*, in «Annali della Scuola Normale Superiore di Pisa», III, 4, 2 (1974), p. 376: «Per la prima volta con Pelasgo il dubbio di fronte a una scelta ingrata è oggetto di un'ampia azione scenica, e gli elementi favorevoli e sfavorevoli a ciascuna alternativa vengono analizzati e vagliati in tutte le loro implicazioni. La scelta – o piuttosto il dilemma – di Pelasgo rappresenta perciò una svolta ed un approfondimento nella rappresentazione dell'agire umano. Anche sul versante formale è con ciò ottenuto un significativo arricchimento: la nascita del monologo».

115. Continuamente punta da un tafano inviato da Era, Io, sotto forma di giovenca, vagò dalla Grecia all'Asia, per giungere infine in Egitto dove, sulle rive del Nilo, diede alla luce Epafo, figlio della sua unione con Zeus. La figlia di Epafo, Libia, diede poi alla luce Belo, a sua volta padre di due gemelli, Egitto e Danao. Egitto ebbe cinquanta figli, Danao cinquanta figlie.

D'altra parte, accettare di proteggerle metterebbe in pericolo Argo e il suo regno, perché gli Egizi gli muoverebbero guerra senz'altro:

Πελασγός ἄγος μὲν εἴη τοῖς ἐμοῖς παλιγκότοις,
ὑμῖν δ' ἀρήγειν οὐκ ἔχω βλάβης ἄτερ.
οὐδ' αὖ τόδ' εὖφρον, τάσδ' ἀτιμάσαι λιτάς.
ἀμηχανῶ δὲ καὶ φόβος μ' ἔχει φρένας
δρᾶσαί τε μὴ δρᾶσαί τε καὶ τύχην ἑλεῖν.[116]

Ἀμηχανῶ, confessa quindi il re: sono senza mezzi, non ho espedienti, non so che fare. Sono incapace, impotente, in questa situazione. Le μηχαναί, infatti, sono le risorse pratiche, ma anche le strategie, basti pensare che πολυμήχανος è Odisseo e μηχανιώτες il dio Hermes. Il concetto di ἀμηχανία si lega strettamente a quello di ἀπορία (ἀ privativo + πόρος, "passaggio") che esprime, per l'appunto, una situazione di stallo dovuta all'assenza di vie d'uscita.

È proprio la circostanza in cui si ritrova il sovrano argivo: φόβος, la paura, gli invade le φρένες,[117] perché tanto ospitare le Supplici, quanto respingerle comporta grandissimi rischi per la città, e per sé, e per le Danaidi stesse.

Ecco dunque che la domanda tragica – τί δράσω – si esprime nella forma di un vero e proprio dilemma, che «sottolinea la polarità dell'azione tragica»:[118] δρᾶσαί τε μὴ δρᾶσαί, agire o non agire?

Pelasgo, a questo punto, afferma di dover fare come il κολυμβητῆρ, il pescatore di spugne, o il palombaro, che scende nelle profondità marine e guarda gli abissi con sguardo limpido, non offuscato, non ebbro: solo così, forse, potrà trovare una soluzione, attraverso la ricerca di un βαθείας φροντίδος σωτηρίου – un pensiero profondo che porti salvezza.

Πε. δεῖ τοι βαθείας φροντίδος σωτηρίου,
δίκην κολυμβητῆρος, ἐς βυθὸν μολεῖν
δεδορκὸς ὄμμα, μηδ' ἄγαν ᾠνωμένον,

116. Eschilo, *Supplici*, in *Le tragedie*, vv. 376-380: «Il sacrilegio ricada su chi mi è nemico! Ma aiutarti non è privo di rischi: e per altro, non è prudente disdegnare queste suppliche. Non so cosa fare e la paura mi opprime il cuore. Agire? Non agire e tentare la sorte?».

117. Per il dibattito sul significato del termine φρένες si veda la nota n. 73 a p. 31 di questo libro.

118. Jean-Pierre Vernant, *Tensioni e ambiguità nella tragedia greca*, in Jean-Pierre Vernant e Pierre Vidal-Naquet, *Mito e tragedia nell'antica Grecia. La tragedia come fenomeno sociale estetico e psicologico*, trad. it. M. Rettori, Torino, Einaudi, 1976, p. 27 [ed. or. *Mythe et tragédie en Grèce ancienne*, Paris, Librarie François Maspero, 1972].

ὅπως ἄνατα ταῦτα πρῶτα μὲν πόλει,
αὐτοῖσί θ' ἡμῖν ἐκτελευτήσει καλῶς,
καὶ μήτε δῆρις ῥυσίων ἐφάψεται
μήτ' ἐν θεῶν ἕδραισιν ὧδ' ἱδρυμένας
ἐκδόντες ὑμᾶς τὸν πανώλεθρον θεὸν
βαρὺν ξύνοικον θησόμεσθ' ἀλάστορα,
ὃς οὐδ' ἐν Ἅιδου τὸν θανόντ' ἐλευθεροῖ.
μῶν οὐ δοκεῖ δεῖν φροντίδος σωτηρίου;[119]

Il sovrano nuotatore s'immerge così nei recessi marini di un ragionamento introspettivo. Il termine βαθὺς – «profondo» – associato alla sfera del pensiero e dell'anima è già presente nella lirica arcaica e, come dimostrato da Snell,[120] è parola di prima scelta per rappresentare proprio l'ampiezza e gli abissi dell'anima.

Il lungo monologo di Pelasgo, pur tenendo in sospeso le sorti delle Danaidi, e con esse quelle della tragedia, rappresenta al contempo il vero nucleo centrale della storia.

Come commenta infatti Centanni, «lo svolgimento della trama drammatica è motivato dall'incertezza di Pelasgo [...] L'incertezza del principe è il motore del dramma, il suo nodo».[121]

Ancora una volta, dunque, ci troviamo di fronte ad una sospensione posizionata «al centro» di un'azione che pur interrompendola la sostiene.

L'indugio del re prosegue, e così il suo monologo, che continua a essere accompagnato da una catena di immagini acquatiche. Pelasgo dichiara

119. Eschilo, *Supplici*, vv. 407-417: «Devo riflettere profondamente per trovare il modo di salvarci: come un pescatore devo scendere giù, fino all'abisso, scrutando il fondo con occhio lucido e sobrio. Devo provvedere, prima di tutto, che non ci siano danni per la mia città e che tutto vada bene per noi; e poi che non si accenda Contesa per la vostra restituzione. E se invece vi consegniamo, dopo che vi siete rifugiate qui, che vi siete appostate su questi seggi divini, non sia mai che ci mettiamo in casa il dèmone della distruzione, il grave Genio della Vendetta, che neppure nell'Ade lascia liberi i morti. Non vi sembra che io debba pensare a una soluzione che ci salvi?».

120. Bruno Snell, *La cultura greca e le origini del pensiero europeo*, trad. it. V. Degli Alberti e A. Marietti Solmi, Torino, Einaudi,1963, pp. 40-42 [ed. or. *Die Entdeckung des Geistes. Studien zur Entstehung des europäischen Denkens bei den Griechen*, Hamburg, Claassen & Goverts, 1946]: «Queste nuove proprietà dell'anima sono qualcosa di così radicalmente diverso da ciò che Omero poteva pensare, che in lui mancano persino le forme linguistiche atte ad esprimerle [...] La rappresentazione della 'profondità' è sorta proprio per designare la caratteristica dell'anima».

121. Centanni, *Commento alle Supplici*, p. 874.

di aver meditato (πέφρασμαι) ma di essersi arenato (ἐξοκέλλεται) nuovamente. Lo σκάφος della sua mente è bloccato, incagliato, immobile:

Πε. καὶ δὴ πέφρασμαι. δεῦρο δ' ἐξοκέλλεται.
ἢ τοῖσιν ἢ τοῖς πόλεμον αἴρεσθαι μέγαν
πᾶσ' ἔστ' ἀνάγκη, καὶ γεγόμφωται σκάφος
στρέβλαισι ναυτικαῖσιν ὡς προσηγμένον.
ἄνευ δὲ λύπης οὐδαμοῦ καταστροφή.[122]

Non sembra esserci una καταστροφή senza dolori (λύπης), un rivolgimento che non sia penoso per un verso o per l'altro.

Pelasgo desidera essere εὐσεβής, ma non riesce ad essere pragmatico come vorrebbe, a condurre cioè a buon esito la sua πρᾶξις, l'azione che gli viene chiesto di compiere.

Non c'è niente di εὔπορος in questa situazione, al contrario, l'ἀπορία continua a dominare la scena. E cresce, monta, proprio come un mare di guai:

Πε. καὶ πολλαχῇ γε δυσπάλαιστα πράγματα,
κακῶν δὲ πλῆθος ποταμὸς ὣς ἐπέρχεται:
ἄτης δ' ἄβυσσον πέλαγος οὐ μάλ' εὔπορον
τόδ' ἐσβέβηκα, κοὐδαμοῦ λιμὴν κακῶν.[123]

Non esiste riparo (λιμὴν) in una simile circostanza e il percorso di ricerca interiore condotto attraverso le immagini marine – o meglio le «metafore nautiche», per utilizzare la categoria con cui Curtius aprì la sua *Metaphorik*[124] – non "approda" a nulla.

Ma quando le Supplici – che non a caso Pelasgo ha paragonato alle Amazzoni – pur di evitare l'unione forzata e così «sottomettersi al giogo dei maschi» minacciano il suicidio per impiccagione presso gli altari sacri

122. Eschilo, *Supplici*, vv. 438-442: «Dunque: ho meditato! Ma di nuovo mi sono arenato. O contro gli uni, o contro gli altri siamo obbligati ora a scatenare una grande guerra: lo scafo della mia mente è inchiodato, come bloccato da saldi paranchi. Non esiste una soluzione senza dolore».

123. Ivi, vv. 469-471: «Da qualsiasi verso la prenda, non so come affrontare la situazione. È una piena di sciagure, come un fiume che avanza. Mi sono impelagato in un abisso di rovina, e non c'è nessun porto per i mali».

124. Ernst Robert Curtius, *Metaforica. Metafore nautiche*, in *Letteratura europea e Medio Evo latino*, a cura di Roberto Antonelli, Firenze, La Nuova Italia, 1992, pp. 147-149 [ed. or. *Europäische Literatur und lateinisches Mittelalter*, Bern, A. Francke, 1948].

della città, il re è costretto a proporre una strategia: non lui, ma l'intera assemblea cittadina deciderà sulla sorte delle esuli.

La decisione del δῆμος sarà in effetti unanime: una distesa di mani alzate approverà la richiesta di asilo delle Danaidi, che innalzeranno un canto di ringraziamento e benedizione per Argo.

Ma le conseguenze di questa scelta non tarderanno a presentarsi: poco dopo la deliberazione dell'assemblea, un araldo degli Egizi si presenterà per reclamare le Supplici. Al rifiuto di Pelasgo e della *polis* di consegnarle, la prospettiva di una guerra imminente risulterà chiara.

Al di là dello scioglimento del dilemma del re attraverso il ricorso alla consultazione popolare e delle riflessioni sul ruolo del sistema democratico della scelta – che nel tempo sono state al centro di molte letture storico-critiche[125] – ciò che ci interessa più rilevare nella tragedia eschilea è proprio la postura del sovrano protagonista.

Pelasgo ha ben poco in comune con la figura del tiranno che compare abitualmente nel teatro del V secolo ma non è solo la sua ferma volontà di essere giusto, εὐσεβής, a distinguerlo dagli altri sovrani, quanto l'attenzione dedicata dall'autore allo spazio del suo pensiero, al suo percorso di ricerca interiore, che non ha precedenti, non in questa misura almeno.

Un re riflessivo, che porta sulla scena l'incertezza e l'angoscia, l'impotenza e il senso di incapacità, ma anche la profondità dell'anima e l'intensità del pensiero.

Crede nel ragionamento, Pelasgo, ha fiducia in quel procedimento argomentativo che compara le posizioni, e pondera i rischi e i vantaggi, e considera le conseguenze di ogni scelta, e arriva alla conclusione più giusta: è disposto, per questo, ad "approfondire", a sondare con sguardo sobrio gli abissi del reale – e di sé stesso – fino al centro più oscuro.

Ma il pensiero profondo che salva non c'è. Mano a mano che scende Pelasgo è sempre più incastrato, impigliato: la chiglia della mente si blocca e il re rimane paralizzato. Non esiste una scelta che metta al riparo da qualunque rischio, non c'è καταστροφή senza catastrofe.

125. Cfr. Victor Leopold Ehrenberg, *Origins of Democracy*, in «Historia», I, Franz Steiner, Stuttgart, 1950, pp. 515-548; Hugh Lloyd-Jones, *The Supplices of Aeschylus: the New Date and Old Problems*, in «L'Antiquité Classique», XXXIII (1964), pp. 356-374; Albin Lesky, *Decision and Responsibility in the Tragedy of Aeschylus*, in «Journal of Hellenic Studies», LXXXVI (1966), pp. 78-85; Davide Susanetti, *Catastrofi politiche*, Roma, Carocci, 2011.

La figura del sovrano immobile, catturato dalla profondità dei suoi pensieri, è forse la più adatta a concludere questo primo capitolo.

Del resto, anche il libro di Fachinelli si chiude proprio con la figura del «Re seduto». Si tratta di un'immagine che lo psicoanalista trae dal *Ramo d'oro* di Frazer, e di cui la fonte intermedia è *Totem e Tabù* di Freud:

> Alla Punta del Pescecane vicino al capo Padron, nella Guinea inferiore, vive, solo, in una foresta, il re-sacerdote Kukulu. Non può toccare una donna, né lasciare la sua casa; in realtà non può neppure lasciare la sua sedia, dove è obbligato a dormire seduto, perché se si mettesse a giacere non soffierebbe più nessun vento, e finirebbe la navigazione. Egli regola le tempeste e in generale mantiene l'atmosfera in uno stato dolce e costante.[126]

Kukulu non può alzarsi né riposare disteso, il suo "trono" è la sua condanna ad una postura fissa, statica. Non si tratta di ἀμηχανία, certo, ma di inamovibilità. Stando fermo il re-sacerdote mantiene in equilibrio il cosmo:

> La sua persona è considerata, per così dire, il centro dinamico dell'universo da cui s'irraggiano linee di forza a tutti i punti del cielo; cosicché ogni suo moto, il volger del capo, l'alzar della mano, influenzano sull'istante e possono seriamente turbare qualche parte della natura. Egli è il fulcro su cui poggia la bilancia del mondo, e la più lieve irregolarità da parte sua può rovesciare il mobile equilibrio. La più gran cura deve quindi venir osservata da lui e intorno a lui, e tutta la sua vita fino ai più minuti particolari deve esser regolata in tal modo che nessuno dei suoi atti, volontari o no, possa alterare o travolgere l'ordine stabilito dalla natura.[127]

Un centro dinamico i cui movimenti devono essere calcolati al millimetro, una regalità totemica e intoccabile. Da questo re non ci si aspetta alcuna azione, semmai, al contrario, le azioni del mondo che lo circonda sono garantite dal suo non agire.

Nell'immobilità è custodita, protetta e nutrita la più grande potenza. Una potenza-di-non. Ma chissà a cosa pensa Kukulu.

126. Fachinelli, *La freccia ferma*, p. 203; James G. Frazer, *Il peso della corona*, in *Il Ramo d'oro. Studio sulla magia e la religione*, vol. I, trad. it. L. De Bosis, Torrino, Bollati Boringhieri, 1973, p. 267 [ed. or. *The Golden Bough: A Study in Comparative Religion*, London, Macmillan & Co, 1890]; Sigmund Freud, *Totem e Tabù*, in *Opere 1912-1914. Totem e Tabù e altri scritti*, a cura di Cesare L. Musatti, Torino, Bollati Boringhieri, 1975, pp. 10-105 [ed. or. *Totem und tabu: Einige Übereinstimmungen im Seelenleben der Wilden und der Neurotiker*, Beacon Press, 1913].

127. Frazer, *Il peso della corona*, p. 265.

2. La potenza del pensiero

Un corpo che pensa pesa. Per questo, un corpo che pensa spesso pende. Si produce in una curvatura, si deforma, s'inclina mutando baricentro, alla ricerca di un punto d'appoggio che sopporti la sua *gravitas*.

Con la testa cascante e la mano sulla guancia, o con il pugno chiuso a sostegno del mento, il pensoso assume una postura sintomatica e ricorrente nei secoli, una *Pathosformel* che diviene – con Aby Warburg,[1] con Raymond Klibansky, Erwin Panofsky e Fritz Saxl,[2] con Rudolf e Margot Wittkower[3] – figura sempre più riconosciuta e riconoscibile della malinconia e della meditazione.

Così piega il capo la Musa riflessiva che, mentre ispira il poeta, come per "contagio" gli passa anche la posa; così reclina la testa il grande santo sapiente; così l'umanista e intellettuale appartato nello studiolo; così anche l'eroe malinconico e visionario in sella al proprio destriero; così i sovrani e gli imperatori che da questa *pesanteur* non sono immuni.

La «potenza del pensiero» è anzitutto potenza nella sua accezione di "forza-peso": è una pressione che insiste, una massa che modifica l'equilibrio e lo mette in forse, che s'impone e imponendosi espone alla caduta.

1. Aby Warburg, *Divinazione antica pagana in testi ed immagini dell'età di Lutero*, in Id., *La Rinascita del paganesimo antico: contributi alla storia della cultura*, trad. it. di E. Cantimori, Firenze, La Nuova Italia, 1966, pp. 309-390 [ed. or. *Gesammelte Schriften*, a cura di Gertrud Bing, Berlin, B.G. Teubner Leipzig, 1932].

2. Raymond Klibansky, Erwin Panofsky, Fritz Saxl, *Saturno e la melanconia. Studi di storia della filosofia naturale, religione e arte*, trad. it. di R. Federici, Torino, Einaudi, 1983 [ed. or. *Saturn and Melancholy: Studies in the History of Natural Philosophy, Religion and Art*, London, Nelson, 1964].

3. Rudolf e Margot Wittkower, *Nati sotto Saturno. La figura dell'artista dall'Antichità alla Rivoluzione francese*, trad. it. di F. Salvatorelli, Torino, Einaudi, 1968 [ed. or. *Born Under Saturn: The Character and Conduct of Artists*, New York, Random House, 1963].

Per questo la «testa reclina»[4] ha bisogno di essere "tenuta"; per questo, mentre il capo pende in avanti o verso la spalla, è necessario che il gomito si pieghi e la mano si appoggi – alla guancia, al mento, alle tempie – per evitarne il crollo.

Si tratta di un gesto espressivo antichissimo, presente fin dall'arte funeraria egiziana, catturato nelle statue dei filosofi greci, fermato nei bassorilievi latini: un gesto che ritrae il dolore e l'afflizione, ma anche la fatica del pensiero creativo, o l'ozio accidioso, o ancora il sonno sapienziale.

> Non sorprende che un gesto del genere dovesse affacciarsi alla mente dell'Artista quando si trattava di realizzare una configurazione che combinasse in un nesso quasi unico la triade dolore, fatica e meditazione; cioè quando doveva rappresentare Saturno e il melanconico soggetto al suo potere.[5]

Nel 1980, Susan Sontag sceglie di cominciare il suo *Under the Sign of Saturn* con un'ampia e puntuale descrizione dei ritratti fotografici di Walter Benjamin.

Come fosse davanti a degli ovali dipinti, o a medaglioni antichi, la critica americana ripercorre e rende conto, quasi ecfrasticamente, di quattro fotografie del filosofo tedesco (datate 1927, 1930, 1937, 1938).

Sontag legge Benjamin a partire dalla sua gestualità, prima che dalle sue opere: così il filosofo, che alla *Melencolia I* di Dürer aveva dedicato pagine fondamentali ne *Il dramma barocco tedesco*, diviene egli stesso icona contemporanea dell'*homo melancholicus:*

> Nella maggior parte dei ritratti fotografici guarda in basso, con la mano destra appoggiata al volto. Il più antico di cui sono a conoscenza è quello del 1927. [...] Per via della testa reclinata, le spalle sembrano cominciargli da dietro le orecchie; il pollice è appoggiato alla mascella; il resto della mano, la sigaretta tra l'indice piegato e il terzo dito, copre il mento; lo sguardo basso attraverso

4. Klibansky, Panofsky, Saxl, *Saturno e la melanconia.* I tre critici lo classificano come «The motif of the drooping head», «Il motivo della testa reclina», pp. 269-271: «Il significato primario di questo antichissimo gesto, che si vede nei ploranti di certi rilievi sui sarcofagi egizi, è il dolore, ma può anche significare la fatica o il pensiero creativo. Per limitarci ai tipi medievali, esso rappresenta non solo il dolore di san Giovanni sotto la croce, e la sofferenza dell'*anima tristis* del salmista, ma anche il pesante sonno degli apostoli sul Monte degli Olivi, o il monaco che sogna nelle illustrazioni al *Pèlerinage de la vie humaine*; il pensiero concentrato di un uomo di Stato, la contemplazione profetica di poeti, filosofi, evangelisti e padri della Chiesa; o anche il meditabondo riposo di Dio Padre nel settimo giorno».

5. *Ibidem.*

gli occhiali – sguardo offuscato, da sognatore, tipico del miope – sembra fluttuare nella parte inferiore sinistra della fotografia.[6]

Negli stessi anni in cui Roland Barthes aveva dimostrato come la fotografia fosse la più patetica e la più malinconica fra le arti del Novecento,[7] i ritratti di Benjamin – già consustanzialmente malinconici per la pellicola su cui erano impressi – paiono configurarsi come vere e proprie trasposizioni contemporanee della celebre incisione düreriana.

Come l'angelo di *Melencolia I*, Benjamin ha la guancia appoggiata alla mano, la postura ripiegata, che lo rende curvo, lo sguardo verso il basso, assorto: è «l'uomo lavoratore che pensa»,[8] un «essere creativo» appesantito, dolente, chiuso in uno stato di «tetra inazione».[9]

Si tratta di una condizione che il filosofo stesso, in *Dramma e Tragedia III*, aveva efficacemente descritto come «crampo contemplativo»:[10] una

6. Susan Sontag, *Under the Sign of Saturn*, New York, Random House, 1981, pp. 109-10 [1ª ed. Farrar, Straus and Giroux, New York, 1980]. «In most of the portrait photographs he is looking down, his right hand to his face. The earliest one I know shows him in 1927 [...] With his head lowered, his jacketed shoulders seem to start behind his ears; his thumb leans against his jaw; the rest of the hand, cigarette between bent index and third fingers, covers his chin; the downward look through his glasses - the soft, daydreamer's gaze of the myopic - seems to float off to the lower left of the photograph»).

7. Roland Barthes, *La chambre claire. Note sur la photographie*, Cahiers du Cinéma, Paris, Gallimard, 1980, p. 140. «Comme le monde réel, le monde filmique est soutenu par la présomption «que l'expérience continuera constamment à s'écouler dans le même style constitutif»; mais la Photographie, elle, rompt «le style constitutif» (c'est là son étonnement); elle est *sans avenir* (c'est là son pathétique, sa mélancolie) [...] Immobile, la Photographie reflue de la présentation à la rétention».

8. Warburg, *Divinazione antica e pagana*, p. 200. E poi, a p. 359: «Il conflitto cosmico riecheggia come un moto *nell'intimo dell'uomo stesso*. I demoni ghignanti sono scomparsi, l'accigliata malinconia di Saturno si è trasformata in uno spirito di umana pensosità».

9. Erwin Panofsky, *La vita e l'opera di Albrecht Dürer*, trad. it. C. Basso, Milano, Abscondita, 2006, p. 211 [ed. or. *The Life and Art of Albrecht Dürer*, Princeton University Press, 1955]. «La Melanconia alata siede rannicchiata [...] essa è caduta in uno stato di tetra inazione. Incurante del suo abbigliamento, con i capelli scomposti, appoggia la testa sulla mano e con l'altra tiene meccanicamente un compasso, mentre l'avambraccio riposa su un libro chiuso. I suoi occhi sono fissi in uno sguardo accigliato [...] Alata, ma accovacciata al suolo, incoronata ma offuscata da ombre, munita degli arnesi dell'arte e della scienza, ma chiusa in un'oziosa meditazione, dà l'impressione di un essere creativo ridotto alla disperazione dalla consapevolezza di barriere insormontabili che la separano da un più alto dominio del pensiero».

10. Walter Benjamin, *Il dramma barocco tedesco*, tr. it. di F. Cuniberto, Torino, Einaudi, 2014, p. 116 [ed. or. *Ursprung des deutschen Trauerspiel*, Berlin, Ernst Rowohlt Verlag, 1928].

Fig. 2. Walter Benjamin, 1927, foto di Germaine Krull.

forma di paralisi, una contrazione dolorosa che cattura dentro uno spasmo lento e continuato il corpo e la mente di chi pensa con troppa *gravitas*.

> La gravità di pensiero è peculiare di chi è triste. Sulla via verso l'oggetto – anzi: lungo la traiettoria interna all'oggetto – questa intenzione procede lenta e solenne come i cortei dei potenti. [...] In essa la gravità di pensiero riconosce il proprio ritmo.[11]

C'è un ritmo solenne, luttuoso, nei pensieri del malinconico: la mente procede con passi pesanti e si attarda sotto «l'orbita strisciante del debole Saturno».[12]

Del resto Benjamin – come riporta ancora Sontag – si autoiscrive nella schiera degli stessi saturnini che analizza:

> Era quello che i francesi sono soliti chiamare *un triste*. In giovinezza sembrava segnato da una "profonda tristezza", scrisse Sholem. Si considerava un melanconico, disdegnando le categorie psicologiche e invocando quella tradizionale dell'astrologia: «Sono venuto al mondo sotto il segno di Saturno – il pianeta della rivoluzione più lenta, l'astro delle deviazioni e dei ritardi».[13]

I «nati sotto Saturno», «contemplativi, assorti, cogitabondi, solitari e creatori»,[14] sono, come dimostrato da Rudolf e Margot Wittkower, anzitutto gli artisti, i filosofi, i pensatori.

Ma il gesto grave di cui ci stiamo occupando non riguarda solo questa eccezionale categoria umana.

Sarà utile, a tal proposito, richiamare alcune parole di Adriano Prosperi: «accanto alla *Melencolia I* di Dürer dobbiamo porre il monumento al pensoso Lorenzo de' Medici di Michelangelo»;[15] la malinconia, infatti, non riguarda solo «l'eretico, l'artista, lo spirito solitario che segue i propri

11. *Ibidem*.

12. Ivi, p. 130.

13. Sontag, *Under the Sign of Saturn*, p. 111. La citazione di Benjamin è tratta da una pagina di diario scritta a Ibiza il 12 agosto del 1933. «He was what the French call *un triste*. In his youth he seemed marked by "a profound sadness", Scholem wrote. He thought of himself as a melancholic, disdaining modern psychological labels and invoking the traditional astrological one: «I came into the world under the sign of Saturn the star of the slowest revolution, the planet of detours and delays...».

14. Wittkower, *Nati sotto Saturno*, p. 8.

15. Adriano Prosperi, *Notti malinconiche. La tristezza del potere*, in *Arcipelago malinconia: scenari e parole dell'interiorità*, a cura di Biancamaria Frabotta, Roma, Donzelli Editore, 2001, p. 139.

pensieri poggiando il mento sul pugno chiuso», c'è anche «la tristezza, l'umor nero, l'isolamento pensoso del potere».[16]

Lo stesso Benjamin aveva dedicato pagine importanti alla malinconia che «dimora soprattutto nei palazzi»,[17] partendo da un celebre passo dei *Pensées* di Pascal:

> Lasciamo un re tutto solo [...] senza compagnia, con tutto l'agio di pensare a sé, e vedremo che un re senza distrazione è un uomo pieno di miserie. Difatti questo lo si evita accuratamente, e non mancano mai presso le persone dei re un gran numero di altre persone che vigilano a far succedere ai loro affari il divertimento, e che sorvegliano tutto il loro tempo libero per fornir loro piacere e giochi, in modo che non ci sia mai un vuoto.[18]

Nel capitolo precedente abbiamo osservato come «la potenza del pensiero» del re sia tanto necessaria, quanto per certi versi pericolosa: se al sovrano è richiesto di pensare al "da farsi" per far fronte alle avversità e per garantire la stabilità del regno, è anche vero che – per le medesime ragioni – è opportuno che egli non pensi "troppo".

Un di più di pensiero, infatti, può risultare fatale: nell'uomo di potere «la sensibilità e l'eccesso di pensiero soggiogano l'azione, piegano la volontà».[19] È possibile che da una meditazione troppo profonda il re, per quanto saggio e avveduto, non riesca a riemergere; che il tuffo negli abissi del ragionamento introspettivo lo paralizzi, relegandolo in una condizione di impotenza e di ἀμηχανία; o ancora che attraverso la fenditura di un tempo «vuoto» – inoperoso, senza attività, senza distrazioni – il sovrano scivoli fra le maglie della malinconia, fino alle acque scure dell'accidia.[20]

16. Ivi, p. 140.

17. Benjamin, *Il dramma barocco tedesco*, p. 119.

18. Blaise Pascal, *Pensieri*, a cura di Benedetta Papasogli, Roma, Città Nuova Editrice, 2003, p. 133.

19. Nadia Fusini, *Amleto, Lorenzo, Giuliano*, in *Di vita si muore*, p. 115. Fusini riprende le osservazioni di Alois Riegl [*Die Entstehung Der Barockkunst in Rom*, Vien, A. Schroll, 1908] sul monumento a Lorenzo de' Medici.

20. L'accidia è per alcuni autori del medioevo una tristezza «aggravata». Si vedano ad esempio le parole di Alberto Magno nella *Summa theologica*: «[Acedia] est tristitia aggravans; quia ex difficultate boni aggravatur et infirmatur ad bonum. In omnibus autem infirmitas aggravans acuit vocem, sicut patet omnibus aegris; et ex tali aggravationi derivatur Latine nomen acediae: quia in Graeco idem est quod vocem aggravans», in cui la ripetizione continua di termini della sfera semantica dell'*aggravatio* insiste sulla "pesantezza", sulla *gravitas* di questo stato d'infermità (*Summa theologica*, XVIII, 118, 1, 1 in *Opera Omnia*, Paris, Vivès, 1895).

Il «motivo della testa reclina», in queste figure, condenserà quindi gli elementi tipici della prossemica sapienziale con quelli della malinconia e dell'*acedia*: i sovrani che si lisciano la barba – gesto emblematico di Carlo Magno nella *Chanson de Roland*[21] – o che s'immergono in lunghe meditazioni, appoggiando la guancia o la fronte alla mano – è il caso di re Artù, che approfondiremo tra poco – portano sulla scena il momento della riflessione e della «solitudine del potere»[22] e insieme la prefigurazione di una crisi della regalità: se per un problema a cui non riesce a trovare una soluzione, o per il dolore di una perdita o di un tradimento, il re si fa troppo pensoso, tutta la corte è a rischio.

La «potenza del pensiero» del re è la potenza che organizza e muove le azioni del mondo che lo circonda. Per questo egli deve essere continuamente tenuto al riparo dai tuffi vertiginosi di una cogitazione troppo profonda, che da saggezza può rovesciarsi nel suo opposto: *melancholia ex acedia*, paralisi fisica e mentale, perdita di sé, o addirittura follia.

Fra i pericoli più grandi c'è quello di cedere all'ossessione e alla fantasticheria, di smarrirsi «producendo fantasime, incubi».[23] Come sottolinea Elémire Zolla nel suo *Storia del fantasticare*, «chi è coperto dal velo delle fantasticherie non può deliberare prontamente, né pensare ordinatamente, né concedere il gioco spontaneo ai muscoli». Anzi, di più: «guai all'uomo d'azione che si dipinga nella mente quello che gli deve accadere».[24]

Da questi eccessi del pensiero devono difendersi, quindi, tanto i sovrani – responsabili e mandanti dell'azione – quanto gli esecutori – gli eroi, per l'appunto, gli «uomini d'azione». A questi ultimi, ancor più che ai primi, tocca confrontarsi continuamente con il pericolo della malinconia e della pensosità. Se a un re si addice l'abitare lo spazio del raccoglimento e

21. Si tratta di un gesto ricorrente nel testo, che diventa gesto di dolore, accompagnato dalle lacrime, quando l'imperatore arriva a torcersi anche i baffi. Cfr. *La Chanson de Roland*, a cura di Ian Short, Paris, Lettres Gothiques, 1990, 61, vv. 771-773: «Li empereres en tint sun chef enbrunc,/ Si duist sa barbe, e detoerst sun gernun;/ Ne poet muer que des oilz ne plurt», in cui possiamo osservare le espressioni tipiche della malinconia e del dolore. Con il capo chino (*enbrunc*, che rimanda anche al corrucciamento), Carlo Magno si liscia la barba e si torce i mustacchi, mentre piange lacrime dagli occhi.

22. Prosperi, *Notti malinconiche*, p. 140.

23. Elémire Zolla, *Storia del fantasticare*, Milano, Bompiani, 1964, pp. 8-10, in cui specifica anche: «L'immaginazione deturpa la capacità fantastica dell'artista, toglie energia a chi agisce, intorpida il pensiero di chi riflette».

24. *Ibidem*.

della ponderazione – purché non sfoci in una condotta accidiosa o fantasticante – a un eroe tale spazio pare completamente precluso.

Non c'è tempo per pensare, figurarsi per meditare. «Il gioco spontaneo dei muscoli»,[25] su cui l'eccezionalità e la fama degli eroi si fondano, non potrebbe che risentirne.

Eppure, in realtà, questo «gioco» non fa che interrompersi, questo meccanismo s'inceppa di continuo. A scapito del *tourbillon* che li vorrebbe sempre mobili e gravidi di propositi, gli eroi si fermano, esitano, rimangono in sospeso. E tra l'atto che sono chiamati a svolgere e la sua effettiva realizzazione non di rado interpongono una pausa malinconica, un ritardo pensoso, un tempo della fantasticheria.

È quanto accade ai più celebri eroi del Medioevo, Lancillotto e Perceval, anzi, di più: è un loro tratto distintivo.

Se dell'eroe è tipica la realizzazione dell'impresa, di questi due eroi è tipico che fra le gesta e la loro attuazione s'intrometta un gesto: il gesto del malinconico, per l'appunto, del meditativo, gravato dal peso del suo pensiero.

Un peso che rallenta, o addirittura paralizza, una *gravitas* che fa loro perdere, per poco o per molto, il tempo dell'azione.

Così, Perceval, in un'alba silenziosa, nei pressi dell'accampamento di re Artù, trascorre ore immobile sul suo cavallo, a contemplare tre gocce di sangue scolorire nella neve. Per farlo si appoggia alla lancia, asse sostitutivo della mano, che dà equilibrio al suo corpo pendente:

> La gente fu ferue el col,
> Si seinna trois gotes de sanc
> Qui espandirent sor le blanc,
> Si s'apoia desor sa lance,
> Por esgarder cele semblance,
> Que li sans et la nois ansanble
> La fresche color li resanble
> Qui est an la face s'amie,
> Et panse tant que il s'oblie.[26]

25. *Ibidem*.

26. Chrétien de Troyes, *Perceval ou Le Conte du Graal,* in *Œuvres complètes*, a cura di Daniel Poirion, con Anne Berthelot, Peter F. Dembowski, Sylvie Lefèvre, Karl D. Uitti e Philippe Walter, Paris, Gallimard, 1994, pp. 788-789, vv. 4186-4215. «L'oca ferita al collo/ lasciò tre gocce di sangue/ che si spandevano sul bianco,/ così il cavaliere si appoggia alla lancia/ per contemplare quell'immagine,/ poiché il sangue e la neve insieme/ gli ricordano i freschi colori/ del viso della sua amica/ e tanto pensa che si oblia».

Allo stesso modo Lancillotto, nel *Lancelot en prose*, mentre la battaglia infuria intorno a lui, rimane imbambolato a pensare alla regina Ginevra. Il suo corpo si inclina, perde di tonicità, ha bisogno di un supporto che lo sostenga: anche lui si appoggia alla lancia, mentre i nemici lo caricano a più riprese, e gli astanti lo prendono in giro.

> Li chevaliers a l'escu vermoil s'areste sor lo gué et s'apoie sor sa lance. [...] "Sire chevaliers, vees un des lor chevaliers venir. C'atandez vos? Il vient toz seus." Par maintes foiz li dient, et cil ne respont pas. [...] Et uns cointes lechierres vient vers lui et prant l'escu de son col, si lo pent au sien. Et cil ne se muet. Et un autres garz qui ert a pié cuide que li chevaliers soit foz, si s'abaisse ver l'eive et prent une mote, si l'an fiert sor lo nasel del hiaume. "Neianz failliz, fait li garz, que songiez vos?".[27]

Quando gli eroi piombano in queste estasi o meditazioni profondissime, il mondo cavalleresco che li circonda reagisce: nello sconcerto generale per una condotta tanto strana, se non inaccettabile, c'è sempre qualcuno che si fa avanti per sollecitarli a tornare in sé, o che con la forza prova a cavarli fuori da quello stato, o ancora che si fa beffe di loro.

In effetti – lo vedremo più avanti – per quanto le motivazioni di tali alienazioni siano quasi sempre cortesi, e queste si verifichino spesso seguendo schemi mistico-iniziatici,[28] la componente comica rientra senz'altro fra le intenzioni dell'autore, ed è ben chiara al pubblico medioevale.[29]

27. *Lancelot du Lac, Roman français du XIII siècle*, vol. I, ed. Elspeth Kennedy, a cura di François Mosès, Paris, Librairie générale françaíse, 1991, pp. 742-743. «Il cavaliere con lo scudo vermiglio si ferma sul bordo di un guado e si appoggia alla lancia. [...] "Signor cavaliere, guardate uno dei loro cavalieri arrivare. Che cosa aspettate? Arriva tutto solo". Così gli diceva a più riprese, ma quello non rispondeva nulla. [...] Allora uno che voleva burlarsi di lui, gli si avvicina, gli prende lo scudo e se lo appende al collo. E il cavaliere resta immobile. Allora un altro, che era appiedato, credendo di avere a che fare con un pazzo, s'inginocchia in riva al fiume, raccoglie un pugno di fango e glielo getta sul nasale dell'elmo. "Stupido buono a nulla – fece quello – ma in che cosa siete trasognato?"».

28. Cfr. Pietro G. Beltrami, *Racconto mitico e linguaggio lirico: per l'interpretazione del Chevalier de la charrete*, in «Studi mediolatini e volgari», 30 (1984), pp. 5-67; Franco Cardini, *Sciamani e cavalieri medievali*, in «Quaderni di Studi Indo-Mediterranei», 7 (2014), pp. 349-367; Alvaro Barbieri, *Verso le case di Ade: modelli sciamanici nel Cavaliere della Carretta*, in *Eroi dell'estasi. Lo sciamanesimo come antefatto culturale e sinopia letteraria*, a cura di Alvaro Barbieri, Verona, Fiorini, 2017, pp. 157-214.

29. Su questo di veda in particolare Philippe Ménard, *Le rire et le sourire dans le roman courtois en France au Moyen Age (1150-1250),* Genève, Droz, 1969. E le fondamentali considerazioni di Alberto Varvaro in *Letterature romanze del medioevo*, Bologna, il Mulino, 1985,

I momenti in cui gli eroi si appoggiano alla lancia e, gravati dai propri pensieri, o assorti nelle proprie fantasticherie, restano sulla scena attoniti, malinconici, storditi, sono certamente momenti di grande intensità e tensione narrativa. Momenti critici anche, tanto per il personaggio quanto per il racconto: il rischio di disidentificazione del protagonista, infatti, allude e prefigura una possibile disintegrazione dell'opera. Ogni cavaliere sa bene che nel momento stesso in cui compie un'impresa, questa si fa storia, predicazione del proprio valore e della collettività da cui proviene e a cui torna; se egli smette di agire, se si perde dietro a fantasmi e non riesce a riemergere dall'abisso dei suoi pensieri, il racconto stesso, privo di accadimenti, ovvero di storie, rischia la dissoluzione.

Al contempo, sarebbe un errore non rilevare la compresenza dell'elemento comico, poiché, come sottolinea Ménard, in questi testi «la beauté poétique et l'effet comique de la rêverie amoureuse»[30] vanno spesso insieme. È quanto afferma anche Francesco Zambon:

> In alcune occasioni queste estasi amorose possono anche assumere contorni francamente comici; come quando Lancillotto, scorgendo oltre un fiume la regina affacciata a una finestra del suo palazzo di Camaalot, la guarda rapito senza più badare al suo cavallo che, assetato, si immerge nel fiume: l'eroe sarebbe certamente annegato se non fosse accorso Ivano a salvarlo, dopo che il suo elmo era già sparito una volta sott'acqua.[31]

Lancilotto, rapito dalla *visio* di Ginevra, perde il controllo di sé stesso e del suo animale, anzi, possiamo immaginare che concorra a sbilanciarlo proprio con il peso dei suoi pensieri. La totale alienazione dal mondo che lo

p. 257: «Ci preme chiarire l'incidenza ed i modi del comico nella poesia epica, e naturalmente non del comico involontario, quello che a noi qualche volta risulta tale per il mutare dei giusti e dei tempi, quello su cui già esercitava la sua ironia Ludovico Ariosto. Il mondo antico aveva elaborato una calcolata teoria dello stile sublime e ad esso aveva assegnato il genere epico» ma, continua Varvaro «la coesistenza di ispirazione eroica e di risvolti burleschi non rompe nessuna norma ed hanno torto gli studiosi moderni a considerarla con sorpresa, se non con sospetto». E ancora, a pp. 263-264: «Ci è lecito dire che la comicità e l'amore possono intervenire nell'opera epica senza minimamente comprometterne la riuscita. [...] Materia di tipo folcloristico e temi amorosi saranno al centro dell'esperienza narrativa romanzesca e proprio l'orientamento da noi acquisito sui caratteri fondamentali dei diversi tipi narrativi ci permette di evitare sia le distinzioni rigide in generi distinti sia la proiezione di tutte le opere su un piano talmente differenziato che l'unico metro di giudizio sia la singola opera».

30. Ménard, *Le rire et le sourire*, p. 245.

31. Francesco Zambon, *Lo scudo spezzato*, in *Metamorfosi del Graal*, Roma, Carocci, 2012, pp. 95-118.

circonda è quella tipica dell'estatico-contemplativo che, dopo aver rivolto in uno slancio ascensionale lo sguardo verso la finestra a cui è affacciata la donna amata, si lascia cadere, dimentico di sé.[32] Allo stesso tempo, però, il capitombolo del cavaliere nell'acqua è francamente ridicolo, e costituisce senz'altro un elemento di puro diletto per il pubblico cui il racconto si rivolge.

Di queste meditazioni, malinconie ed estasi maldestre tipiche dello *chevalier pansif* ci occuperemo in dettaglio fra breve. Ma a proposito della componente comica, è importante evidenziare come il gesto caratteristico del cavaliere pensoso attraversi il tempo e, mediato da Ariosto, raggiunga esiti compiutamente parodici nel capolavoro di Cervantes.

Nel diciottesimo capitolo del *Quijote*, infatti, a poggiare la mano sulla guancia mentre si trova in sella non ad un destriero, ma al suo asino, sarà l'ottuso e pragmatico scudiero Sancio Panza.

Vera e propria parodia dello *chevalier pansif*, Sancio recupera e mima il gesto grave che ha visto fare al suo padrone e si atteggia «con la mano en la mejilla, en guisa de hombre pensativo además»:[33]

> Proprio come ha visto fare al suo Maestro di Cavalleria [...] Sancio a sua volta "diventa Cavaliere" perché capisce che anche la malinconia è imitazione: ed esegue, senza parere, quello che gli appare il più tipico "gesto da Cavaliere", il gesto malinconico della riflessività e della meditazione, del dolore e della concentrazione: porsi «la mano en la mejilla», come fanno gli uomini immersi in pensieri profondi, per dimostrare d'essere immerso in pensieri profondi.[34]

32. Cfr. Corrado Bologna, *«Anima mea liquefacta est...». Sulla presenza dell'allegorico vittorino nei trovatori*, in *Percepta rependere dona. Saggi di filologia e linguistica per Anna Maria Luiselli*, a cura di Id., Firenze, Olschki, 2010, pp. 49-80: «La caduta estatica della *lauzeta*, che colmata da *joi* e *doussor* e dimentica di sé si abbandona al vuoto esteriore, riverberato nella fusione del cuore del poeta, coincide con l'oblio ontologico che nello *Chevalier de la charrette* di Chrétien de Troyes (composto nella Francia del Nord negli stessi anni in cui, probabilmente al Sud, scrive Bernart de Ventadorn) invade e conquista Lancillotto allorché *pense* e *pourpense*, sconfinatamente, al suo Amore; è la crisi di presenza di Perceval ipnotizzato davanti alle tre gocce di sangue vermiglio cadute sul bianco abbacinante della neve dal corpo dell'oca selvatica che un falco assale impetuosamente».

33. Miguel de Cervantes, *Don Quijote*, a cura di Francisco Rico, Barcelona, Instituto Cervantes-Crítica, 1998, 2 voll., I,18, p. 169. Per il passo completo: «Levantóse en esto don Quijote y, puesta la mano izquierda en la boca, porque no se le acabasen de salir los dientes, asió con la otra las riendas de Rocinante, que nunca se había movido de junto a su amo – tal era de leal y bien acondicionado –, y fuese adonde su escudero estaba, de pechos sobre su asno, con la mano en la mejilla, en guisa de hombre pensativo además».

34. Corrado Bologna, *La mano en la mejilla*, in *"Estaba el jardín en flor...". Homenaje a Stefano Arata* = «Criticón», 87-88-89 (2003), p. 83.

L'assurda e fantasticante determinazione di Don Chisciotte a diventare cavaliere, come il suo modello, il «valiente don Roldan», si riverbera sul realistico e panciuto scudiero in una sintesi irresistibile: per imitare un mondo finito e irraggiungibile, quello della cavalleria, basta (e resta) ormai solo un gesto.[35]

Un gesto che, già al tempo dei «cavallieri antiqui»,[36] lo abbiamo visto, può contenere, pur nella sua *gravitas*, una coloritura comica e che anzi proprio nella compresenza di «beauté poétique et effet comique»[37] arriva a raggiungere esiti di grande forza narrativa.

Nella sua versione esplicitamente parodica questo gesto avrà lunga vita: sarà addirittura lo stesso che ritroveremo nei film muti di Buster Keaton, la cui posa tipica, rinvenibile nella maggior parte delle pellicole e delle fotografie a tutt'oggi più diffuse, è proprio quella della testa reclina e della mano sulla guancia.

Il paragone non sembri peregrino: basti pensare a quanto affermava il regista Eric Rohmer in un'intervista sul suo film *Perceval le gallois*,[38] ispirato per l'appunto a *Le conte du Graal* di Chrétien de Troyes: «I

35. Don Chisciotte, nelle righe che precedono di poco il gesto di Sancio, ne prefigura la parodia con un gesto simile, più goffo e al contempo più drammatico. L'*hidalgo,* infatti, si sta reggendo la mascella con la mano per evitare che gli cadano tutti i denti, dopo essere stato preso a pietrate da un gruppo di pastori: «[...] puesta la mano izquierda en la boca, porque no se le acabasen de salir los dientes». Inoltre, anche Don Chisciotte, proprio come Perceval e Lancelot, è ritratto mentre sta fermo sul suo cavallo, appoggiato alla lancia, ed emette sospiri profondi al pensiero della sua amata: «Vieron que Don Quijote estaba á caballo, recostado sobre su lanzon, dando de cuando en cuando tan dolientes y profundos suspiros, que parecia que con cada uno se le arrancaba el alma: y asimesmo oyeron que decia con voz blanda, regalada y amorosa: ¡O mi señora Dulcinea del Toboso!» (I, 43, 478). Anche il povero Ronzinante è costretto a subire il peso del «lastimero razonamiento» del suo padrone, che in piedi sulla sella si ostina a fare la guardia a un'osteria. Il cavallo, gravato dal peso dell'*hidalgo*, è anch'esso malinconico e triste, con le orecchie abbassate: «Rocinante, que, melancólico y triste, con las orejas caídas, sostenía sin moverse a su estirado señor» (I, 43, 483). Anche a questa scena seguirà una comica, rovinosa, caduta dovuta ad un istinto naturale dell'animale che cambierà posizione per annusare un suo consimile.

36. Ludovico Ariosto, *Orlando Furioso*, a cura di Giuliano Innamorati, 2 voll., Milano, Feltrinelli, 2008, vol. I, 22, p. 67.

37. Ménard, *Le rire et le sourire*, p. 245.

38. Si tratta di un celebre film del regista francese, uscito nel 1978, e interpretato da un giovane Fabrice Luchini. Da anni Rohmer lavorava su *Le conte du Graal* di Chrétien de Troyes, che riteneva essere uno dei testi più belli di tutta la letteratura francese e di cui, per i dialoghi del film, tradusse personalmente il testo in francese moderno, in versi ottonari.

Fig. 3. Buster Keaton, 1939, foto di Joseph Frank

grandi momenti di cinema sono forse quelli in cui comicità e serietà, che non smettono mai di muoversi parallelamente, si incrociano, si intersecano. [...] Per questo ho detto che c'era del Buster Keaton in Perceval, o più esattamente, che c'è in Buster Keaton qualcosa del cavaliere medievale».[39]

Con la testa sempre pendente da un lato, il fare distratto, lo sguardo malinconico – a tratti sognante, a tratti allucinato – Buster Keaton diventerà famoso proprio per la sua capacità di alternare i momenti di semi-paralisi e le espressioni della più cupa tristezza con veri e propri *exploits* di attività fisica furiosa, ipercinetica, esilarante. Quasi che i momenti di abbandono e di alienazione malinconica siano necessari a preparare l'esplosione di un'energia rapidissima, incontenibile.

Dalla mano sulla guancia all'acrobazia, dal peso del pensiero all'attività frenetica:[40] lo schema è, in effetti, paragonabile a quello dello *chevalier pansif* i cui «rapimenti estatici assumono una precisa funzione strutturale: essi infatti precedono ogni volta dei grandi *exploits* cavallereschi».[41]

La «potenza del pensiero», allora, può anche configurarsi come quel serbatoio segreto in cui le energie dell'eroe sospeso, «pensativo», si miscelano e decantano in una inoperosità potente, che accumula e infonde vigore alla ripresa dell'azione, con esiti di forza rinnovata e di prodezze ancora maggiori.

39. Jean-Luc Douin, *Entretien avec Eric Rohmer; Perceval, C'est Buster Keaton au moyen age*, in «Télérama 1517», 10-16 febbraio 1979, pp. 90-91.

40. A tal proposito rimando anche a Jean Starobinski, *Ritratto dell'artista da saltimbanco*, a cura di Corrado Bologna, Milano, Abscondita, 2018 [ed. or. *Portrait de l'artiste en saltimbanque*, Genève, Skira, 1970]. Si vedano in particolare le pagine dedicate ai *Salvatori derisori*, pp. 89-101. «Librarsi in volo e piombare a terra, trionfo e declino; agilità e atassia; gloria e sacrificio: il destino delle figure clownesche oscilla fra questi estremi» (p. 89). A pp. 100-101, pur non prendendo in esame il caso specifico di Buster Keaton, Starobinski parla di Charlie Chaplin e dei fratelli Marx.

41. Zambon, *Lo scudo spezzato*, p. 104.

Panser mout durement

Un sovrano che pensa mantiene saggiamente il suo regno in pace e in prosperità. Ma, lo abbiamo detto, un sovrano che si abbandoni a pensieri troppo gravi – mostrandosi debole, inquieto o ridicolo agli occhi dei propri sudditi – minaccia l'intera tenuta dell'ordine sociale.

È quanto accade in molte occasioni a re Artù, che pur essendo presentato come «garante di un ordine umano perfetto e proposto come tale»[42] e come «splendido rappresentante dell'umanità esemplare rappresentata dalla sua cerchia»,[43] ci viene raccontato nei romanzi arturiani con «un'immagine singolarmente oscillante, che lo mostra una volta forte e deciso, poi di nuovo debole e irresoluto, una volta pieno di forza e maestà, una volta umiliato ed abbandonato».[44]

Nell'*Erec et Enide* di Chrétien de Troyes, Artù pronuncia queste parole sul suo ruolo e i suoi doveri di re:

Je sui rois, ne doi pas mantir,
Ne vilenie consantir,
Ne fausseté ne desmesure:
Reison doi garder et droiture.
Ce apartient a leal roi
Que il doit maintenir la loi,
Verité et foi et justise.
Je ne voudroie an nule guise
Feire desleauté ne tort,
Ne plus au foible que au fort.[45]

Eppure, nel corso dei romanzi che ne narrano le vicende, spesso Artù si macchia di questi peccati, ed è anzi a causa delle sue debolezze e delle ingiustizie che perpetra che il suo regno finisce per correre grandi pericoli.

42. Erich Köhler, *L'avventura cavalleresca. Ideale e realtà nei poemi della Tavola rotonda*, trad. it. di G. Baptis, Bologna, il Mulino, 1985, cit. p. 26 [ed. or. *Ideal und Wirklichkeit in der höfischen Epik: Studien zur Form der frühen Artus- und Graldichtung, Tübingen*, Max Niemeyer Verlag, 1970].

43. Ivi, p. 46.

44. Ivi, p. 12.

45. Chrétien de Troyes, *Erec e Enide*, a cura di Cristina Noacco, Milano-Trento, Luni Editrice, 1999, vv. 1757-1766. «Io sono re, non devo perciò mentire, né permettere villania, né ingiustizia né tracotanza; devo difendere la ragione e il diritto, poiché ad un re leale spetta/ mantenere la legge,/ la verità, la fede e la giustizia. Non vorrei in nessun modo commettere una slealtà o un torto, non verso un debole né verso un forte».

Da questo punto di vista, la parola più interessante fra quelle pronunciate dal re è *desmesure*. Termine-chiave del mondo cavalleresco, descrive tanto la tracotanza e l'eccesso di orgoglio e di narcisismo – che spesso si manifestano tramite il pervertimento di altri due nobili valori, ovvero la *largesce* e la *proesce*[46] – tanto, più in generale, la sproporzione, appunto la "dismisura", l'eccedenza, l'esagerazione di un comportamento, di una pratica o di un sentimento.[47]

Nei passaggi che andremo ad analizzare Artù, in effetti, pecca di una forma di *desmesure*: il re commette ripetutamente l'errore di immergersi in un pensiero fuori misura, eccessivo, e così di scivolare in uno stato di malinconia smodata, patologica, che lo fa venir meno ai suoi doveri di sovrano.

Cominciamo dal primo episodio, che Elspeth Kennedy ha classificato come la terza delle «major royal broodings»[48] del *Lancelot en prose*.

Ci troviamo alla corte di Carduel, nel bel mezzo di un banchetto. Tra Artù e Galeotto – il gigante Signore delle Isole Lontane, inizialmente intenzionato a conquistare il regno dell'altro – la pace è ormai stipulata e il re nemico, ora alleato, è tornato nelle sue terre, in Sorelois, in compagnia di Lancillotto, suo nuovo sodale e amatissimo amico.[49]

46. La *largesce* o *largesse* è, come scrive Pastoureau, «nello stesso tempo generosità, liberalità e prodigalità. Presuppone la ricchezza e si contrappone all'avarizia e alla ricerca del profitto» (Michel Pastoureau, *La vita quotidiana ai tempi dei cavalieri della Tavola Rotonda*, trad. it. M. G. Meriggi, Milano, Rizzoli, 2007, p. 180 [ed. or. *La vie quotidienne en France et en Angleterre au temps des chevaliers de la Table Ronde*, Hachette Littératures, 1991]). La «proesce» o «prouesse» è la prodezza dell'uomo valoroso, il coraggio che si manifesta in battaglia e nelle situazioni di pericolo.

47. Per quanto riguarda il sentimento amoroso, la «desmesure» rappresenta, chiaramente, il contrario della «mezura». Parola-chiave della lirica d'amore, la «mezura» è fondamento indispensabile della «fin'amors». Ogni amante veramente cortese deve avere «mezura»: essere capace, cioè, di mantenere un equilibrio fra desiderio carnale ed elevazione spirituale. Cfr. Bernart de Ventadorn (70, XIII, vv. 19-25): «Amors, aissi·m faitz trasaillir:/ del joi qu'eu ai, no vei ni au/ ni no sai que·m dic ni que·m fau./ Cen vetz trobi, can m'o cossir,/ qu'eu degr' aver *sen e mezura*/ (si m'ai adoncs; mas pauc me dura), c'al reduire·m torna·l jois en error» (il testo è presente in Mira Mocan, *I pensieri del cuore. Per la semantica del provenzale cossirar*, Roma, Bagatto Libri, 2004, p. 225).

48. Elspeth Kennedy, *Royal broodings and lovers trances in the First Part of the Prose Lancelot*, in *Mélanges Jeanne Wathelet-Willem*, éd. Jacques de Caluwé, Association des romanistes de l'Université de Liège, 1978, pp. 301-314.

49. Ecco l'antefatto: durante la battaglia contro re Artù, Galeotto è rimasto talmente colpito dalle prodezze di Lancillotto che ha deciso di avvicinarlo per convincerlo a condividere con lui tempo e *aventures* in una dimensione di compagnonaggio esclusivo. Lancillot-

Tanti e ricchi sono stati i festeggiamenti per la fine delle ostilità alle corti di Logres, di Camelot, di Carlion e infine di Carduel, dove per l'appunto Artù siede a tavola tra molti commensali e abbondanza di cibi. Ad un tratto, però, il re si assenta. Anzi «cade» – «chaï» è il verbo nel testo – in pensieri profondi:

> Quant li rois se seoit au mangier, et il ot ja lo tierz mes aü, si chaï en un penser si grant que il an oblia et la feste et lo mengier et toz ces qui [i] estoient et soi meïsmes, si commença a sospirer mout durement et a plorer des iauz de la teste, et fu apoiez sor un coutelet. Et en iceste maniere demora mout longuement, tant qe messires Kex li seneschax s'an prist garde, sel mostra a monseignor Gauvain et a monseignor Yvain [...] et qant il virent lo roi si pansif, si furent tuit esbahi. Et il se fu apoiez sor lo coutelet si que tote la lemelle an fu ploiee. Si n'avoit laianza chevalier qui de son pensé ne fust toz esbahiz; li plusor an avoient laissié lo mengier.[50]

Artù, *roi pansif*, si appoggia al primo supporto che trova ossia il coltello con cui stava mangiando. Il suo pensiero è talmente pesante che «tote

to – che combatte a favore di Artù in incognito – ha acconsentito, a patto che Galeotto, pur essendo più forte e in schiacciante superiorità numerica, rinunci alla conquista del regno e per quanto in vantaggio chieda *mercé* al nemico. Galeotto, che aveva già conquistato trenta regni, e per il quale quello di Artù era l'ultimo da assoggettare, rinuncia a diventare il signore più potente del mondo per amore di Lancillotto. Sulla figura di Galeotto rimando ai fondamentali contributi di Punzi: Arianna Punzi, *Quando il personaggio esce dal libro: il caso di Galeotto signore delle isole lontane*, in *Dai pochi ai molti. Studi in onore di Roberto Antonelli*, a cura di Paolo Canettieri e Arianna Punzi, 2 voll., Roma, Viella, 2014, vol. II, pp. 1395-1421; Arianna Punzi, *Intorno al personaggio di Galeotto, signore delle isole lontane*, in *La lettura degli altri*, a cura di Barbara Ronchetti, Maria Antonietta Saracino e Francesca Terrenato, Roma, Sapienza Università Editrice, 2015, pp. 69-86. Mi permetto anche di rinviare a un mio contributo: Sara De Simone, *Galeotto deve morire: il destino di un guerriero che rinuncia alla guerra*, in *War! L'esperienza della guerra fra storia, folclore e letteratura*, a cura di Sonia Maura Barillari e Martina Di Febo, Monza-Brianza, Aicurzio, 2016, pp. 157-173.

50. *Lancelot du Lac, Roman français du XIII siècle*, vol. II, ed. Elspeth Kennedy, a cura di Marie-Luce Chênerie, Paris, Librairie générale françaíse, 1993, p. 38. «Quando il re era a tavola e la terza portata era già stata servita, cade in un pensiero così grande che si dimentica della festa e del banchetto e di tutti i suoi invitati e di sé stesso. Comincia a sospirare molto profondamente e a piangere dagli occhi e si appoggia su un coltello. Resta molto lungamente in questa maniera, tanto che messer Keu il siniscalsco si inquieta, e lo fa notare a monsignor Galvano e a monsignor Ivano [...] quando videro il re così pensoso, ne furono tutti sbalorditi [...] e quello era appoggiato di tale maniera sul piccolo coltello che la lama ne fu tutta piegata. Non ci fu cavaliere che non fosse sbalordito dal suo pensare; i più avevano smesso di mangiare».

la lemelle an fu ploiee», la lama del coltello è tutta piegata, incurvata sotto la sua mano: è in quel punto che il re pare concentrare l'intera mole del suo *panser*.

Vedendolo in questo stato gli ospiti hanno smesso di mangiare, si guardano l'un l'altro, sbalorditi da un comportamento tanto anti-cortese. Galvano, Keu ed altri cavalieri si consultano, preoccupati, sul da farsi. Decidono di parlare con Laura di Carduel, la nipote di Artù, perché faccia da intermediaria e domandi allo zio cosa lo distoglie a tal punto dalla sua corte.

La giovane accetta, ma una volta arrivata davanti al re, trovandolo così profondamente assorto, non ha il coraggio di proferire parola. Vedendo però il coltello piegarsi sempre più sotto la mano dello zio, Laura ha un'intuizione: con un rapido gesto tira un lembo della tovaglia verso di sé, la stoffa si tende, il coltello cade, e così la mano di Artù, che piomba rumorosamente sul tavolo:

> Lors prist la damoisele la nape, si traist a li, et li coutiax eschape, et la mains lo roi fiert sor la table. Et il laist son pensé, si regarde antor lui. Et la damoisele li dist:
> «Sire, ça m'anvoie messires Gauvains, et cil cinc chevalier qui avoc lui sont, si vos mandent: car par la foi que vos lor devez que vos lor mandez a coi vos avez si longuement pensé, car il lo volent savoir, autresi com vos volez savoir la lor pensee».[51]

A seguito dell'ingegnoso *escamotage* – nel senso etimologico del termine, è proprio un gioco di destrezza – messo in atto da sua nipote, il sovrano si ridesta ma chiede più volte di essere lasciato in pace. Infine, irato, manda a dire ai suoi cavalieri che ciò a cui sta pensando è la loro onta: avevano infatti promesso già da tempo di portare a corte il migliore cavaliere del mondo, il cavaliere dalle armi vermiglie e poi nere – ossia Lancillotto in incognito – colui che aveva sbaragliato gli eserciti di Galeotto e favorito la pace tra i due. Ma più di quaranta cavalieri erano tornati a mani vuote e senza alcuna notizia certa su di lui.

51. Ivi, pp. 39-42. «Allora la damigella afferra la tovaglia, la tira verso di sé, e il coltello scivola e la mano del re colpisce il tavolo. Ed egli lascia il suo pensiero e si guarda attorno. E la damigella gli dice: "Sire, mi manda monsignor Galvano e i cinque cavalieri che sono con lui, per farvi una domanda: che per la fede che voi gli dovete, gli facciate sapere a che cosa avete pensato così lungamente, poiché essi lo vogliono sapere, proprio come voi volete conoscere i loro pensieri».

Una volta apprese le ragioni della meditazione e dell'inquietudine di Artù, Galvano decide di partire immediatamente, e con lui diciannove cavalieri si fanno armare, pronti per riprendere la ricerca di Lancillotto.

Sono molti gli elementi degni di nota in questa scena. Anzitutto la rappresentazione fisica, plastica, del peso del pensiero: quella della lama che si piega sotto la mano del re è un'immagine potente, la restituzione di una tensione fortissima, che insiste e deforma, di un asse che si inclina e sostiene in una compressione pericolosa, continuamente sull'orlo della rottura.

Tanto è vero che, è bene ricordarlo, nella *Prima Continuazione* questa scena, pur se abbastanza simile, ha un finale diverso: Artù, infatti, è talmente preso dai suoi pensieri che non si accorge che la mano gli sta scivolando sul manico del coltello, così, la lama lo ferisce. Sarà la vista del sangue a risvegliarlo dal suo stato di oblio:

Li rois comence a regarder
A la reonde et voit le leu
D'un cevalier vaillant et preu
Qui vois espoir et sans signor.
Lués maintenant a tel dolor
Al cuer, et tel pitié esamble,
Que les larmes s'en poïst tenir
Quant del cevalier li sovint.
Un cotel prist qu'Yonés tint,
Qui devant lui adés tailloit.
Parmi un pain enfice droit
Le coutel, et puis s'enbronca
Si que de son front s'apuia
Sor le pog en quoi il tenoit
Le cotel qui el pain estoit.
Si s'entr'obvie en ce penser
c'aval la mance estut coler
Son pong desi que au trencant;
Un peu s'est navrés maintenant
El pomel de la main tot droit.
Il voit le sanc, si s'aperçoit
Qu'il ert bleciés [...]. [52]

52. *Première Continuation de Perceval (Continuation-Gauvain)*, a cura di William Roach, Paris, Librairie générale française, 1993, vv. 3404-3427. «Il re comincia a guardarsi intorno/ e nota che il posto di un prode e valoroso cavaliere/ è vuoto, senza il suo occupante./ Ne prova immediatamente un tale dolore nel cuore/ e al contempo una tale pietà/ che

Il sovrano afferra il primo coltello che trova perché la sua testa è troppo pesante: ha bisogno di un sostegno più solido, che la mano, da sola, sembra non potergli offrire.

È così che, appoggiato al piccolo ma robusto asse, Artù prende la tipica posizione del pensoso: reclina il capo e appoggia la fronte, mentre le lacrime gli rigano il volto.

Da notare è l'utilizzo dell'espressione «s'enbronca»: si tratta dello stesso verbo utilizzato per descrivere la pensosità di Carlo Magno nella *Chanson de Roland (*61, 771-773): «Li empereres en tint sun chef enbrunc,/ Si duist sa barbe, e detoerst sun gernun;/ Ne poet muer que des oilz ne plurt».[53]

La visione della sedia non occupata produce nel sovrano una reazione di profondo dolore per l'assenza dell'eroe, o forse dovremmo dire una vera e propria manifestazione di *horror vacui*, come se attraverso quel vuoto di presenza l'intera coesione della corte fosse minacciata. Allo stesso modo, l'integrità del corpo del re – che di quella coesione è il simbolo – è messa a rischio: il palmo della mano, emblema del potere decisionale, subisce una ferita.

Mentre la *Prima Continuazione* pare dunque portare alle estreme conseguenze la malinconia arturiana – a dimostrazione che un pensiero troppo pesante può arrivare a lacerare la carne –, l'autore del *Lancelot* sembra optare per una soluzione più ingegnosa, più dinamica, e che probabilmente va più incontro a un certo gusto del pubblico, attraverso l'espediente di Laura di Carduel.

La trovata della nipote di Artù è arguta, ha una sfumatura comica, al contempo si muove nello stesso campo di forze che la posa pensosa del re

non può trattenere le lacrime/ al ricordo del cavaliere./ Prende un coltello dalla mano di Yonet,/ che era intento a tagliare la carne, davanti a lui./ Ficca il coltello dritto in un pezzo di pane,/ poi china la testa in modo che la fronte gli si appoggi sul pugno/ che teneva il coltello nel pane./ È così assorto nei suoi pensieri/ che il pugno scivola tanto quanto è lungo il manico del coltello,/ fino alla lama. In tal modo si ferisce,/ giusto al centro del palmo della mano./ Alla vista del sangue, si rende conto/ di essersi tagliato».

53. Cfr. *supra*, p. 57, n. 21. Si vedano anche: *La Chanson de Roland*, 15, vv. 214-216 («Li emperere en tint sun chef enbrunc,/ Si duist sa barbe, afaitad sun gernun,/ Ne ben ne mal sun nevuld ne respunt»); 277, vv. 3815,17 («Quant Caries veit que tuz li sunt faillid,/ Mult l'enbrunchit e la chere e le vis;/ Al doelqu'il ad si se cleimet caitifs»). Il verbo «embroncher», di origine incerta, forse dal latino *bruncus (sporgente, in riferimento a bocca/dentatura), vuol dire proprio «pendere in avanti». In italiano dà esito alle espressioni che indicano corrucciamento: «imbronciarsi», «mettere il broncio».

aveva attivato: alla *pesanteur* di Artù corrisponde la levità di Laura che fa "saltare", nel vero senso del termine, la tensione sulla scena. Se il sovrano è fermo, ripiegato su sé stesso, assorbito dal mondo interno, Laura è dinamica, rapida, portavoce e rappresentante del mondo esterno, quel "fuori-del-pensiero" che irrompe e richiama alla presenza.

Sono vari gli episodi del *Lancelot* in cui Artù, con uno schema simile, mentre è nel mezzo di una circostanza pubblica, comincia a «panser mout durement». Scene gemelle di quella appena esposta si verificano sempre a corte, durante i banchetti, e sempre in relazione alla figura di Lancillotto, al pensiero di lui.

Nella prima occasione Artù, a causa della presenza di Banin, parente del re Ban, padre di Lancillotto, ricorda dolorosamente di non aver vendicato la morte del sovrano amico e di non aver ancora rintracciato il di lui figlio. Allora comincia a «panser mout durement»:

> Et li rois l'esgarde, si voit que les lermes an sont a Banyn as iauz venues, si en a trop grant pitié. Et lors recomence a penser trop durement. A ceste chose pansa li rois une grant piece et an tel maniere que les lermes li chaoient contraval lou vis et corroient desus la table ou il s'estoit apoiez. Endementieres qu'il pansoit en tel maniere, si fu mostrez a monseignor Gauvain et a Ken lo seneschal, et il vienent devant lui. Et messires Gauvains li conmence a dire bassetement qu'il laissast son pansé atant. Li rois ne l'andandi pas, si ne li a mot respondu, ainz panse totevoie.[54]

Quando Galvano prova a parlargli, e gli domanda a bassa voce di lasciare quei pensieri, di tornare in sé, il re non sente, non risponde, continua a pensare.

Sempre più preoccupati, allora, i cavalieri discutono fra loro su come fare «por lui giter del penser», per farlo «uscire» da quello stato, e si noti l'uso del verbo «giter», quasi a voler indicare che devono fisicamente gettarlo *fuori* dal *dentro* del pensiero.

> Lors dit Messires Gauvains a Kel lo seneschal: «Sire, q'en ferons nos? fait li uns a l'autre, ge crien que se nois li faison son penser laissier, qu'il nos en

54. *Lancelot du Lac*, vol. I, p. 386. «Il re guarda Banin, vede che ha le lacrime agli occhi e se ne addolora, poi si mette a pensare molto intensamente. Rimane tristemente assorto per molto tempo, tanto che le lacrime gli colano sul viso e cadono sulla tavola alla quale si era appoggiato. Poiché restava così, vengono chiamati monsignor Galvano e Keu il siniscalco. Gli si avvicinano e il monsignore invita a bassa voce il re a lasciare il suo pensiero. Il re non lo sente, non gli risponde, anzi continua a pensare».

sache mauvais gré». «En non Deu, fait Kex, si fera il, s'il panse a chose qui li plaise. Mais por ce nel laisserons nos pas, car ses pensez est trop mauvais en cestui point». «Et ge vos creant, fait messire Gauvains, que ge l'an osterai, s'il m'en devoit ores haïr a tozjorz mais». Lors vai avant, qu'il lo botast mout volentiers por lui giter del penser. Et Kex l'aert parmi lo braz, si li dit: «Estez, sire, car j'ai porpensé comment nos l'an porrons giter. » [...] Mantenant vait un cor saisir qui pendoit a une corne de cerfe parmi la guige, puis lo met a la boche, si lo sone si durement que tote la sane en tranble, c'est avis, et totes les chanbres la reine.[55]

Keu ha un'idea e nel comunicarlo a Galvano afferma: «ho pensato intensamente» – «j'ai porpensé». Così prende il corno e lo suona tanto forte da far tremare tutta la sala e perfino gli appartamenti della Regina.

Artù si ridesta di soprassalto, accoglie il giusto rimprovero del nipote sull'inopportunità del suo comportamento, e si scusa spiegando in dettaglio le ragioni – in verità piuttosto cortesi – del suo «panser».

Ogni volta che Artù pensa troppo, mette in pensiero. La corte tutta, ma soprattutto i suoi cavalieri, che s'industriano per porre fine al suo stato di alienazione, preoccupati che possa condurre a un indebolimento del suo potere e alla paralisi del regno.[56] Per questo Keu «pourpense» a come

55. *Ibidem.* «Allora, monsignore Galvano dice a Keu: "Sire, che facciamo? Temo che se lo distogliamo dai suoi pensieri non ne sarebbe contento". "Certamente: se pensasse a qualcosa di piacevole, ma invece non c'è nessuna ragione di lasciarlo in questo stato, perché i suoi pensieri in questo momento sono dolorosi". "Vi prometto, dice il monsignor Galvano, di farlo uscire, anche se dovesse odiarmi per tutta la sua vita." Allora si fa avanti, deciso a scuoterlo per tirarlo fuori dal pensiero. E Keu lo ferma per il braccio e gli dice: "Lasciate, signore, ho pensato intensamente a come noi possiamo farlo uscire dal pensiero." [...] Immediatamente va a prendere un corno che era appeso dalla cinghia a un trofeo di cervo, lo mette in bocca e lo suona con tale forza che quasi la sala trema, insieme agli appartamenti della regina».

56. Marie-Luce Chênerie scrive a riguardo: «Tout ce qui traduit chez le roi une diminution ou une perte de sa vitalité correspond à un affaiblissement de sa souveraineté, dépendante de ses chevaliers: il a reçu une humiliation dont aucun de ses chevaliers n'a ressenti la gravité, ou un défi dont l'audace a pour les paralyser. Il faut alors qu'une energie sauvage surgisse du dehors pour le "réveiller"» (Marie-Luce Chênerie, *Le partage des rôles dans la société arthurienne*, in *Le chevalier errant dans le romans arthuriens en vers del XII et XIII siècles*, Genève, Droz, 1986, pp. 79-105). Anche Philippe Ménard commenta l'episodio: «Dans l'ample Lancelot en prose, si Arthur n'est pas dénué de noblesse et de mérites, il est, cependant, à plusieurs reprises gravement discrédité. [...] Rappelons seulement les scènes où Arthus se couvre manifestement de ridicule. Voici Arthur, le jour de Pâques, en plein milieu du repas, qui, au lieu de faire bonne figure à ses convives, se laisse aller à une

risolvere la situazione, pensare anche nel suo caso non basta, c'è bisogno di un di più di pensiero, di un rafforzativo, di un pensiero eccessivo.[57]

Ma vediamo ora l'ultimo episodio in cui Artù, sempre durante un banchetto, cade nell'abisso dei suoi pensieri. Siamo al punto della storia in cui, dopo un primo confronto, Galeotto gli ha concesso un anno di tregua. Mentre gli servono da mangiare, Artù si assenta ancora una volta e comincia a «panser mout durement»:

> Au chief de vint trois jors avint que li rois seoit au disner. At qant il ot une piece mengié, si comança a panser mout durement; et bien paroit a son penser que ses cuers n'estoit mie a ese, ainçois deïst bien [qui le veïst] que mout ert a malaise. Lors vint devant lui messires Gauvains, qui servoit aveques le autres, si li dist: «Sire, vos pensez trop a cest mangier, et a mal vos iert atorné, car mout a ceianz chevalier qui vos en blasment». Et li roi [respont] tot par ire: «Gauvain, Gauvain, vos m'avez gité del plus cortois pensé que ge feïsse onques, ne nus ne m'an porroit a droit blasmer, car ge pensoie au meillor chevalier de toze les prodomes».[58]

Il sovrano s'immerge di nuovo nel pensiero di Lancillotto e confessa al nipote di desiderare più di ogni altra cosa di averlo tra i suoi. È da questo desiderio, così pesante, così pensato, che si origina a più riprese la ricerca di Lancillotto da parte dei cavalieri della Tavola Rotonda, impresa altissima – definita dallo stesso Galvano seconda solo alla ricerca del Sa-

songerie mélancolique et se met à pleurer comme un enfant. Pout l'arracher à ses pensées Keu est obligé de sonner du cor *si durement que toute la sale en tramble*. Le roi sursaute, et Gauvain lui reproche de manquer à ses devoirs» (Ménard, *Le rire et le sourire*, p. 312).

57. Il verbo *pourpenser* è solitamente utilizzato per riferirsi all'eccesso dell'*immoderata cogitatio* causato dal sentimento amoroso. Si vedano in proposito: Corrado Bologna, *L'invenzione" dell'interiorità. Spazio della parola, spazio del silenzio: monachesimo, cavalleria, poesia cortese*, in AA.VV., *Luoghi sacri e spazi della santità*, a cura di Sofia Boesch Gajano e Lucetta Scaraffia, Torino, Rosenberg e Sellier, 1990, pp. 243-266; Mocan, *I pensieri del cuore*, p. 99.

58. *Lancelot du Lac*, vol. I, p. 778. «Dopo ventitré giorni, il re si era seduto a mangiare. E quando il pasto era già iniziato, cominciò a pensare molto intensamente; e sembrava che i suoi pensieri non lo rendessero felice. Al contrario, pareva proprio osservandolo che ne fosse addolorato. Allora, monsignor Galvano che serviva a tavola come gli altri cavalieri, gli si avvicinò e gli disse: "Sire, voi pensate troppo a questa cena – gli dice Galvano – e questo non è bene perché molti sono i cavalieri che vi stanno biasimando." Il re gli rispose in collera: "Galvano, Galvano voi mi avete tirato fuori dal pensiero più cortese che io abbia mai avuto, per il quale nessuno potrebbe a buon diritto biasimarmi [...] perché io stavo pensando al migliore dei cavalieri del mondo"».

cro Graal – attorno a cui si muovono e organizzano i fili di innumerevoli *aventures*.

Come hanno infatti osservato in proposito Kennedy[59] e Chênerie,[60] il motivo della meditazione e della malinconia regale annuncia spesso nel romanzo arturiano l'inizio di una *quête*.

Se da un lato, dunque, queste malinconie pensose e cogitazioni spersonalizzanti di Artù – che nel *Lancelot* sono frequenti perché è uno dei romanzi che più ci mostra l'aspetto umano del re, le sue *defaillances*, ma anche la sua complessità psicologica – paiono mettere a rischio la corte e la narrazione stessa, facendo apparire in controluce il fantasma perturbante di una *melancholia ex acedia* e prefigurando la crisi di un mondo che, secondo le parole di Arianna Punzi, «prepara il suo crollo»,[61] da un altro lato dovremo registrare che il «panser mout» e il «panser trop» del re svolgono una funzione importante, la stessa funzione di una sistole, una contrazione indispensabile al rilascio del flusso narrativo e all'incremento della sua dinamicità.

Se infatti Artù è sempre, con o senza meditazioni, il *primum movens* delle azioni dei suoi cavalieri, è importante sottolineare quanto la contiguità tra il peso delle pause regali e la potenza della ripresa dell'azione eserciti un ruolo fondamentale nella struttura e nella tenuta di questi testi.

Quanto più è profondo il *panser* di Artù, tanto più l'intervento del mondo esterno proromperà in un movimento, che si tratti del tremore assordante di un corno, che scuote tutto il palazzo, o del rapido guizzo di Laura, che, come in un gioco di leve, manda all'aria la *pesanteur* dello zio.

Allo stesso modo quanto più il re è immobile, gravato dalle sue meditazioni, tanto più il recupero della *quête* apparirà poi potenziato. Questo perché, è chiaro, il desiderio del re muove propulsivamente i suoi cavalieri e se il re desidera Lancillotto, loro andranno a cercarlo nel mondo e tutte le loro *aventures* avranno come obiettivo la «reintegrazione» – per utilizzare una fondamentale categoria di Köhler[62] – e il riassorbimento del migliore cavaliere in assoluto all'interno della migliore corte in assoluto.

59. Kennedy, *Royal broodings and lovers' trances*, p. 305: «The royal brooding is passive in that it does not give rise to action on Arthur's part, although it may well motivate action on the part of the knights. Thus two of the great quests for Lancelot on which the narrative structure of the work is mainly based stem from the King's broodings».

60. Chênerie, note al *Lancelot du Lac*, vol. II, p. 39, nota 3: «Le motif de la prostration royale annonce souvent le début d'une *aventure* dans le roman arthurien».

61. Punzi, *Intorno al personaggio di Galeotto*, p. 82.

62. Köhler, *L'avventura cavalleresca*. In particolare il capitolo *"Aventure". Reintegrazione e ricerca dell'identità*, pp. 91-122.

Il nesso di causalità tra il «panser mout durement» del re e l'intensificazione della *quête* e delle prodezze dei cavalieri è rivelatore di un meccanismo ricorrente in diversi romanzi di materia arturiana, ma è nel ciclo del *Lancelot-Graal* che lo schema si verifica con effettiva sistematicità.

Lo schema agisce in maniera analoga anche quando si presenta in relazione agli eroi: se il «panser mout» del re – pur mettendo in scena una paralisi – genera azione, anche quello dei cavalieri protagonisti sarà produttivo in tal senso.

Quando gli eroi, presi da pensieri profondi, restano immobili sulla scena – estatici, contemplativi, a tratti ridicoli – sospendendo di fatto ogni azione, sembrano poi tornare ad essa con un carico di energia rinnovata.

La ripresa dell'azione è solitamente introdotta da agenti esterni, spesso violenti, per cui, proprio come il sovrano, gli eroi sono costretti a «lasciare il loro pensiero»,[63] a fuoriuscirne, a tornare nel mondo.

Il risveglio brusco funziona come dispositivo di riattivazione: trascorso un certo tempo di pausa, quando l'assenza del personaggio comincia a farsi troppo pericolosa – arrivando a minacciare la corte, la propria vita, e di fatto la narrazione stessa – il mondo "fuori-del-pensiero" irrompe e lo costringe a tornare al corso degli eventi.

È l'autore che, sapientemente, sospende e riattiva di volta in volta i suoi personaggi conducendo l'operazione sempre su due livelli: il primo, dal punto di vista della struttura, attraverso la tecnica dell'*entrelacement*,[64] con cui interrompe e recupera i fili del racconto intrecciandoli; il secondo,[65] dal punto di vista dello sviluppo della storia, inserendo anche all'interno dello stesso filo – quindi senza lasciare un *thread* narrativo in sospeso

63. «Laist son pensé» è insieme a «panser mout/trop durement» la formula che si ripete in quasi tutti gli episodi.

64. Questa particolare tecnica narrativa, in cui i fili del racconto si intrecciano e sovrappongono continuamente, è stata messa in luce da Ferdinand Lot (*Etude sur le Lancelot en prose*, Paris, Champion, 1918). Eugène Vinaver, nel suo fondamentale studio *Il tessuto del racconto. Il "romance" nella cultura medievale*, Bologna, il Mulino, 1988 [ed. or. *The Rise of Romance*, Oxford, Clarendon Press, 1971] paragona con grande efficacia la tecnica dell'*entrelacement* a quella della *tapisserie* e dell'*ornato* medievale. Come un arazzo, il romanzo arturiano si compone di una pluralità di fibre interconnesse, impossibili da disgiungere senza provocarne lo smembramento.

65. Come sottolinea Chase, l'*entrelacement* si svolge su due livelli: Carol J. Chase, *Sur la théorie de l'entrelacement: ordre et désordre dans le Lancelot en prose*, in «Modern Philology», 80, The University of Chicago Press, Chicago, 1983, pp. 227-41, cit. p. 231: «Il existe deux formes ou niveaux de l'entrelacement, qui sont liés: un premier au niveau de la 'syntaxe narrative' et un autre au niveau thématique».

per prenderne un altro[66] – situazioni in cui i personaggi s'interrompono, e sostano, pur rimanendo in primo piano sulla scena del racconto.

Nei romanzi di cui ci stiamo occupando il risultato è, su entrambi i livelli, quello di un effettivo potenziamento: come le sospensioni dell'intreccio contengono la minaccia di una disintegrazione del testo, ma in virtù di questa stessa minaccia diventano spazi liminari carichi di vertigine e di energia dinamica, così i momenti di pensosità e di ritardo dell'azione dell'eroe rappresentano il rischio del suo annientamento, ma anche l'occasione per una riemersione che feconda il suo agire portando in superficie nuova linfa.

In questo senso «la potenza del pensiero» è sì una potenza grave, malinconica, forza-peso che inclina e schiaccia, ma è anche una potenza fertile e creativa che imponendo una pausa – e talora una caduta – rigenera tanto le strutture del testo quanto l'evoluzione dei personaggi.

Questo è particolarmente vero in riferimento alle vicende dello *chevalier pansif* Lancillotto, che a partire dai semi di pensosità piantati da Chrétien, diventa sempre più, nella tradizione successiva, personaggio-simbolo della «potenza del pensiero».

Vediamo uno dei primi episodi del *Lancelot en prose* in cui ciò si verifica in maniera particolarmente evidente.

Il giovane Lancillotto, che è appena stato ricevuto da Artù e così ha conosciuto la regina Ginevra, si appresta ad affrontare una delle sue prime *aventures*, ovvero la liberazione della città di Nohant assediata dal re di Northumberland.

Artù ha infatti chiesto al giovane valletto di dar prova del suo valore andando in soccorso della Dama di Nohant, sua alleata, prigioniera da giorni delle truppe nemiche.

Mentre cavalca verso Nohant, accompagnato dal cavaliere che era andato a chiedere soccorso al re e che ora gli fa strada, Lancillotto «commance a panser mout durement»:

> Il chevauchent ensenble parmi la forest, si fait mout grant chaut. Li vallez oste son hiaume, sel baille a un suen escuier, et il commance a panser mout durement. Et li chevaliers, qui avant vait, issi hors do chemin et antre en un santier petit. Et qant il ont un po alé par lo sentier, uns rains aconsiust lo vallet el vis, si l'a blacié; et il laisse son pensé, si regarde et voit qu'il est hors do grant chemin.

66. È il termine utilizzato da Vinaver nell'originale inglese per indicare le fila che compongono l'*interlace*.

"Q'est ce? fait il au chevalier; dont n'estoit la voi droite et plus bele par lo grand chemin que par cest petit santier?" "Oïl, sanz, faille, fait li chevaliers, mail ele n'i estoit mie si seüre" "Por quoi dons" fait le vallez. "Car ne vos dirai ge pas, se ge ne voil" fait li chevaliers. "En non Deu, fait il, si feroiz, car vos m'avez fait plus d'anui que vos ne cuidiez en ceste voie" "Amis, fait li chevaliers, et quel?" "Tel, fait li vallez, que vos nel me porriez pas restorer.[67]

Anche in questo caso il pensiero profondo produce una ferita: Lancillotto è talmente preso dal suo *panser* che non si accorge di essere entrato in un sentiero più piccolo; il suo cavallo procede meccanicamente, seguendo la strada aperta dal cavaliere che li anticipa; non rendendosi conto dello spazio più angusto e più selvatico, Lancillotto, che cavalca a occhi bassi, viene colpito in pieno viso da un ramo, che lo ferisce.

Allora «il laisse son pensé», si guarda intorno, e si rende conto di essere su un'altra strada. Quando chiede conto delle ragioni di tale deviazione, il cavaliere non ritiene di dovergliene dare. Lancillotto, adirato, lo rimprovera per avergli procurato un simile danno: si tratta infatti di qualcosa di irrimediabile – la concentrazione del pensiero è perduta e non può essere recuperata.

Lo smarrimento delle coordinate spazio-temporali è tipico dello *chevalier pansif*: l'intensità del pensiero lo sottrae alla realtà e ne altera tutte le percezioni. Si noti, inoltre, come l'immagine del sentiero laterale, che si discosta dalla via maestra, rappresenti efficacemente il movimento del pensiero, che prende strade alternative, intricate e selvagge, e allontana pericolosamente dalla "retta via".

La strada maestra rappresenta in questo senso sia la traiettoria morale e spirituale dell'*homo viator*, sia il filo principale della trama, la storia che deve compiersi e che però, proprio per arrivare a compiersi nella sua complessità, si compone di continue deviazioni.

67. *Lancelot du Lac*, vol. I, p. 462. «Cavalcano insieme nella foresta. Fa molto caldo. Il valletto si toglie l'elmo, lo dà a uno dei suoi scudieri, e comincia a pensare molto intensamente. Il cavaliere, che cavalca davanti a lui, lascia la strada ed entra in un piccolo sentiero. Quando hanno percorso un po' di sentiero, un ramo colpisce il valletto al viso e lo ferisce. Allora egli lascia i suoi pensieri, alza gli occhi, e vede che si trovano fuori dalla strada maestra. «Che succede?» – dice al cavaliere. «Il cammino non era più dritto e bello attraverso la strada maestra, piuttosto che per questo piccolo sentiero?» «Certo, senza dubbio – fece il cavaliere – ma non era più sicura». «E perché mai?» – fece il valletto. «Non ve lo dirò, a meno a che io non lo voglia», fece il cavaliere. «In nome di Dio, dovete dirmelo, poiché mi avete causato più danno di quanto pensiate, prendendo questa via» «Amico – fece il cavaliere – ma di che danno parlate?» «Uno a cui non potete porre rimedio».

Alle fila dell'*entrelacement* quindi si aggiunge il "filo del pensiero": pur facendo parte dello stesso *thread* narrativo – non passiamo infatti a un'altra scena o a un altro personaggio – il filo percorso da Lancillotto si disloca, devia, cambia strada, in qualche modo diventa un filo doppio che, invece di intrecciarsi con un'altra storia, come la tecnica prevede, ottiene lo stesso risultato intrecciandosi con sé stesso.

A seguito di questo «thread within the thread», di questo doppio intreccio generato dalla «potenza del pensiero» dell'eroe, Lancillotto sarà in grado di affrontare una delle imprese più importanti della sua iniziazione cavalleresca.

Insomma, lo stato secondo in cui lo *chevalier pansif* cade, mentre sembra distrarlo dall'obiettivo che sta perseguendo, prepara in realtà l'esplosione delle sue prodezze: sarà infatti con un'energia smisurata che Lancillotto riuscirà a sconfiggere gli assedianti, venendo poi festeggiato come il salvatore di Nohant.

Poco più avanti nella storia, il cavaliere completerà l'iniziazione con un'altra memorabile impresa: sbaraglierà il fortissimo cavaliere Alybon, che si trova a guardia del Guado della Regina. Anche in questo episodio, la contiguità tra la stasi e l'esplosione della forza si dimostra particolarmente significativa:

> Un jor avint qu'il ot chevauchié jusq'a midi, si li prist mout granz talanz de boivre. Et il chevauche vers une riviere; et qant il vint la, si descendié et but; et qant il ot beü, si s'asist sor la riviere et commança a panser mout durement. Maintenat vint uns chevaliers toz armez de l'autre part de l'eive voler sor lo chevalier qui pansoit, si lo moille tot. Cil laisse son penser, si se drece et dist au chevalier: "Sire chevaliers, or m'avez vos moillié. Et autre anui m'avez vos fait, car mon pensé m'avez tolu".[68]

Dopo essere stato inzuppato d'acqua dal cavaliere guardiano, Lancillotto è costretto a lasciare il suo pensiero. Anche in questo caso lo «cheva-

68. *Lancelot du Lac*, vol. I, p. 492. «Un giorno in cui [Lancillotto] ha cavalcato fino a mezzogiorno, gli prende un gran desiderio di bere. Si dirige così verso un fiume e, quando arriva, scende da cavallo e beve; dopo aver bevuto, si siede sulla riva del fiume e comincia a pensare molto intensamente. Nel frattempo compare sull'altro lato della riva un cavaliere armato, che spinge il proprio cavallo nel guado con violenza, tanto da schizzare e bagnare d'acqua il cavaliere che pensava. Così, quello lascia il suo pensiero, e dice al cavaliere: «Signor cavaliere, mi avete bagnato tutto. E un altro danno mi avete causato, perché mi avete tolto al mio pensiero».

lier qui pensoit» rimprovera all'altro di avergli arrecato «enui» – danno, fastidio, dispiacere – mantenendo lo stesso schema dell'episodio precedente. Davanti all'irruenza del cavaliere guardiano, Lancillotto esce dalla sua contemplazione malinconica e, senza alcun bisogno di raccogliere le forze, trasforma quella energia statica in energia cinetica: in men che non si dica, infatti, carica e abbatte il suo avversario, mandandogli in pezzi la lancia – «tote sa lance vole em pieces» – e atterrandolo violentemente – «et li noviaus chevaliers fiert lui, si qu'il lo porte a terre».[69]

L'iniziazione di Lancillotto comincia quindi sotto il segno della pensosità, e così prosegue, in particolare nel *Lancelot en prose*, dove l'alternanza fra la *gravitas* del pensiero malinconico e/o estatico preluderà quasi sempre a uno straordinario *exploit* di prodezze.

La crescita del valore e della fama di uno dei più importanti cavalieri della Tavola Rotonda sarà dunque trainata non solo dalle sue mirabili imprese, ma dai momenti di passività – almeno apparente – che quelle imprese preparano di volta in volta, in un fertile susseguirsi tra stasi ed esplosione dinamica, tra inoperosità e clamoroso gesto eroico.

L'inazione a cui il «panser mout durement» sembra ripetutamente costringere il personaggio, distratto e più spesso oppresso dalla mole dei suoi pensieri, che ne arriva a deformare il corpo e alterare la capacità di reazione, si configura quindi come fondamentale esperienza fecondante.

Come il testo si nutre delle pause opportunamente distribuite dall'autore attraverso l'*entrelacement*, così le meditazioni di Artù e le pensosità di Lancillotto concorrono ad un rinvigorimento della storia, che raccoglie energia proprio nei momenti in cui i suoi personaggi sembrano, e in parte sono, pericolosamente inattivi.

È un meccanismo paragonabile all'antica pratica agricola del maggese: al pari di un campo lasciato incolto, che beneficia del suo stato di abbandono e inoperosità, il racconto trova nei suoi vuoti d'azione l'occasione per accumulare un'energia che, alla ripresa, proromperà intensificata.

La «potenza del pensiero» è dunque anche questo: una forza che, mentre comprime il e costringe alla stasi, consente una sospensione in cui la materia della narrazione fermenta e si arricchisce.

69. *Lancelot du Lac*, vol. I, p. 494.

Le potenze del sonno

Se è vero che, come scrive Jacqueline Risset, «nei romanzi, gli eroi sono svegli – hanno molto da fare, devono formare sé stessi e vincere»,[70] è altrettanto vero che l'estasi, la *rêverie*, i sogni a occhi aperti, rappresentano per i cavalieri di cui ci stiamo occupando una grande risorsa e un'esperienza che prelude a molte delle loro vittorie.[71]

Si tratta di una circostanza ricorrente in questi testi, in particolare per quanto riguarda quello che Michel Stanesco ha definito come «le motif de la *dorveille*»:

> Sorte d'état second oú le protagoniste, *moictié dormant*, se mouvait dans un univers foncièrement ambigu, entre le lointain et le proche, entre l'étrange et le quotidien, entre le mystérieux et le familier. Dès le moment où la chevalerie médiévale eut accès à la représentation de soi, ses poètes exprimèrent le caractère ambigu de ce territoire.[72]

Un territorio ambiguo, misterioso, quello del dormiveglia, zona liminare di semi-incoscienza da cui l'eroe entra ed esce con una certa frequenza, spesso facilitato in ciò dall'andatura del proprio cavallo che, ritmica e ripetitiva, attenua le percezioni, allenta i legami con la realtà e apre l'accesso a una dimensione altra.

Esemplare, in questo senso, è il già citato episodio de *Le conte du Graal* in cui Perceval sembra dormire sul cavallo, appoggiato alla sua lancia, nella landa che circonda l'accampamento di re Artù.

70. Jacqueline Risset, *Le potenze del sonno*, trad. it. Anna Trocchi, Roma, Nottetempo, 2009, p. 28.

71. Sul sonno e sogni nel medioevo rimando in particolare a: Jacques Le Goff, *Les rêves dans la culture et la psychologie collective de l'Occident médiéval*, in *Pour un autre Moyen Âge*, Paris, Gallimard, 1977; Steven F. Kruger, *Dreaming in the Middle Ages*, Cambridge University Press, 1992; Michel Stanesco, *Entre sommeillant et éveillé*, in *Jeux d'errance du chevalier médiéval: aspects ludiques de la fonction guerriere dans la litterature du Moyen Age Flamboyant*, Leiden, Brill, 1988, pp. 148-172; Michel Zink, *Séduire, endormir. Note sur les premiers vers d'un poerme du XVe siècle*, in «Littérature, Paroles du Désir», 23 (1976), pp. 117-121. Per la "tecnica" del dormiveglia a cavallo si veda: Marcel Mauss, *Les techniques du corps*, in *Sociologie et antrhopologie*, in «Journal de Psychologie», 32 (1936), pp. 271-93. Per il cavallo come animale psicopompo: Mircea Eliade, *Il cane e il cavallo*, in *Lo sciamanismo e le tecniche dell'estasi*, Roma, Edizioni Mediterranee, 1974, cap. XIII, pp. 495-499 (ed. or. *Le chamanisme et les techniques archaiques de l'extase*, Paris, Payot, 1951).

72. Stanesco, *Entre sommeillant et éveillé*, p. 149.

Perceval, sveglio di buon mattino, galoppa lungamente alla ricerca di avventure – «qui querre et ancontrer voloit avanture et chevalerie»[73] – attraversando le terre imbiancate da una nevicata notturna. A un tratto il cavaliere vede un falcone inseguire uno stormo di oche selvatiche. Una delle oche, prima di volare via, ferita, lascia cadere sulla neve tre gocce di sangue. Alla vista di quelle tre gocce, di come il loro colore rosso si mischi così naturalmente con il bianco della neve, Perceval rimane incantato, si appoggia alla sua lancia e comincia a fissarle.

La gente fu ferue el col,
Si seinna trois gotes de sanc
Qui espandirent sor le blanc,
Si s'apoia desor sa lance,
Por esgarder cele semblance,
Que li sans et la nois ansanble
La fresche color li resanble
Qui est an la face s'amie,
Et panse tant que il s'oblie.[74]

È così che dai primi bagliori dell'alba, e per tutta la mattina, Perceval persiste in una sorta di alienazione – che dura lo spazio di ben quattrocento versi – in cui il mondo esterno non esiste e non ha posto: esistono solo le tre gocce, che molto lentamente ai raggi del sole scoloriscono.

Bloccato in posa plastica, come una statua equestre, con la lancia a fargli da asse, il cavaliere resta immobile, catturato da un pensiero così profondo che gli fa dimenticare tutto ciò che lo circonda.

Quando nell'accampamento di Artù gli scudieri cominciano a svegliarsi e guardare l'orizzonte fuori dalle tende, interpretano quella strana figura come quella di un cavaliere addormentato sul cavallo:

Percevax sor les gotes muse
tote la matinee et use
Tant que hors des tantes issirent
Escuier qui muser li virent
Et cuiderent qu'il somellast.[75]

73. Chrétien de Troyes, *Perceval ou Le Conte du Graal*, vv. 4166-4167.

74. Ivi, vv. 4186-4215. Cfr. nota 156.

75. Ivi, vv. 4211-4215. «Perceval fissa lo sguardo sulle gocce/ tutta la mattina e passa in questo modo/ tanto tempo che fuori dalle tende escono/ degli scudieri che ve-

Gli scudieri, perplessi, si rivolgono a uno dei più impetuosi cavalieri della Tavola Rotonda, Sagremor: «Sire, font il, hors de cest ost/ Avons veü un chevalier/ Qui somoille sor son destrier».[76] Sagremor, allora, sveglia subito il sovrano e gli riporta la notizia: «Sire, fet il, la hors somoille/ uns chevaliers an cele lande».[77] Le voci sul cavaliere che dorme a cavallo si diffondono rapidamente in tutto l'accampamento.

Diversi cavalieri, allora, escono dalle tende per guardare quella scena singolare. Alcuni provano a chiamare il cavaliere dormiente, altri gli intimano di presentarsi al cospetto del re, ma Perceval non risponde, non sente le loro parole.

Così, uno ad uno, i cavalieri cominciano a caricarlo, ma chiunque tenti di farglisi contro viene – nello sconcerto generale – disarcionato, ferito e atterrato con colpi perfetti dall'eroe ancora in *trance*.

Tutti nell'accampamento sono sbigottiti tanto dalla stranezza di quel comportamento "passivo" quanto dalla forza smisurata che, appena sollecitata, da quella stessa passività emerge e deflagra. Solo dopo diversi tentativi – e diverse ossa rotte – si riuscirà a venire a capo della ragione di quell'estasi.

Ragione quanto mai nobile, perché quelle gocce di sangue mischiate con la neve ricordano a Perceval le gote della donna che ama, Biancofiore.

Quando Galvano, nipote del re, con i suoi modi cortesi lo interpella – per la sua gentilezza ma anche, essenzialmente, perché le tre gocce sono quasi del tutto impallidite, e con loro l'incanto – Perceval finalmente risponde:

> Il an i ont ja esté dui,
> fet Percevax, qui me toloient
> ma joie et mener m'an voloient
> ausi con se ge fusse pris.
> Et je estoie si pansis
> d'un pansé qui mout me pleisoit;
> et cil qui partir m'an voloit

dendolo così assorbito/ credono che stia dormendo». Si noti che il verbo «muser» ha tra i suoi significati quello di guardare meravigliati, ma anche quello di perdere tempo, attardarsi, e in francese moderno si utilizza per esprimere concetti come «ne rien faire» e «flâner».

76. Ivi, vv. 4224-4226. «"Signore", dissero quelli, "là fuori, nella landa, c'è un cavaliere che dorme diritto sul suo cavallo"».

77. Ivi, vv. 4232-4233.

n'aloit mie querant mon preu,
que devant moi an ice leu
avoit .iii. gotes de fres sanc
qui anluminoient le blanc.
An l'esgarder m'estoit avis
que la fresche color del vis
m'amie la bele i veïsse,
ja mes ialz partir n'an queïsse.[78]

Perceval era «pensoso di un pensiero», «pansis d'un pansé», che molto gli piaceva: il cavaliere dormiente si rivela in realtà uno *chevalier pansif* attraverso una dichiarazione in cui verbo e complemento si rafforzano a vicenda, divenendo assoluti.

Ed è, in effetti, proprio «la potenza del pensiero» che consente a questo eroe in stato stuporoso di rispondere agli attacchi degli altri cavalieri con una forza inaudita: Perceval, pur rimanendo fisso sulle tre gocce, spezza lance, sloga clavicole, rompe braccia, provoca svenimenti, mettendo a segno colpi geometrici, esatti, quasi fosse un lanciere zen.[79]

È come se l'assenza dal mondo, e da sé stesso, gli avesse consentito di raggiungere una cisterna segreta di vigore che mentre tutti lo credono addormentato, pazzo, ridicolo, cresce e si dilata arrivando al braccio e alla mano con una potenza straordinaria.

Anche Lancillotto, nel *Chevalier de la Charrete*,[80] attraversa molti momenti simili.

Abbiamo a che fare con un'opera che, fin dal principio, si sviluppa sotto il segno dell'esitazione, di una pensosità eccessiva e trasognata del suo protagonista.

Basti pensare alla situazione iniziale con cui il romanzo si apre: Ginevra è stata rapita da un cavaliere sconosciuto che, durante il giorno

78. Ivi, vv. 4442-4456. «Due uomini sono già venuti/ fece Perceval, e tutti e due mi sottraevano/ alla mia gioia e volevano portarmi con sé/ trattandomi da prigioniero./ Io ero pensoso/ di un pensiero che molto mi piaceva;/ e colui che me ne voleva allontanare/ non lo faceva certo a mio vantaggio./ Ché davanti a me, in questo luogo,/ vedevo tre gocce di sangue fresco/ risplendere sulla neve bianca./ E a guardarle avevo l'impressione/ di guardare i freschi colori/ del viso della mia bella amica/, e non potevo risolvermi ad allontanare lo sguardo».

79. L'immagine di Perceval come «lanciere zen» mi viene da una conversazione con Alvaro Barbieri in occasione del XLV Convegno Interuniversitario di Bressanone «L'attesa. Forme Retorica Interpretazioni» (7-9 luglio 2017).

80. Chrétien de Troyes, *Lancelot ou Le Chevalier de la Charrete*, in *Œuvres complètes*, pp. 505-682.

dell'Ascensione, ha sfidato Artù, imputandogli di essere del tutto incapace di governare il regno di Logres. Partito *en quête* della regina, Lancillotto incontra lungo il cammino un nano alla guida dell'infame carro su cui anticamente venivano condotti malfattori e delinquenti esposti al pubblico ludibrio di villaggio in villaggio.

Il cavaliere chiede al nano informazioni sulla regina, ma il nano, vile e dall'odore nauseabondo, non vuole dargli notizie e risponde:

> [...] "Se tu viax monter
> Sor la charrete que je main,
> Savoir porras jusqu'a demain
> Que la reïne est devenue."
> Tantost a sa voie tenue,
> Qu'il ne l'atant ne pas ne ore.
> Tant solemant deus pas demore
> Li chevaliers que il n'i monte.
> Mar le fist et mar en ot honte
> Que maintenant sus ne sailli,
> Qu'ils s'an tendra por mal bailli!
> Mes Reisons, qui d'Amors se part,
> Li dit que del monter se gart,
> Si le chastie et si l'anseigne
> Que rien ne face ne n'anpreigne
> Dont il ait honte ne reproche.
> N'est pas el cuer, mes an la boche,
> Reisons qui ce dire li ose;
> Mes Amors est el cuer anclose
> Qui li comandë et semont
> Que tost an la charrete mont.
> Amors le vialt et il i saut,
> Que de la honte ne li chaut
> Puis qu'Amors le comande et vialt.[81]

81. Ivi, vv. 356-377. «"Se vorrai montare/ sulla carretta che guido/, potrai sapere prima di domani/ dov'è finita la regina"./ E subito riprende il suo cammino/ ché non aspetta neanche un momento./ Esita solo per due passi/ il cavaliere che non monta;/ ma fu per suo male e per sua onta/ che non vi salì subito/ poiché poi se ne pentirà!/ Ma Ragione, che è in disaccordo con Amore,/ gli dice di guardarsi dal montare/ e lo ammonisce e lo ammaestra,/ ché niente faccia né intraprenda/ che possa poi portargli onta o rimprovero./ Non ha posto nel cuore, ma nella bocca/ Ragione che osa dire questo./ Ma Amore, che è racchiuso nel cuore/ gli ordina e lo esorta a salire immediatamente./ Amore lo vuole e lui sale/ e della vergogna non si cura/ perché Amore lo comanda e vuole».

Combattuto fra Ragione e Amore, Lancillotto esita per il tempo di due passi: uno spazio minimo, in cui però si condensa tutta la crisi, il dibattito interiore tra la necessità di difendere il proprio onore e la forza del sentimento da cui è governato. L'importanza di questa esitazione sarà sottolineata più volte nel corso dell'opera, in primis dal comportamento di Ginevra, che – sebbene Lancillotto abbia messo a repentaglio la sua vita per lei – non solo non lo ringrazierà, ma lo tratterà sdegnosamente e addirittura si chiuderà nelle sue stanze pur di non vederlo. Più avanti, la regina darà conto delle ragioni di tale cattiva accoglienza:

«Dames, or sui prez de l'amender,
Mes que le forfait dit m'aiez
Dom j'asi esté molt esmaiez».
Et la reïne li reconte:
«Comant? Don n'eüstes vos honte
De la charrete et si dotastes?
Mout a grant enviz i montastes
Quant vos demorastes deus pas.
Por ce, voir, ne vos vos je pas
Ne aresnier ne esgarder».[82]

Lancillotto ha dubitato, ha esitato, non è salito immediatamente sul carro, questo il rimprovero della regina. Il cavaliere paga dunque un certo prezzo per la sua pensosità in principio di avventura, ma è proprio questo primo breve differimento a presentarci il personaggio per quello che si rivelerà nel corso della narrazione: un vero *chevalier pansif*, eroe pensoso, spesso criticato e ridicolizzato per questa sua attitudine, da cui in verità ricava successi sempre più grandi e clamorosi.

I suoi frequenti stati di alienazione, di trasogno, di *trance* preludono infatti quasi sempre a grandi *exploits* cavallereschi, a mirabili prove di forza e abilità.

Proprio come quando, dopo aver scoperto l'identità del rapitore della regina, il cavaliere si dirige verso il Ponte della Spada, attraverso il quale – così gli hanno detto – potrà raggiungere il reame di Gorre, luogo in cui Meleagant sta conducendo Ginevra.

82. Ivi, vv. 4493-99. «"Signora, voglio rimediare/ mi vogliate dire il torto commesso/ che mi è valso un così grande tormento"./ Allora la regina gli spiega: /"Come? Non aveste voi vergogna/ della carretta, e così dubitaste?/ Vi montaste di gran malavoglia/ avendo esitato per due passi./ Per questo motivo, in verità non volli/ né parlarvi né guardarvi».

Mentre viaggia a cavallo verso Gorre, Lancillotto – contemplativo, malinconico, alienato – si abbandona all'andatura del cavallo e si perde totalmente nei propri pensieri:

Et cil de la charrete panse,
con cil qui forse ne defanse
n'a vers Amors qui le justise;
et ses pansers est de tel guise
que lui meïsmes en oblie,
ne set s'il est, ou s'il n'est mie,
ne ne li manbre de son non,
ne set s'il est armez ou non,
ne set ou va, ne set don vient;
de rien nule ne li sovient
fors d'une seule, et por celi
a mis les autres en obli;
a cele seule panse tant
qu'il n'ot, ne voit, ne rien n'antant.[83]

Lancillotto non sa più chi è, se è armato oppure no, non sa da dove viene, né dove va, ha dimenticato la propria identità, ricorda solo quella dell'amata, e nulla sente o vede o intende all'infuori di lei.

Così, mentre l'eroe esperisce questo stato di assoluta spersonalizzazione, il cavallo lo conduce verso un guado – spazio del margine che, come abbiamo visto, è spesso teatro di scene liminari tra sonno e veglia[84] – alla cui guardia si trova un cavaliere armato.

83. Ivi, vv. 711-724. «L'uomo della carretta pensa/ come colui che non ha forza né difesa/ verso amore che lo governa;/ e i suoi pensieri sono tali/ che si dimentica di sé stesso,/ non sa se è o se non è,/ non si ricorda del suo nome,/ non sa se è armato o no,/ non sa dove va né da dove viene;/ non si ricorda di nulla/ salvo che di una persona, e per lei/ ha messo in oblio tutto il resto;/ a lei sola pensa così intensamente/ che non sente, né vede, né comprende niente».

84. Per il concetto di spazio del margine si vedano le considerazioni di Arnold Van Gennep in *I riti di passaggio*, trad. it. M.L. Remotti, Torino, Bollati Boringhieri, 2007 [ed. or. *Le rites de passage*, Paris, E. Nurry, 1909]. Su Lancillotto e il trasogno come esperienza liminare rinvio ancora a Barbieri, *Verso le case di Ade: modelli sciamanici nel Cavaliere della Carretta*", pp. 157-214: «Il "dormiveglia" equestre di Lancillotto è un evento psicofisico che si produce in una zona franca, nelle plaghe dell'eccezione che si stendono tra il qui e l'oltre. D'altra parte, la *trance* è sempre 'extraterritoriale', perché l'estatico non appartiene a un solo mondo, ma vive una condizione eminentemente ancipite e trasformativa che lo situa sul crinale tra diverse modalità d'esistenza. Il trasogno del cavaliere è un'esperienza

Il cavallo ha sete ed entra nell'acqua, il cavaliere a guardia del guado urla per ben tre volte a Lancillotto di stare indietro e gli vieta il passaggio, ma Lancillotto non sente, non ascolta, è assente.

Solo quando il cavaliere lo disarciona, il contatto con l'acqua fredda lo fa tornare in sé, o meglio, lo fa «risvegliare», visto che il verbo utilizzato nel testo è «esvoille»:

> Ja estoit pres de none basse,
> N'ancor ne se remuet ne lasse
> Li chevaliers de son panser.
> Li chevax voit et bel et cler
> Le gué, qui molt grant soif avoit ;
> Vers l'eve cort quant il la voit.
> Et cil qui fu de l'autre part
> S'escrie : «Chevaliers, ge gart
> Le gué, si le vos contredi».
> Cil ne l'antant ne ne l'oï,
> Car ses pansers ne li leissa.
> […] Lors met le cheval es galos,
> Et des galoz el cors l'anbat
> Et fiert celui si qu'il l'abat
> Enmi le gué tot estandu,
> Que il li avoit desfandu ;
> Si li cheï tot a un vol
> La lance et li escuz del col.
> Quant cil sant l'eve, si tressaut ;
> Toz estormiz en estant saut,
> Ausi come cil qui s'esvoille,
> S'ot, et si voit, et se mervoille
> Qui puet estre qui l'a feru.[85]

che si colloca in uno "spazio di mezzo" (tra il didentro e il difuori), una regione intermedia aperta all'avventura, al destino, agli azzardi delle cose che possono accadere» (p. 175).

85. Chrétien de Troyes, *Charrete*, vv. 735-777. «Era già passata da tempo l'ora sesta,/ e il cavaliere ancora non si staccava/ né lasciava il suo pensiero./ Il cavallo vide un guado/ limpido e chiaro, ché molta sete aveva;/ Verso l'acqua corre appena la vede./ E quello che era dall'altra parte/ grida: "Cavaliere, io faccio la guardia/ al guado, e ve lo proibisco."/ Quello non lo intende né lo sente,/ che i suoi pensieri non lascia./ […] Allora l'altro dà di sprone al cavallo,/ e col cavallo in corsa lo abbatte/ e lo colpisce così che lo rovescia/ tutto di lungo nel guado/ che gli aveva interdetto;/ in un sol colpo gli cadono/ la lancia e lo scudo dal collo./ Quando sente l'acqua trasalisce/ tutto stordito balza in piedi/ come colui che si risveglia,/ ascolta, guarda e si meraviglia/ di chi abbia mai potuto colpirlo».

Dopo essersi violentemente «risvegliato», Lancillotto è inizialmente confuso e istupidito, goffo e ridicolo,[86] steso bocconi nel guado – «tot estandu» – non capisce cosa gli sia accaduto né perché, e si noti la rima «esvoille/mervoille» a segnalare proprio il momento di trapasso tra incoscienza e coscienza, e il temporaneo sconcerto che ne deriva.

Nel giro di ben pochi versi, però, Lancillotto, rientrato in sé stesso, sembra essere diventato più forte di prima. Così, si attacca al fianco del cavaliere guardiano, e tira talmente forte che quasi «li traie la cuisse del cors»,[87] gli stacca la coscia dal corpo.

Poi gli dà addosso, tanto impetuosamente da frantumargli la lancia e farlo cadere da cavallo, infine lo sovrasta sguainando la spada, così che l'altro prende a fuggire. Lancillotto, non pago, comincia a inseguirlo furiosamente, finché una damigella non lo prega di risparmiare la vita al cavaliere.

La forza potenziata di cui l'eroe è capace, pur essendo stato preso alla sprovvista dal guardiano del guado, sembra originarsi dalla stessa condizione che lo ha messo in pericolo, e in ridicolo.

Nello stato di alterazione e apparente ottundimento in cui cavalcava, Lancillotto stava lambendo territori segreti e attingendo a sorgenti potentissime: nel suo galoppo semi-cosciente possiamo infatti intravedere l'*excessus mentis* del mistico, la tecnica estatica dello sciamano, ma anche il fertile lavorio dello *spiritus phantasticus*[88] che nelle interiorità del pensoso-malinconico è particolarmente intenso e creativo. Se è vero che, come scrive Elémire Zolla,

> ogni educazione è allenamento a non fantasticare; a svegliarsi con nettezza, tagliandosi fuori dal sonno, senza starsene a nutrire le chimere della notte, imparando a correre incontro alla luce; a non lasciare nella giornata lacune in cui il presente possa essere sopraffatto dal passato o dal futuro[89]

86. Nell'analisi di questo episodio Frappier nota come dietro il protagonista dello *Chevalier de la Charette* compaia già in controluce, per un attimo, la figura di Don Chisciotte: «Don Quichotte perce déjà sous Lancelot». Jean Frappier, *Chrétien de Troyes: l'homme et l'œuvre*, Paris, Hatier-Boivin, 1957, p. 138.

87. Chrétien de Troyes, *Charrete*, v. 818.

88. Si veda in proposito: Giorgio Agamben, *Spiritus phantasticus*, in *Stanze. La parola e il fantasma nella cultura occidentale*, Torino, Einaudi, 2006, pp. 105-120 [1ª ed. 1977]. Lo spirito fantastico è «soggetto della sensazione, dei sogni, della divinazione e degli influssi divini, nel cui segno si compie l'esaltazione della fantasia come mediatrice fra corporeo e incorporeo, razionale e irrazionale, umano e divino» (cit. p. 110).

89. Zolla, *Storia del fantasticare*, p. 11.

sarà necessario riconoscere che l'iniziazione di questo cavaliere ha successo proprio perché si nutre della sua pensosità, della sua particolare attitudine immaginifica, della sua capacità di riportare alla mente i fantasmi e i simulacri mentali in assenza della donna amata.

I fantasmi amorosi stimolano e amplificano il temperamento di Lancillotto, che definiremmo già per predisposizione naturale malinconico: non dimentichiamo che, nella descrizione fisica del cavaliere, in tutto armonioso e pieno di grazia, tanto da ricordare per molti versi una donna, l'unico elemento di *desmesure* è costituito proprio dallo spazio occupato dal petto:

> Il ot la boiche petite par messure et bien seant [...] les danz petites et sarrees et blancheanz, et lo menton bien fait a une petite fossette [...] De son col ne fait mie a demander, car s'il fust en une tres bele dame, si fust il assez covenables et bien seanz et bien tailliez a la mesure del cors et des espaules, ne trop grailles ne trop gros, ne lons ne corz à desmesure. Et li braz furent lonc et droit et bien forni par lo tor desos: si furent deners et dos moult garni bien et povre de char, mais par mesure. Les mains furent de dame tot droitement, se un po plus menu fussient li doi; et des rains et des hanches ne vos porroit nus dire que l'an les poist miauz déviser en nul chevalier. Droites ot les cuisses et les janbes et voltiz les piez; ne nus ne fu onqes plus droiz en son estant. [...] Et les espaules furent lées et hautes à raison. Mais li piz fu tex que en nul tel cors ne trovast-an si gros ne si large ne si espès; ne an lui ne trova onques nus hom plus que resprandre; ainz disoient tuit cil qui lo dévisoient que s'il fust un po mains garniz de piz plus an fust atalantables et plaisanz.[90]

Come nota Arianna Punzi, anche il corpo di Lancillotto «si fa libro e diviene portatore di segni da decodificare»:

> Nell'equilibrio perfettamente armonioso delle parti l'eccesso di misura del petto, atto a contenere un cuore che scavalca la norma, segna il personaggio

90. *Lancelot*, vol. I, p. 140. «Aveva la bocca piccola per misura e ben disegnata [...] i denti piccoli e vicini e bianchi, il mento ben fatto con una piccola fossetta [...] Del suo collo non c'era nulla da ridire, che avrebbe donato alla più bella delle dame tanto era ben formato e proporzionato alla misura del corpo e delle spalle, né troppo magro né troppo grosso, né lungo né corto a dismisura. [...] Le braccia erano lunghe e dritte, ben fornite di ossa di nervi e di muscoli e con la giusta misura di carne. Le mani sarebbero state perfette per una donna, se avesse avuto le dita un po' più corte. E delle reni e delle anche che dire se non che nessun cavaliere le ebbe meglio formate. Dritte le cosce e le gambe, e i piedi ben arcuati, tali che nessuno fu più dritto e ben piantato di lui. [...] Le spalle erano larghe e alte al punto giusto. Ma il petto era tale che in nessun uomo se ne trovava uno simile, così largo e spesso e profondo. Era la sola cosa su cui si poteva aver da ridire, e alcuni dicevano che se fosse stato un po' meno fornito di petto, sarebbe stato più bello e più piacevole alla vista».

> ed esibisce un tratto che diverrà distintivo per Lancillotto [...] L'occasione di scavare oltre la lettera diviene allora prefigurazione di ciò che sarà, segno di un destino chiamato a inverarsi: Lancillotto è più di ogni altro dotato di capacità di amare la sua donna, ma anche i suoi amici, e di battersi in nome del suo re.[91]

L'eccesso di cuore, che occupa una porzione così ampia in un corpo altrimenti assolutamente bilanciato, indica in maniera incontrovertibile la *desmesure* dell'eroe: il cuore di Lancillotto pesa, ed è per questo che il cavaliere pensa più del dovuto.

I «pensieri del cuore»[92] di Lancillotto albergano e si riproducono in uno spazio troppo grande, fuori misura, squilibrato, e così rallentano e offuscano la reattività del cavaliere che – pur essendo dotato di una struttura agile e leggera – spesso s'inclina, cade, crolla, si abbandona.

Il corpo rapido e muscolare dell'eroe giovane perde di tonicità, s'intorpidisce: Lancillotto in questi momenti disattende il codice cavalleresco, delude le aspettative, si rende ridicolo agli occhi di tutti, rischia la morte. Eppure, le stesse situazioni da cui sembra inizialmente trarre tanto svantaggio, non solo anticipano, ma si rivelano propedeutiche alle sue migliori imprese.

Ne è un ulteriore esempio il già citato episodio tratto dal *Lancelot en prose* in cui l'eroe combatte in incognito a favore di Artù contro i cavalieri di Galeotto.

Per ben due volte, mentre è sul campo di battaglia, invece di darsi da fare, Lancillotto si tiene in disparte e si appoggia alla lancia. Immerso nei suoi pensieri, catatonico, paralizzato, il cavaliere perde qualsiasi contatto con ciò che sta accadendo intorno a lui:

91. Arianna Punzi, *L'allegoria nel Lancelot en prose*, in «Rhesis. International Journal of Linguistic, Philology and Literature», 4, 2 (2013), pp. 71-97.

92. Mocan, *I pensieri del cuore*. Si veda in particolare a p. 106: «*Sogno*. Esiste una parentela anche tra lo stato di assorbimento provocato dal pensiero d'amore e il sogno; i due momenti si confondono spesso. Già Herbert Kolb rilevava l'importanza del motivo della visione d'amore "onirica" e come essa rappresenti quasi una naturale continuazione della meditazione amorosa, riportando alla mente del dormiente quella immagine della donna intorno alla quale ruotano i suoi pensieri (il suo *cossir*) anche durante la veglia [...] Il pensiero amoroso si palesa quindi (nel sonno come nella veglia) in uno stato in cui la concentrazione interiore del poeta sul suo sentimento e sull'immagine della donna amata si accompagna a una totale astrazione rispetto al mondo circostante, a un totale assorbimento nello spazio dell'interiorità e della mente, assorbimento che spesso si trasforma in contemplazione interiore della dama. Esso diventa in questo modo una sorta di *Wachtraum*».

Li chevaliers a l'escu vermoil s'areste sor lo gué et s'apoie sor sa lance.[...] "Sire chevaliers, vees un des lor chevaliers venir. C'atandez vos? Il vient toz seus." Par maintes foiz li dient, et cil ne respont pas. [...] Et uns cointes lechierres vient vers lui et prant l'escu de son col, si lo pent au sien. Et cil ne se muet. Et un autres garz qui ert a pié cuide que li chevaliers soit foz, si s'abaisse ver l'eive et prent une mote, si l'an fiert sor lo nasel del hiaume. "Neianz failliz, fait li garz, que songiez vos?".[93]

Ancora una volta il guado – luogo di confine, zona liminare – è spazio privilegiato dello «chevalier pansif»[94]: in questo luogo-non luogo Lancillotto sosta, non agisce. Hanno un bel darsi da fare i suoi compagni che cercano di avvertirlo del nemico che lo sta per caricare. Lancillotto non ascolta nessuno e non risponde, è immobile – «apathique et léthargique», come scrive Ménard[95] – tanto che finisce per diventare lo zimbello di tutti. Lo prendono in giro, gli rubano lo scudo dal collo, lo chiamano «stupido buono a nulla», lo rimproverano di stare «sognando» in piena battaglia.

A ridestarlo sarà un pugno di fango negli occhi, offesa provvidenziale perché Lancillotto rinviene e immediatamente corre a giostrare – «corre por joster»[96] – carica uno dei cavalieri nemici e lo colpisce così forte da fargli andare la lancia in mille pezzi mentre quello piomba a terra – «si lo

93. *Lancelot du Lac*, vol. I, pp. 742-743. «Il cavaliere con lo scudo vermiglio si ferma sul bordo di un guado e si appoggia alla lancia. [...] Signor cavaliere, guardate uno dei loro cavalieri arrivare. Che cosa aspettate? Arriva tutto solo". Così gli diceva a più riprese, ma quello non rispondeva nulla. [...] Allora uno che voleva burlarsi di lui, gli si avvicina, gli prende lo scudo e se lo appende al collo. E il cavaliere resta immobile. Allora un altro, che era appiedato, credendo di avere a che fare con un pazzo, s'inginocchia in riva al fiume, raccoglie un pugno di fango e glielo getta sul nasale dell'elmo. "Stupido buono a nulla – fece quello – ma in che cosa siete trasognato?"».

94. Ménard, *Le rire et le sourire*, pp. 244-245: «Au XIII siècle dans la littérature arthurienne le *Pensif Chevalier* n'est pas rare. [...] Mais c'est l'auteur du *Lancelot en prose* qui, plus que tout autre, a été séduit à la fois par la beauté poétique et l'effet comique de la rêverie amoureuse. Elle se produit souvent – et c'est là un souvenir évident du *Lancelot* de Chrétien – près d'un gué. Le vieux motif du combat au gué connait donc ses variations nouvelles. En dehors des chutes à l'eau, plusieurs sort de mésaventures arrivent au chevalier pensif. Au cours d'une bataille, le guerrier, soudainement apathique et léthargique, fait piètre figure. [...] Sans doute, l'auteur du *Lancelot en prose* n'a plus la discrétion de Chrétien de Troyes: il multiplie par trop le scènes de songerie. Du moins, il sait exploiter le comique latent du motif».

95. *Ibidem*.

96. *Lancelot du Lac*, vol. I, p. 744.

fiert, si que il lo porte a terre, et sa lance vole em pieces».[97] A fine giornata è lui ad aver superato tutti in forza e prodezza: «cil vainquié tot».[98]

Quando Lancillotto a distanza di un anno si ripresenta sul campo per la seconda, decisiva, battaglia contro Galeotto, la scena sarà la medesima. Di nuovo il cavaliere si ferma sul bordo del guado, si appoggia alla lancia, e comincia a pensare:

> Si s'aresta sor la riviere et apoia sor son glaive an cel lei meïsmes ou il avoit esté a l'autre asanblee [...] Le genz lo roi Arthus s'estoient ja armees, et passoient l'eve espessement cil qui dessirroient lo joster. Si ne demora gaires que an mainz leus furent li précovert et de jostes et de meslees. Et li chevaliers pensa totevoies, apoiez sor son glaive et la dame de Malohaut lo vit, si ancomença a parler, oiant les autres: «Dex, fait ele, cist chevaliers que ge voi sor cele riviere, qui puet il estre? Il ne nuist as noz, ne aide».[99]

Lo strano comportamento del cavaliere viene subito messo in evidenza dalla Dama di Malehaut, che attira su di lui l'attenzione di coloro che osservano la battaglia dal palco reale. L'identità di Lancillotto, come nella precedente battaglia, non è manifesta – egli è travestito in entrambi i casi – così che tutti, non sapendo di chi si tratti, cominciano a chiamarlo «il cavaliere che pensa».

Questa volta sarà proprio la dama di Malehaut a inviare sul campo una damigella perché "risvegli" Lancillotto, affidandole un messaggio a nome di Galvano che lei stessa concepisce.

Lancillotto, sentendo le parole della damigella, e il nome del prode cavaliere, si ridesta, entra in campo e come animato da una furia ipercinetica comincia ad abbattere avversari, a spezzare scudi, a fendere usberghi:

> Il seus en prant tot lo fais sor lui que il recuevre a toz les besoinz et a toz meshiés, apareilliez de deffandre et d'anchaucier. [...] La ou il estoit a pié, lo fasoit il si q'en ne lo pooit veoir coart ne pareceus, ainz est a toz abandonez

97. *Ibidem*.

98. Ivi, p. 746.

99. Ivi, p. 806. «Si ferma sul bordo del fiume e si appoggia alla sua lancia, nello stesso punto in cui si era fermato durante la precedente assemblea. [...] Le genti di re Artù erano già armate e attraversavano in massa il fiume, desiderosi di combattere, e le genti di Galeotto facevano altrettanto. In men che non si dica, tutti i prati erano occupati da giostre e battaglie. Tuttavia, il cavaliere pensava, appoggiato alla sua lancia e la dama di Malehaut lo vide e cominciò a dire davanti a tutti: «Dio! Questo cavaliere che vedo al bordo del fiume, chi sarà mai? Non combatte né contro, né con i nostri».

> autresi com uns estandarz. Et il feroit destre et senestre sanz repox; s'espee ne fust ja veüe sanz cox doner; il detranchoit hiaumes, il decopoit escuz, il fausoit hauberz sor espaules ou seur braz de chevaliers, il fasoit mervoilles a veüe. Qant Galehoz vit ces mervoilles que il faisioit, si se merveilla coment li cors d'un chevalier pooit ce faire, et dit a soi meïsmes que il ne voudroit mie avoir conquises totes les terres cui sont desouz lo trone, par covant que uns si preudons fust morz par ses corpes.[100]

Lancillotto compie tante e tali meraviglie – «mervoilles» è il termine nel testo, ripetuto più volte[101] – da rovesciare completamente il risultato della battaglia. Non solo perché, contando esclusivamente sulle proprie forze, riesce ad annientare un numero spropositato di avversari, ma anche perché le sue prodezze smisurate sbigottiscono il nemico, Galeotto, che ne è interdetto, affascinato, conquistato.

Galeotto e i suoi sono in effetti «stupefacti», stupiti in una stasi dell'occhio che si spalanca e nell'atto di allargarsi – questo movimento di apertura è suggerito nel testo dal verbo «esbahir» – segue e insegue le immagini in movimento del cavaliere prodigioso.

Gli occhi che guardano le «mervoilles» compiute da Lancillotto sono gli occhi degli spettatori *in praesentia*, ma sono anche quelli degli spettatori *in absentia*, ovvero del pubblico cui la narrazione è destinata e che nel proprio «cinema della mente»[102] vedono scorrere gli assalti in lungo e in largo, i movimenti roteanti della spada, le schegge fracassate degli elmi

100. *Lancelot du Lac*, vol. I, p. 826. «Aveva preso su di sé tutte le sorti della battaglia, facendo fronte a tutti i bisogni e a tutti i pericoli, sempre pronto tanto alla difesa quanto all'attacco. [...] Sebbene fosse appiedato, si conduceva così bene che non mostrava mai né stanchezza né timore ma anzi si offriva a tutti come uno stendardo. Colpiva a destra e a sinistra irrefrenabilmente; la sua spada non smetteva di assestare colpi; distruggeva elmi, faceva a pezzi scudi, squarciava gli usberghi sulle spalle o sulle braccia dei cavalieri, faceva meraviglie a vista. Quando Galeotto vide le meraviglie che faceva, si stupì di quanto un solo uomo potesse fare tanto, e disse a sé stesso che non avrebbe più voluto conquistare quelle terre, se questo avesse dovuto comportare la morte di un simile valent'uomo».

101. Ricorrono e si susseguono nel giro di poche righe: «il ne faisoit se mervoilles non»; «si s'en merveilla»; «quex merveilles sont ce donques?»; «il fasoit mervoilles»; «qant Galehoz vit ces mervoilles»; «si se merveilla»; «tuit s'esbaïssoent». L'insistenza sull'elemento della meraviglia carica di ulteriore straordinarietà le incredibili prodezze di Lancillotto. Lo stupore degli altri personaggi in scena suggerisce quale sia la reazione richiesta al pubblico dall'autore.

102. Utilizzo questa espressione pensando al bel saggio di Pasero sul cinema nel medioevo. Nicolò Pasero, *Cinema nel Medioevo*, in *Cinema e Medioevo*, a cura di Stefano Pittaluga e Marco Salotti, Genova, Edizioni del DARFICLET, 2000, pp. 7-27.

e le parabole di uomini sbalzati dai colpi senza tregua del «cavaliere che pensava».

La forza sprigionata da questi momenti di inattività è eccezionale. Il cavaliere che tutti credevano stesse sognando a occhi aperti – privo di qualsiasi contatto con la realtà – fuoriesce dal suo stato di offuscamento con un vigore sovrumano e stravolge gli esiti di una guerra praticamente già vinta dall'avversario.

È come se questi eroi, Perceval e Lancillotto, pur ritardando in molte occasioni il tempo dell'azione per via dei loro trasognamenti – da cui si ridestano di colpo o attraversando uno stato intermedio di disorientamento – se ne servissero di volta in volta per accumulare energia.

Se i due grandi campioni della cavalleria si dimostrano particolarmente inclini al sonno, alla *rêverie* e al ritardo del gesto, e al contempo però il loro gesto è da tutti considerato il più eroico, dovremo riconoscere che questa ambivalenza possa essere in effetti caratteristica distintiva dell'eroe e che il suo non fare produca racconto tanto quanto, e a volte più, del suo fare. Tornano alla mente alcune considerazioni di Gilles Deleuze:

> Talvolta si dice che il romanzo è arrivato al suo compiuto sviluppo nel momento in cui ha assunto come personaggio l'anti-eroe, un essere assurdo, strano e disorientato che continua ad errare, sordo e cieco. Ma questa è la sostanza del romanzo: da Beckett a Chrétien de Troyes, da Lawrence a Lancillotto. Chrétien de Troyes ha continuato nei secoli a segnare la linea dei cavalieri erranti, quelli che dormono sul loro cavallo, appoggiati alla lancia e alle staffe, e che non sanno più il loro nome e la loro destinazione, che continuano a muoversi a zig-zag, che montano sul primo carro che trovano, fosse pure quello dell'infamia [...] talora in una febbrile premura sulla linea astratta che li trascina, talora nel buco nero della catatonia che li assorbe.[103]

Con i corpi abbandonati, sorretti dalla lancia, o con il capo chino sul proprio destriero, cullati dall'andatura e dal rumore ritmico del trotto, questi eroi pensosi, alienati, attraversano i territori del nulla per approdare a una creatività esplosiva.

Non a caso, il primo trovatore della storia, Guglielmo IX d'Aquitania, dichiarava di aver composto i suoi versi più celebri dormendo in sella al proprio cavallo:

103. Gilles Deleuze, Claire Parnet, *Conversazioni*, Verona, Ombre Corte, 2006, pp. 77-83 [ed. or. *Dialogues*, Paris, Flammarion, 1977].

Farai un vers de dreyt nien:
non er de mi ni d'autra gen,
non er d'amor ni de joven,
ni de ren au,
qu'enans fo trobatz en durmen
sus un chivau.[104]

Come Lancillotto, che non sa più chi è, se è armato o no, da dove viene e dove va, il poeta afferma di non sapere quando è sveglio e quando dorme, «no sai cora·m fui endormitz,/ ni cora·m veill, s'om no m'o ditz»: le coordinate spazio-temporali sono confuse, così come la coscienza di sé, il sonno e la veglia si mischiano, poiché solo in questo modo è possibile arrivare ad attingere al serbatoio segreto del "puro nulla".

Un nulla generativo, un «oblio di sé fecondo di conquiste interiori [...] paradossale forma d'abbandono creativo dell'io autoriale a una diversa, inconscia, comunque arcana "volontà" capace di condurre autonomamente, e quasi automaticamente, il testo alla fine».[105]

I colpi perfetti di Perceval e Lancelot somigliano ai versi esatti del trovatore-cavaliere: in entrambi i casi l'impresa si compie grazie a una condizione di oblio che favorisce l'emersione di potenze misteriose e invincibili.

Sono «le potenze del sonno», energie sommerse, latenti, tanto pericolose quanto estremamente nutrienti. È attraverso l'abbandono a queste potenze che gli eroi incontrano il proprio pensiero: per incontrarlo è necessario che accettino di essere più malinconici, lenti, confusi. Insomma, un po' stupidi.

> Il rallentamento, la momentanea assenza di pensiero, e anche la confusione, formano una sorta di nido dove potrà avvenire il risveglio. Il passaggio attraverso il torpore e la stupidità è necessario, o meglio, è fertile. Un pensiero che non conoscesse le interruzioni, i cortocircuiti, gli offuscamenti transitori ma grevi, non conoscerebbe sé stesso.[106]

104. Gugliemo IX, *Poesie*, a cura di Nicolò Pasero, Modena, STEM Mucchi, 1973, p. 92. «Farò un versus di puro niente,/ né su di me né su altra gente,/ né d'amore o di gioventù,/ né d'altro mai,/ anzi a cavallo fu, dormendo,/ che l'inventai».

105. Corrado Bologna, Tiziana Rubagotti, *Talia dictabat noctibus aut equitans: Baudri de Bourgueil o Guglielmo IX d'Aquitania?*, in «Critica del testo», I (1998), pp. 891-917.

106. Risset, *Le potenze del sonno*, p. 76.

Le domande in sospeso

«Quali sarebbero state le risposte alle domande che il giovane e ingenuo cavaliere gallese ancora senza nome avrebbe dovuto fare al re Pescatore e non è stato in grado di fare?», così Mariantonia Liborio apre il suo saggio introduttivo all'interno del Meridiano Mondadori dedicato al Graal,[107] con una domanda che allude ad altre domande non pronunciate, rimaste in sospeso.

Le Conte du Graal, ultima opera di Chrétien de Troyes, è un romanzo interrotto: le premesse contenute nel titolo non troveranno pieno riscontro nel racconto del poeta.[108]

Pur essendo, infatti, il Graal indicato come l'oggetto principale della narrazione, questo non ne occuperà che lo spazio di pochi versi. L'ingente quantità di storie prodotte sul Graal arriverà solo dopo l'opera incompiuta del poeta *champenois*, così come le descrizioni, i tanti particolari e i simboli riferiti a questa coppa, che nel romanzo di Chrétien è per l'appunto ancora soltanto una coppa,[109] per quanto avvolta in un'atmosfera sacrale ed enigmatica.[110]

107. Mariantonia Liborio, *Sotto il segno del doppio*, in *Il Graal. I testi che hanno fondato la leggenda*, a cura di M. Liborio, trad. it. A. Cipolla, S. De Laude, M. Infurna, M. Liborio, F. Zambon, Milano, I Meridiani Mondadori, 2005, p. 7.

108. Cfr. Carlo Donà, *Il prologo del «Conte del Graal» e il senso del romanzo*, in *Il romanzo nel medioevo.* Atti del convegno, Bologna 20-21 Ottobre 2003, Bologna, Pàtron Editore, 2006, p. 36: «Sebbene il graal non abbia nel romanzo come noi lo conosciamo un ruolo particolarmente notevole – in fondo compare solo per poche decine di versi, e *non è* in senso stretto l'oggetto della *quête* di Perceval – esso costituiva sicuramente il nucleo della fonte di Chrétien e quindi, verosimilmente, doveva costituire anche il centro semantico del suo romanzo, almeno a giudicare dal titolo che Chrétien gli attribuisce [...] ma che a rigore, ripeto, il testo in nostro possesso non giustifica».

109. Scrive in proposito Zambon, nell'*Introduzione* al medesimo volume: «Alla sua prima apparizione sulla scena letteraria, nel *Conte del Graal* di Chrétien de Troyes (scritto tra il 1180 e il 1181), il Graal è ancora un nome comune che designa un tipo particolare di piatto o di recipiente [...] uno scrittore di poco posteriore a Chrétien, Hélinand monaco di Froidmont, autore dei celebri *Vers de la mort*, spiega in un passo della sua cronaca che "per *Gradalis* o *Gradale* si intende in francese una scodella [o coppa o piatto: *scutella*] larga e un poco profonda, in cui abitualmente si presentano ai ricchi dei cibi raffinati con la loro salsa, disposti in successione, un boccone di seguito all'altro; il suo nome in volgare è *graalz*, perché caro e gradito a chi vi mangia, sia per il contenitore fatto di argento o di altro metallo prezioso, sia per il contenuto, cioè le varietà di cibi prelibati"» (Fracesco Zambon, *Introduzione*, in *Il Graal*, pp. XI-LXVII).

110. La cristianizzazione dell'oggetto, che diventerà il Sacro Graal, e ricalcherà sempre più il cerimoniale liturgico dell'eucarestia, così come i riferimenti al sangue di Cristo

Ma partiamo dal principio. Perceval è un giovane gallese che ha vissuto tutta la sua infanzia e adolescenza ai margini della *Gaste Forest*, ampio territorio di possedimenti di sua madre, dove ella lo ha confinato per proteggerlo dai pericoli della cavalleria.

La madre di Perceval ha infatti già perso il marito e gli altri due figli a causa della violenza dilagante del cosiddetto mondo «cortese»: la critica della donna nei confronti di questa realtà è aspra e senza appello, per lei i cavalieri non sono altro che uomini «qui ocient quan qu'il ataignent»,[111] che uccidono tutto ciò che incontrano.

«Tot li conforz» e «tot li biens»,[112] unico conforto e bene rimasto a sua madre, Perceval cresce all'oscuro di tutto ciò che è al di fuori dalla Guasta Foresta, al riparo dal rischio della vocazione per la cavalleria.

Non conosce le buone maniere, non sa cosa sia una chiesa, non ha mai sentito pronunciare la parola «cavaliere», né ha idea di cosa sia l'amore e quali codici lo governino: Chrétien ci mostra in principio d'opera un adolescente quasi allo stato di natura, per il quale tutto il divertimento sta nell'andare a zonzo per campi e boschi, cacciando animali con i suoi giavellotti, arma grezza, da *homo selvaticus*.

E in effetti i modi di Perceval, per un buon tratto del romanzo, oscillano tra una rozzezza brutale e una *naïveté* goffa, pasticciona, che fa sorridere per il candore con cui viene agita, e anche ridere di gusto negli episodi in cui l'autore sceglie una vena manifestamente comica: basti pensare ai primi approcci del giovane con le donne[113] – altro che *fin'amors*, pura villania – o alla tenda montata nel bosco che il giovane scambia per una chiesa.[114] Per non parlare della prima visita alla corte di Artù, dove Perceval, entrato con tutto il cavallo nella sala dove si sta tenendo il banchetto, trovando il re a capo basso – «li chief que il tenoit beissié»[115] – malinconico e immerso nei suoi pensieri – «li rois panse et mot ne li sone»[116] – fa

e alla figura di Giuseppe d'Arimatea, si svilupperanno nel successivo *Joseph d'Arimathie* di Robert de Boron (fine XII sec.) e troveranno piena espressione nei romanzi graaliani del XIII secolo (*Perlesvaus*, *Estoire del Saint Graal* e, all'interno del cosiddetto «Ciclo Vulgata», *La Queste del Saint Graal*).

111. Chrétien de Troyes, *Perceval*, v. 400.
112. Ivi, vv. 484-85.
113. Ivi, vv. 688-781.
114. Ivi, vv. 638-667.
115. Ivi, v. 939.
116. Ivi, v. 926.

per andarsene, convinto che il sovrano sia solo un incapace. Ma mentre fa dietrofront, poiché gli si è avvicinato troppo e per la sua sbadataggine, Perceval lo urta e gli fa cadere dalla testa il copricapo regale, così Artù, «tot son pansé leissié»,[117] abbandonando i suoi pensieri,[118] torna in sé e nonostante il comportamento villano del giovane gli promette di accontentare la sua richiesta ovvero di concedergli le armi che desidera per diventare cavaliere.[119]

Ma procediamo ad un'analisi più approfondita del testo partendo dall'episodio fondamentale – che precede quelli appena citati – in cui Perceval, a zonzo per la *Gaste Forest* e ancora all'oscuro del mondo della cavalleria, incontra per la prima volta un gruppo di *chevaliers*.

Mentre è a caccia con i suoi giavellotti – si noti che è primavera, simbolo dei nuovi cominciamenti – il giovane gallese avverte d'improvviso un gran rumore: fremiti, ferri che urtano, rami che sbattono, zoccoli di cavallo.

Chrétien sceglie di rivelare al pubblico fin da subito (siamo al v. 100) che si tratta di cinque cavalieri armati, i cui scudi, lance e usberghi cozzano gli uni contro gli altri o contro i rami degli alberi, ma specifica che Perceval sente ma non vede quelli che avanzano sempre più rapidamente – «Li vaslez ot et ne voit pas/ Ces qui vienent plus que le pas»[120] – così da creare una immediata complicità con il pubblico, e da amplificare, rendendola ancor più comica, la reazione del giovane ingenuo, spaventato all'idea che quel frastuono provenga da un branco di diavoli.

117. Ivi, v. 940.

118. Secondo la consueta formula della malinconica meditazione regale. Come nota Köhler, a p. 282 de *L'avventura cavalleresca* «in nessun altro romanzo anteriore [Artù] era così debole e così spesso sprofondato in un triste panser come nel *Perceval*. Il suo regno è minacciato, i suoi cavalieri sono feriti, o lo hanno abbandonato, come lo abbandoneranno tutti seguendo l'ordine della messaggera del Graal».

119. Si riporta qui l'intero passaggio (vv. 903-939): «Il ragazzo se ne andò verso di lui, e lo salutò alla sua maniera. Il re taceva e non disse una parola, e l'altro gli si rivolge ancora una volta. Il re è pensoso e non dice una parola. "In fede mia" si disse allora il ragazzo, "questo re non ha mai fatto cavalieri. Se non si può cavargli neanche una parola, come fa a fare cavalieri?". Così si prepara a tornarsene indietro, gira la testa del suo cavallo, ma lo aveva portato così vicino al re, da sciocco che era, che gli fece cadere di colpo sulla tavola davanti a lui, non sto mentendo, il copricapo di tela che teneva in testa. Il re alza verso il ragazzo il capo che teneva abbassato, ha lasciato perdere i suoi pensieri e gli dice: "Gentile signore siate il benvenuto. Vi prego di non offendervi se ho taciuto invece di rispondere al vostro saluto."» (*Il Graal*, p. 60. Tutte le traduzioni citate dal *Perceval* sono di M. Liborio).

120. Chrétien de Troyes, *Perceval*, vv. 111-112.

Quando la brigata di cavalieri è a portata d'occhio, osservando le corazze maestose e la luce profusa dagli elmi scintillanti, Perceval rimane estasiato e si convince si tratti di esseri divini: in un crescendo comico, il giovane si butta a terra e comincia a recitare tutte le preghiere che conosce, chiedendo ripetutamente perdono a Dio per il suo sacrilego fraintendimento, e arrivando a domandare ad uno dei cavalieri: «Estes vos Dex?» – «Siete voi Dio?». Il cavaliere risponde chiaramente che no, non è lui. «Qu'estes vos dons?» – «Allora cosa siete?», chiede Perceval, e l'altro pronuncia la fatidica frase: «Chevaliers sui», «Sono un cavaliere».[121]

La meraviglia e il timore reverenziale lasciano a questo punto il posto alla curiosità: Perceval non ha mai sentito quella parola in vita sua, ed è estremamente attratto dall'abbigliamento e dalle armi dei cavalieri. Così, comincia una lunghissima trafila di domande, tanto insistenti quanto *naïves*, su ogni oggetto che il cavaliere ha indosso e la sua specifica funzione. Ne riportiamo solo una parte:

Sel plant et dit:« Biax sire chiers,
Vos qui avez non chevaliers,
Que est ice que vos tenez?» [...]
« Jel te dirai, ce est ma lance ».
Dites vos, fet il, qu'an la lance
Si com je faz, mes javeloz?
Nenil, vaslez, tu es trop soz!
Einz an fiert an tot demenois [...]
Au pan de l'hauberc, si le tire:
« Or me dites, fet il, beau sire,
Qu'est ce que vos avez vestu?
Vaslez, fet il, don nel sez tu?
Je non. - Vaslez, c'est mes haubert,
S'est ausi pesant come fers.
De fer est il? - Ce vois tu bien.
De ce, fet il, ne sai je rien,
Mes mout est biax, se Dex me salt.
Qu'an fetes vos et que vos valt?
Vaslez, c'est a dire legier:
Se voloies a moi lancer
Javeloz ne saiete traire,
Ne me corroies nul mal faire. [...]

121. Ivi, vv. 174-175.

Li dist: «Fustes vos ensi nez?
- Nenil, vaslez, ce ne puet estre
Qu'ainsi poïst nule riens nestre».[122]

Perceval – colui che, rammentiamolo, non pronuncerà le domande al castello del Graal – in questo episodio non fa altro che porre interrogativi. Chiede cosa sia la lancia e come si usi, lo stesso fa per lo scudo, e poi per la corazza: tutto è nuovo, tutto va nominato per la prima volta. Il cavaliere, dal canto suo, lo chiama a più riprese «soz» e «sot», stupido, sciocco, ma continua a rispondergli con ironia bonaria, la stessa che l'autore riserva al suo personaggio. L'incalzante sfilza di quesiti si conclude con il reperimento dell'informazione più preziosa per Perceval: quando infatti, al colmo del ridicolo, domanda al cavaliere se è nato già «così», con l'armatura indosso, quello gli spiega che nessuno può nascere «così», e che in tal guisa lo ha addobbato re Artù, che in quei giorni tiene corte a Carduel.

È qui che comincia il *Bildungsroman* di Perceval, è in questo momento che il giovane sceglie il suo destino: vuole essere un cavaliere. Per questo, «si congeda definitivamente da sua madre, deciso ad abbandonare l'oscura sicurezza della foresta per lo splendido rischio della vita cavalleresca»[123] e parte alla ricerca della corte di Artù.

Si tratta di una separazione definitiva, tragica, dall'universo materno: la vedova, infatti, quando Perceval le racconta dello straordinario incontro con i cavalieri, sviene «memore delle ombre luttuose in cui la cavalleria ha

122. Ivi, vv. 189-284. «"Mio caro bel signore, voi che vi chiamate cavaliere, cos'è questa che portate?" [...] "Te lo diro, è la mia lancia." "Volete dire" disse, "che la si lancia come faccio io con i miei giavellotti?" "Ma no, ragazzo, quanto sei sciocco! Al contrario, si ferisce senza lasciarla andare" [...] E il ragazzo lo teneva per il fondo della cotta di maglia, e lo tira: "Ditemi" fa, "bel signore, cos'è questa che avete vestito?". "Ragazzo" fa lui, "dunque non lo sai?" "Io, no." "Ragazzo, è la mia corazza, è pesante come il ferro." "È di ferro?" "Lo vedi bene anche tu." "Io di questo non so niente, ma è molto bella, che Dio mi protegga. Che ci fate e a che cosa vi serve?" "Ragazzo, è facile da dire: se tu volessi lanciarmi dei giavellotti o tirarmi una freccia, non potresti farmi alcun male." [...] E quello che aveva poco senno gli disse: "Siete nato così?". "No certo, ragazzo, non è possibile che si possa nascere così"».

123. Carlo Donà, *«Par le nom conoist en l'ome». Nome, conoscenza iniziatica e genealogia nel* Conte du Graal *di Chrétien de Troyes*, in AA. VV., *Tradizione letteraria, iniziazione, genealogia*, a cura di Carlo Donà e Mario Mancini, Milano, Luni Editrice, 1998, pp. 11-45.

già trascinato suo marito e i suoi figli».[124] Riavutasi, impartirà rapidamente al figlio alcuni insegnamenti essenziali di ambito cortese e religioso, ma non sopravviverà alla vista di lui che si allontana e al dolore per quella scelta inaccettabile. E Perceval, ormai in sella al suo cavallo, pur voltandosi indietro e vedendo la madre cadere a terra, non tornerà sui suoi passi.

Del resto, «ogni educazione inizia con un abbandono, una partenza»,[125] per quanto questo distacco, tanto insensibile e spietato da parte del giovane, non tarderà a rivelarsi, nel corso della storia, un grosso errore: peccato originario di cui si è macchiato e per cui dovrà fare ammenda.[126]

Partito dunque alla volta di Carduel, Perceval fa la sua prima cavalcata oltre la *Gaste Forest*, la dimensione della *quête* – che solitamente prevede lo spostamento dell'eroe da un "dentro" a un "fuori", per poi tornare al "dentro" – sembra, in questa prima parte del romanzo, caratterizzarsi in senso opposto: Perceval da un fuori, da una periferia assoluta e uno spazio del margine che lo ha tenuto in posizione eccentrica rispetto al resto del mondo, si sposta in un dentro. Quel dentro rappresentato dai codici sociali e civili che fino a quel momento ha ignorato e che d'ora in poi, pur se maldestramente, proverà ad apprendere.

La foresta,[127] del resto, è il luogo dell'altrove per eccellenza: vero e proprio «espace- frontière»,[128] contiene nella sua etimologia il concetto di

124. Arianna Punzi, *Svenire per troppa emozione*, in «Critica del testo», VIII, 1 (2005), pp. 147-181, p. 167.

125. Liborio, *Sotto il segno del doppio*, p. 10.

126. Punzi, *Svenire per troppa emozione*, p. 166: «Nel *Perceval* lo svenimento della madre (che in questo caso prelude alla morte) [...] diviene un elemento cardine del racconto: il non voltarsi del giovane alla vista della madre prostrata a terra diverrà quel peccato di cui ci si potrà liberare solo a prezzo di un complesso percorso di crescita interiore».

127. A proposito della *Gaste Forest* e della foresta-deserto, Jacques Le Goff scrive: «Il vocabolario attesta, con le lingue volgari nascenti, la forza di questa associazione mentale. L'epiteto quasi naturale per la foresta è «gaste», vuota, arida, e, vicini alla foresta, sono i sostantivi «gast» e «gastine», luoghi incolti, lande boschive. «Forez i a granz e gastines», scrive nel secolo XII il troviero anglo-normanno Benoît de Sainte-Maure. Tutte queste parole derivano da *vastum*, «vuoto». In questo ricco vocabolario appaiono ancora, al lato del trionfante «foresta», termini designanti i boschi, aventi la stessa radice del germanico «Wald»: «galt», «gant», «gandine» (Jacques Le Goff, *Il deserto-foresta nell'Occidente medievale*, in *Il meraviglioso e il quotidiano nell'Occidente medievale*, a cura di Francesco Maiello, Roma-Bari, Laterza, 2010, pp. 27- 50, p. 37 [ed. or. *L'imaginire médiéval*, Paris, Gallimard, 1985]).

128. Jacques Le Goff, Pierre Vidal-Naquet, *Levi-Strauss en Brocéliande. Esquisse pour une analyse d'un roman courtois*, Paris, Gallimard, 1979, p. 284.

foris – «al di fuori» – fuori dalla civiltà, fuori dalla giurisdizione delle leggi, fuori dalla corte. Non a caso, Perceval è considerato da coloro che lo incontrano un *forestiero*, quando non un *forsené*, un folle, eccentrico nel modo di vestire,[129] quanto in tutto ciò che dice e che fa.

Dopo essersi lanciato con sgraziata avventatezza nelle prime *avantures* che gli sono capitate a tiro, Perceval incontra finalmente un nobile valvassore, Gornemant de Goort, cui chiede di essere istruito nell'arte della cavalleria.

Nonostante il giovane non abbia mai maneggiato nessuna arma a parte i suoi giavellotti, e non sia mai montato su altri cavalli all'infuori del suo, che è da caccia, quando Gornemant gli fornisce lancia, scudo e un vero cavallo, perché si eserciti, il ragazzo sembra naturalmente portato per quelle attività:

Lors le fit li prodom monter
Et il comança a porter
Si a droit la lance et l'escu
Com s'il eüst toz jorz vescu
An tornoiemenz et an guerres
Et alé par totes les terres
Querant bataille et avanture,
Car il li venoit de Nature;
Et quant Nature li aprant
Et li cuers del tot i antant,
Ne li puet estre riens grevainne
La ou Nature et Cuers se painne.[130]

Per quanto Chrétien insista molto sulla selvatichezza di Perceval – che è, per l'appunto, un «vaslet salvaige»[131] – quella stessa natura non raffinata, di cui porta fin troppo manifestamente i segni, rivela in questa circostanza una grande nobiltà d'animo e di cuore. L'elemento della

129. Più volte nel testo si insiste sul vestiario grezzo di Perceval, si veda ad es. ai vv.1423-1426: «Si remest an la robe sote,/ Es revelins et an la cote/ De cerf mal fete et mal tailliee/ Que sa mere li ot bailliee». «Rimase con la sua ridicola tunica, le rozze calzature e il giubbetto di cervo mal fatto e tagliato grossolanamente che sua madre gli aveva dato».

130. Chrétien de Troyes, *Perceval*, vv. 1473-1484. «Il nobiluomo poi lo fa montare a cavallo, e lui cominciò a manovrare la lancia e lo scudo così bene come se avesse sempre vissuto ai tornei o alla guerra e fosse andato per ogni dove in cerca di battaglie e di avventure, poiché gli veniva da Natura; e quanto Natura insegna e il cuore vi si impegna completamente, non ci può essere nulla di insormontabile, là dove Natura e Cuore collaborano insieme».

131. Ivi, v. 975.

predestinazione si fa sempre più chiaro, così come l'impronta delle origini si dimostra significativa – la madre, infatti, aveva raccontato di come suo padre fosse il più forte cavaliere «an totem les Isles de mer».[132]

Dopo l'apprendistato intensivo con Gornemant, durato solo due giorni – poiché il giovane ha deciso di tornare a verificare se sua madre è ancora viva – il maestro lo saluta affidandogli gli ultimi precetti, fra cui in particolare uno sulla discrezione nel parlare: «li saiges dit et retret:/ "Qui trop parole pechié fet."/ Por ce, biau frere, vos chasti/ de trop parler».[133]

Perceval si rimette in cammino verso la *Gaste Forest*, ma sulla strada incontra un borgo devastato dalla carestia, una terra desolata e distrutta, «terre gaste et escovee»[134] – chiara prefigurazione di ciò che accadrà più avanti – su cui si erge un «chastel gaste».[135]

Si tratta del borgo di Beaurepaire, terra della bella e nobile Biancofiore, assediato dallo spietato Anguinguerron, siniscalco del temibile Clamadeu delle Isole, che ha già ucciso o preso prigionieri la maggior parte dei cavalieri e degli uomini del villaggio.

È qui che Perceval conduce la sua prima impresa memorabile: restituisce agli abitanti il castello e il borgo sconfiggendo implacabilmente i nemici e obbligandoli a consegnarsi a re Artù, e chiedendo in sposa Biancofiore da cui, nel giubilo generale, promette di tornare al più presto.

Ripartito alla volta delle terre materne, Perceval incontrerà un nuovo impedimento sulla sua strada: un fiume dalle acque troppo profonde, impossibile da attraversare.

Chiederà aiuto, allora, all'unica persona incontrata nel raggio di molti chilometri: un uomo che pesca su una piccola imbarcazione, che per quella notte gli offre ospitalità nella sua dimora. Il castello a cui il «pêcheur» lo indirizza compare improvvisamente dietro una gola, in fondo a una vallata, anticipando l'atmosfera magica che pervaderà tutto l'episodio del Graal.[136]

132. Ivi, v. 419.

133. Ivi, vv. 1653-1656. «Il saggio dice e ripete: "Chi troppo parla fa peccato". Per questo, caro fratello, vi raccomando di non parlare troppo».

134. Ivi, v. 1750.

135. Ivi, v. 1771.

136. Secondo Frappier: «Le château du Roi Pêcheur n'en garde pas moins chez Chétien le caractère merveilleux d'un palais de l'autre Monde. D'abord invisible à Perceval, il surgit soudain près d'une rivière à l'eau profonde et rapide. Il n'est de nulle part (v. 3466-

Giunto al castello, Perceval viene accolto con estrema cortesia e condotto in una grande sala da pranzo. Dopo aver ricevuto in dono una spada dal re Pescatore – che giace paralizzato su un letto, con la testa appoggiata al gomito, a causa di una dolorosa ferita in mezzo alle cosce[137] – il ragazzo prende parte a uno straordinario banchetto.

I cibi sono tanti e prelibati, sontuosamente serviti in stoviglie pregiate e accompagnati da vini squisiti, ma ciò che più meraviglia Perceval è il susseguirsi di oggetti misteriosi che, uno dopo l'altro, passano davanti ai suoi occhi stupiti, nell'apparente indifferenza di tutti gli altri commensali. Il primo oggetto è una lancia bianca dalla cui punta, goccia a goccia, cola ininterrottamente del sangue:

S'issoit una gote de sanc
Del fer de la lance an somet
Et jusqu'a la main au vaslet
Coloit cele gote vermoille.
Li vaslez vit cele mervoille,
Qui leanz est la nuit venuz
Si s'est de demander tenuz
Comant cele chose venoit,
Que del chasti li sovenoit
Celui qui chevalier le fist,
Qui li anseigna et aprist

3482) et ses habitants disparaissent inexplicablement» (Jean Frappier, *Chrétien de Troyes: l'homme et l'œuvre*, Paris, Hatier-Boivin, 1957, p. 200).

137. Più avanti il re verrà definito «magagnato», da «mahaigner», con il significato di ferire, storpiare, rendere infermo. Per Liborio: «Il Re Pescatore è anche un Re Peccatore, come la sua ferita sembra indicare: un peccato della carne che ha provocato, con la sua sterilità, la desolazione del regno» (*Il Graal*, p. 224). Per Frappier, invece: «Admettons bien volontiers qu'en principe un jeu de mots à résonance symbolique sur *pescheor/ pecheor* n'était pas de nature à choquer le goût de Chrétien et de ses contemporains. Mais la possibilité de ce calembour ne suffit pas à changer le Roi Pêcheur en un Roi Pécheur. [...] Dans le *Conte du Graal* rien, aucun détail, aucun mot, n'autorise à penser que Chrétien regardait son Roi Pêcheur comme coupable d'un péché. [...] Chrétien a peint lo Roi Pechêur dans un éclairage et sous des couleurs qui le font valoir, attirent vers lui la sympathie. Il est qualifié, fréquemment, de "prodome", de "bel prodome", de "buen roi". Alors, pourquoi vouloir, en toute gratuité, que son infirmité soit le signe du péché?» (Jean Frappier, *Autour du Graal*, Genève, Droz, 1977, p. 355). Per Brunel: «Il a été victime d'une adresse insigne, ou d'un hasard merveilleux, ou d'une punition céleste. [...] Le coup rapporté par Chretien doit être fatal, noble et mémorable» (Clovis Brunel, *Les hanches du Roi Pêcheur. Chretien de Troyes, Perceval,* 3513, in «Romania», 81, 321 (1960). pp. 37-43).

Que de trop parler se gardast;
Si crient que s'il li demandast
Qu'an li tornast a vilenie
Et por ce n'an demanda mie.[138]

La domanda sulla lancia è solo la prima di una lunga serie di interrogativi non posti dal giovane che, rammentando le parole di Gornemant, si trattiene dal chiedere spiegazioni per timore di commettere «vilenie». Eppure, l'ingenuità che gli fa prendere troppo alla lettera le parole del maestro è la stessa che all'inizio del romanzo lo aveva portato a proferire una sequela interminabile di quesiti ai cavalieri incontrati nel bosco.

Per quanto la meraviglia sia tanta – e si noti la rima baciata «vermoille/mervoille», a sottolineare l'atmosfera di prodigio che accompagna l'apparizione – il giovane preferisce rimanere in silenzio, credendo così di comportarsi da vero *chevaliers*.

Alla comparsa della lancia segue l'arrivo di una giovane donna che incede con «un graal antre seus deus mains»[139] – nel testo con la lettera minuscola, a indicare il nome comune di oggetto – una coppa splendente, tempestata di gioielli preziosi, che emana

Une si grant clartez an vint,
Ausi perdirent les chandoiles
Lor clarté come les estoiles
Qant li solauz lieve, et la lune.[140]

Ma anche davanti al graal, Perceval esita, non è convinto, pensa e tace, perché ricorda gli insegnamenti del saggio maestro, che lo ha messo in guardia dal peccato del troppo parlare:

Et li vaslez les vit passer
Et n'osa mie demander

138. Chrétien de Troyes, *Perceval*, vv. 3198-3212. «E usciva una goccia di sangue dal ferro della lancia sulla punta e quella doccia vermiglia colava fin sulla mano del valletto. Il ragazzo che era arrivato lì dentro quella notte vide quella cosa sorprendente, ma si è trattenuto dal domandare come mai avvenisse tutto questo, perché si ricordava dell'insegnamento che gli aveva dato colui che lo aveva fatto cavaliere, che gli aveva insegnato e raccomandato che si guardasse bene dal parlare troppo; così teme che se gli avesse fatto quella domanda se ne sarebbe dovuto vergognare, e per questo non chiese nulla».

139. Ivi, v. 3220.

140. Ivi, vv. 3226-3229. «Ne venne una così grande luce, che le candele persero il loro chiarore come le stelle e anche la luna quando si leva il sole».

Del graal cui l'an an servoit,
Que il toz jorz el cuer avoit
La parole au prodome sage.[141]

Così, ogni volta che la coppa del graal, tutta scoperta, gli passa davanti – e ciò sembra avvenire sempre in corrispondenza di una nuova portata – Perceval è sul punto di chiedere. Desidera sapere, ma si ripete che non è opportuno, che non è il momento, e si astiene, convinto di poter rimandare la domanda al mattino seguente:

A chacuns mes don l'an servoit
Le graal trespasser veoit
Par devant lui tot descovert,
Et si ne set cui l'an an sert.
Et si le voldroit il savoir,
Mes il le demandera voir,
Ce dit il, ainz que il s'an tort,
A un des vaslez de la cort;
Mes jusqu'au matin atandra,
Que au seignor congié pandra
Et a tote l'autre mesniee,
Ensi la chose est respitiée.[142]

Ecco l'errore di Perceval. Il giovane fra sé e sé si dice che «atendra», aspetterà il giorno seguente. E così prende tempo, rinvia, non coglie il momento, non agisce in conformità con quanto gli viene richiesto: essere pronto. L'utilizzo della voce verbale «respitiee» – da «respitier», il cui significato è per l'appunto «ritardare», «rimandare» – insiste su come l'esitazione si sia trasformata a questo punto in un differimento irreparabile.

È tanto più interessante, a tal proposito, ragionare sulla derivazione latina del verbo, da «respicere» ovvero «guardare indietro», «voltarsi a osservare», quindi anche «riconsiderare». Da «respicere» deriva, peraltro, «rispetto». E parente di «avere rispetto» è «avere riguardo». Chi rispetta, insomma, non

141. Ivi, vv. 3243-3247. «E il ragazzo li vide passare e non osò domandare del graal a chi lo serviva, perché aveva sempre in mente del saggio nobiluomo».

142. Ivi, vv. 3300-3310. «A ogni cibo che veniva servito vedeva ripassare davanti a lui il graal tutto scoperto, eppure non sa a chi lo si serve. Eppure vorrebbe saperlo, ma lo domanderà di certo, si dice, prima di andarsene, a uno dei valletti della corte; ma aspetterà fino al mattino dopo, quando prenderà congedo dal signore e dal resto della compagnia. Così la questione è rimandata».

guarda avanti ma si gira indietro, si volta, lascia per un attimo la prospettiva frontale e il suo procedere per sostare, e se procede lo fa con lo sguardo all'indietro.

Perceval, davanti alla visione del Graal, per un eccesso di "rispetto" non pone le domande. Rinvia, differisce, perché ha bisogno di guardare indietro, di mettere una distanza tra sé e ciò che vede, per l'appunto, uno spazio del pensiero.

Egli non sa e non capisce che da quelle domande dipendono le sorti tutte del regno, e lo scoprirà solo dopo aver perso l'occasione.

Quando il mattino seguente si sveglia, infatti, il castello è disabitato, il silenzio è totale, non c'è più nessuno a cui porre gli interrogativi rimandati, né anima viva con cui parlare. Così, muovendo interdetto da quel luogo deserto, Perceval riprende le sue armi e sale a cavallo. Il ponte levatoio del castello si richiude bruscamente alle sue spalle appena ha finito di percorrerlo: chiaro segnale che in quel luogo non è più gradito.

Ripreso il sentiero nella foresta, il giovane incontra una donna – che si scopre poi essere sua cugina – che gli espone le terribili conseguenze del suo colpevole silenzio:

> Vostre noms est changiez, amis.
> Comant? - Percevaux li cheitis!
> Ha! Percevaux maleüreus,
> Com fus or mesavantureus,
> Qant tu tot ce n'as demandé,
> Que tant eüsses amandé
> Le boen roi qui est maheigniez
> Que toz eüst regaaigniez
> Ses manbres et terre tenist.
> Ensi granz biens en avenist!
> Mes or saches bien que enui
> En avandra toi et autrui.[143]

La cugina rivela a Perceval l'identità del re Pescatore, un «riche roi», che è stato ferito fra le gambe, e da allora è divenuto un re «maheigniez».

143. Ivi, vv. 3581-3592 «"Il vostro nome è cambiato, amico". "Come?" "Perceval il misero. Ah! Perceval, infelice, quale sventura ti è toccata ora per non avere chiesto nulla di tutto ciò, che avresti guarito il re infermo tanto che avrebbe riguadagnato l'uso delle sue membra e il dominio sulle sue terre. Così ne sarebbero derivati grandi vantaggi! Ora invece sappi che ne verrà dolore per te e per gli altri».

Per guarirlo, e di conseguenza salvare anche le sue terre sterili, Perceval avrebbe dovuto fare in particolare due domande sul graal: «qu'an an fet et cui an le porte»,[144] cioè a cosa serve e a chi viene portato.

Domande in apparenza semplici, quasi scontate, ma che, se non ci si ferma alla *semblance* – ovvero alla pura manifestazione – rinviano ad una *senefiance* – un senso riposto, un significato simbolico profondo.[145]

La ricerca del significato è già presente nelle osservazioni che Perceval fa fra sé e sé, e che gli sarebbe bastato proferire ad alta voce. Il timore, l'ingenuità hanno trasformato la più grande delle *aventures* in una terribile *mesaventure*:[146] «maleüreus» e «mesavantureus» sono infatti gli aggettivi utilizzati dalla donna per descrivere la sorte del suo cugino germano.

Anche più avanti, subito dopo l'episodio delle tre gocce di sangue e la festosa accoglienza presso la corte di Artù, Perceval sarà rimproverato da un'altra donzella, una donna ripugnante, spaventosa, che sopraggiunge a Carlion in sella ad una mula fulva:

> Ha! Percevaux Fortune est chauve
> derriers et devant chevelue, [...]
> que tu ne la retenis mie,
> Fortune, quant tu la trovas! [...]

144. Ivi, v. 3605.

145. Su *semblance/senefiance* cfr. Armand Strubel, *La rose, Renart et le Graal, La littérature allégorique en France au XIII e siècle*, Paris, Champion, 1989. Rimando inoltre a: Marc René Jung, *Etudes sur le poème allégorique en France au Moyen Âge*, Berne, Franke, 1971; Delphine Piraprez, *Chretien de Troyes, allégoriste malgré lui? Amour et allégorie dans Le Roman de la Rose et Le Chevalier de la Charrette*, in *Conjointure arthurienne*, a cura di Juliette Dor, Actes de la "Classe d'excellence" de la Chaire Francqui 1998, Liège, Publications de l'Institut d'Etudes médiévales, 2000, pp. 83-94; Arianna Punzi, *L'allegoria nel Lancelot en prose*, in «Rhesis. International Journal of Linguistics, Philology and Literature», 4, 2 (2013), pp. 71-97; Anatole Pierre Fuksas, *Prosopopea, allegoria e forze tematiche nei romanzi di Chrétien de Troyes*, in «Rhesis. International Journal of Linguistics, Philology and Literature», 4, 2 (2013), pp. 147-174.

146. Per le definizioni di «aventure» e «mesaventure» cfr. Köhler, *L'avventura cavalleresca*, pp. 117-118: «Se per il cavaliere errante trovare avventure significa già la giustificazione della sua ricerca e la conferma delle sue rivendicazioni, e se pertanto l'*aventure* acquista già un carattere di per sé e per sé positivo, l'aggiunta di «bone» estende il suo significato per farla diventare «destino felice», «futuro felice». [...] Come in una formula, il desiderio identifica semplicemente l'*aventure* cavalleresca e il destino favorevole. Come l'*aventure*, in quanto avventura individuale, ha il suo contrario nella *mesaventure*, allo stesso modo la *bone aventure* nella *male aventure*, che pone tutte le azioni del cavaliere sotto una cattiva stella».

Mout est maleüreus qui voit
si bel tans que plus ne convaigne,
si atant tant que plus biax vaigne.[147]

L'utilizzo dell'iconografia di Fortuna in questi versi ci pare particolarmente sorprendente: non solo perché si tratta di una testimonianza piuttosto precoce di Fortuna rappresentata come Occasio,[148] ma anche perché la «laide dameisele» pone esplicitamente al centro della sua condanna l'errore di Perceval indicandolo come incapacità di cogliere il momento propizio.

L'eroe che non è in grado di afferrare la Fortuna per il ciuffo è un eroe «maleüreus», letteralmente sfortunato, o disgraziato come traduce Liborio,

147. Ivi, vv. 4646-47; 4650-52; 4662-64. «Ah! Perceval, la Fortuna è calva dietro ma ha tanti capelli davanti [...] tu che non hai trattenuto la Fortuna, quando l'hai incontrata! [...] È ben disgraziato chi vede bel tempo, il più bello che possa vedere, e aspetta che ne venga uno migliore».

148. A questa precisa e precoce raffigurazione di Fortuna come Occasio non è stato dato rilievo né nell'edizione Poirion (1994) né in quella Liborio (2005). E in generale l'unico contributo che, a nostra conoscenza, tenga conto di questi versi è quello di Desideri, che pure registra l'assenza di attenzione da parte dei critici. Si veda dunque Giovannella Desideri, «*Et indefessa vertigo*». *Sull'immagine della ruota della Fortuna: Boezio, Lancelot e Commedia*, in «Critica del testo», VIII/1 (2005), pp. 389-426. In particolare a p. 398, Desideri commenta questo passaggio specifico: «Perceval ha indubbiamente perso la sua occasione. Perceval ha fallito proprio perché non ha saputo (r)accogliere la perfezione dell'attimo: quel momento che era stato provvidenzialmente apparecchiato perché, proprio lui, e proprio in quel preciso istante, si trovasse nella situazione di poter domandare al re Pescatore ciò che avrebbe dovuto chiedere. Quell'occasione, quel particolare momento propizio erano appunto lì per lui. Si sta infatti parlando di una occasione unica, irripetibile, un istante che non potrà replicarsi nello spazio-tempo del movimento (e conseguente allineamento) astrale, naturalmente secondo il pensiero coevo». Sulla convergenza iconografica delle rappresentazioni di Fortuna e Occasio, personificata solitamente da una fanciulla capelluta sulla fronte e calva sulla nuca, proprio come descritta qui da Chrétien, cfr. Erwin Panofsky, *Father Time*, in *Studies in Iconology. Humanistic Themes In the Art of Renaissance*, New York, Harper & Row, 1966 [ed. or. Oxford University Press, 1939] in particolare si veda la nota n. 5 a p. 72 in cui il critico menziona «the fusion of Occasion and Fortuna»: «The resulting image of a nude female equipped with the attributes of Kairos (forelock, sometimes shaving - knife, etc.), and balanced on a sphere or wheel which often floats in the sea, practically superseded the masculine Kairos in later mediaeval and Renaissance art»; Rudolf Wittkower, *Chance, Time and Virtue*, in «Journal of the Warburg Institute», 1 (1937-1938), pp. 313-321; Id., *Occasio, Tempus, Virtus* e *La ocasion e la pazentia: storia di un emblema politico*, in *Allegoria e migrazione dei simboli*, trad. it. G. Romano, Torino, Einaudi, 1987, pp. 188-207 e 208-222 [ed. or. *Allegory and the migration of symbols*, London, Thames & Hudson, 1977].

ma in questo caso è anche e soprattutto un eroe infausto, nefasto: che porta sventure. Ed è proprio ciò che la *dameisele* imputa a Perceval:

Et sez tu qu'il an avandra
Del roi qui terre ne tandra,
Ne n'iert de sa plaie gariz?
Dames an perdront lor mariz,
Terres an seront essilliees
Et puceles desconselliees,
Qui orfelines remandront,
Et maint chevalier an morront,
Et tuit avront le mal par toi.[149]

La catastrofe è totale e tutta la colpa ricade sul giovane, incapace del gesto agile e creativo che avrebbe potuto ridare pace e prosperità alle terre del Roi Pêcheur. Appesantito dall'indugio, rallentato dai suoi pensieri, Perceval, davanti al balenio dell'occasione, non ha saputo slanciarsi per afferrarla e così ha condannato tutto il regno ad una sterile, desertica, fissità.

Il racconto di Chrétien da questo momento procede seguendo le avventure di un altro cavaliere, Galvano, ma, poiché il romanzo s'interrompe, non ci è dato sapere se nelle intenzioni dell'autore ci fosse per Perceval la possibilità di rimediare all'errore commesso.

All'incompiuto del gesto del protagonista, dunque, si aggiunge l'incompiuto dell'opera: la sospensione in cui si trova la terra desolata e le domande in sospeso dell'eroe paiono contagiare il romanzo stesso, che scivola in un intervallo senza fine.

Ma è proprio per il vuoto dell'inconcludenza dell'eroe non all'altezza del suo compito che sembrano passare e dipanarsi i fili delle infinite possibilità del racconto.

Se è vero, infatti, che il re Pescatore non guarisce e la terra desolata non può rifiorire, è anche vero che questo romanzo costituisce il nucleo propulsore di una serie sterminata di narrazioni che, nei secoli, ad esso si ispirano, e che provano ogni volta a "risolverlo".

149. Chrétien de Troyes, *Perceval*, vv. 4675-4683. «"E sai cosa succederà per il fatto che il re non terrà più la sua terra e non sarà guarito dalla sua piaga? Le dame ne perderanno i loro mariti, le terre saranno devastate e le fanciulle rimaste orfane saranno lasciate senza guida, e molti cavalieri ne moriranno, e tutti soffriranno per colpa tua"».

È così che Perceval diviene protagonista di una immensa costellazione di storie, dal medioevo a oggi, proprio come se il suo essere sempre sul punto di proferire quelle domande avesse costituito uno spazio narrativo potenzialmente inesauribile, generativo, fecondo:

> La brusca interruzione del *Conte del Graal* è all'origine dell'iniziativa, portata avanti da più autori, di riprendere il filo del racconto e concludere la storia che Chrétien aveva lasciato in sospeso. [...] Non solo l'incompiutezza, d'altra parte, ma anche il mistero del romanzo interrotto sollecitano l'iniziativa dei continuatori: ognuno a suo modo, tutti coloro che hanno affrontato con prospettive e progetti diversi la ripresa del *Conte del Graal* si sono sforzati di sciogliere la ambiguità e giustificare gli elementi che nella storia senza finale raccontata da Chrétien appaiono più stranianti già ai lettori dell'epoca.[150]

La mancanza di prontezza di Perceval, rallentato e inibito dai propri pensieri, porta disgrazia, dolori e carestia, ma insieme apre la strada a un futuro rigoglioso di narrazioni. L'occasione perduta dal giovane diviene terreno fertile per gli autori successivi a Chrétien che, di volta in volta, trasformano e danno seguito alla sua storia.

La «potenza del pensiero» di Perceval, allora, pur determinando un fallimento sul piano degli eventi narrati nel *Conte du Graal*, si rivela contemporaneamente un serbatoio di energia inesauribile sul piano della tradizione.

Lo spazio vuoto lasciato dalle domande in sospeso del giovane eroe è il maggese in cui il mito del Graal cresce e fruttifica. Ecco che dalle zolle aride e brulle della terra desolata la vita fiorisce inedita e inattesa: il deserto diventa un giardino. Pieno di foglie, pieno di storie.

150. De Laude, *Il filo ripreso*, in *Il Graal*, p. 1703.

3. La memoria dell'eroe

Nella prefazione che il 21 aprile del 1958, durante un viaggio da Roma ad Ascona, Károly Kerényi scrisse al suo *Gli eroi della Grecia*, possiamo leggere quanto segue:

> Credetti doveroso entrare decisamente nel contenuto dei miti. Lo feci, per quanto possibile, vivendo coi testi, avendo presenti le inesauribili opere vascolari e tombali – nelle tombe sopravvive a lungo la venerazione degli Eroi – non per motivo di interpretazione, ma per l'atmosfera che esse creano. Si presentò allora il compito di portare la materia tramandata ad uno stato di vivificazione e di indipendenza nel quale le figure degli Eroi potessero spiccare nei loro tratti originari. Anche lo scrittore scientifico fu incoraggiato a fare ciò dallo sviluppo dell'arte narrativa a partire da Virginia Woolf. Qualunque Eroe, se considerato insieme al suo culto, è un *Orlando* di Woolf. [...] La narrazione non stratificata ma condotta su di un unico piano prospettico non esiste più da tempo nella grande letteratura. Una forma che faccia parlare contemporaneamente – persino parecchi, uno accanto all'altro o l'uno dopo l'altro – gli antichi narratori e il riflessivo trascrittore successivo dovette venir sviluppata anche nella letteratura scientifica senza neppur voler aspirare all'effetto di un'opera narrativa originale, soltanto affidandosi all'importanza in sé di una materia molto antica. Provare prima a me stesso e poi anche agli altri l'importanza dell'argomento in sé, con un lavoro di lunghi anni occupati a scegliere, liberare e collegare il concreto contenuto umano, ebbe per me, lo riconosco, l'attrattiva di un esperimento scientifico e fu per me nello stesso tempo un tentativo di umanesimo vivente.[1]

Che Kerényi indichi in Virginia Woolf l'autrice che lo ha maggiormente «incoraggiato» nell'utilizzo del metodo scientifico sperimentale con

1. Károly Kerényi, *Prefazione* a *Gli dei e gli eroi della Grecia*, pp. 232-233.

cui ha affrontato uno dei suoi studi più imponenti e più celebri è elemento di notevole interesse.

Tanto più che questo percorso di ricerca su azione e inazione dell'eroe ha preso le mosse proprio dagli eroi della Grecia, e approda ora alle rielaborazioni della figura eroica nell'opera woolfiana.

L'analogia proposta dal filologo e storico delle religioni ungherese si fonda sulla caratteristica più innovativa – per l'appunto «sperimentale» – dell'*Orlando* (1928) di Virginia Woolf, ovvero quella di essere una «narrazione non stratificata ma condotta su di un unico piano prospettico»[2] in cui l'eroe è costante in epoche diverse proprio come sono costanti – seppur frammentati, discontinui ma al contempo persistenti – gli eroi oggetto dello studio di Kerényi.

Per questa ragione, «qualunque Eroe, se considerato insieme al suo culto, è un *Orlando* di Woolf»:[3] il lunghissimo arco temporale in cui la scrittrice fa vivere il suo personaggio – che nei secoli attraversa anche l'esperienza della metamorfosi sessuale – costituisce per lo studioso l'immagine che più si avvicina, per ampiezza e complessità, alla rappresentazione della permanenza e della vitalità del mito e del culto di un eroe classico nel tempo.

L'*Orlando* di Virginia Woolf è in effetti, nei termini in cui l'ha definito Maria DiBattista, una «pan-historical fantasy»,[4] capace di tenere assieme, reiventandoli, i molti volti di uno dei più grandi eroi della tradizione occidentale. L'intento è perseguito attraverso un'arte della scrittura che, secondo Fusini, si dimostra «prima di tutto un'arte del trasformismo»: «apparenza e realtà non sono che veli che velano e rivelano continui mutamenti»,[5] le identità dell'eroe si modificano variando, ripetendo e rinnovandone i tratti senza sosta, in un infinito gioco di specchi.

Fin dall'*incipit* del romanzo, in cui il giovane e imberbe Orlando si allena a prendere a piattonate la testa-trofeo di un Moro appesa al soffitto, la scrittrice chiarisce il suo posizionamento all'interno della tradizione: una tradizione con cui gioca e che parodizza – la testa è stata staccata dal corpo di un infedele dal padre o dal nonno di Orlando, ma al contempo

2. *Ibidem.*

3. *Ibidem.*

4. Maria DiBattista, *Orlando: The Comedy of Androginy*, in *Virginia Woolf's major novels: The Fables of Anon*, New Haven-London, Yale University Press, 1980, p. 111.

5. Nadia Fusini, *Orlando: commento e note ai testi*, in Virginia Woolf, *Opere*, 2 voll., a cura di Nadia Fusini, Milano, I Meridiani Mondadori, 1998, vol. I, pp. 1355-1356.

assomiglia ad una vecchia palla da football[6] – e che, proprio per questo, dimostra di conoscere molto bene.[7]

Orlando è infatti un libro ricco di memoria letteraria, in cui Woolf – più che in qualsiasi altra sua opera di *fiction* – dimostra di essere non solo una straordinaria conoscitrice della letteratura, ma anche una vera «lettrice creativa»:[8] se, come ha scritto Lina Bolzoni, il dispositivo della memoria «non si limita a ripetere, conservare l'esistente, ma lo rende disponibile per l'invenzione, per la creazione del nuovo»,[9] Woolf è capace di avvalersene nel modo più ricco e originale.

Del resto, il rapporto che l'autrice intrattiene con il canone è dichiarato a partire fin dal titolo: *Orlando: a Biography*, in cui tanto la letteratura

6. Virginia Woolf, *Orlando: A Biography*, a cura di Maria DiBattista, New York, Harcourt, 2006, p. 11 [d'ora in avanti *O.B.*]: «He – for there could be no doubt of his sex, though the fashion of the time did something to disguise it – was in the act of slicing at the head of a Moor which swung from the rafters. It was the colour of an old football, and more or less the shape of one, save for the sunken cheeks and a strand or two of coarse, dry hair, like the hair on a cocoanut. Orlando's father, or perhaps his grandfather, had struck it from the shoulders of a vast Pagan who had started up under the moon in the barbarian fields of Africa; and now it swung, gently, perpetually, in the breeze which never ceased blowing through the attic rooms of the gigantic house of the lord who had slain him»; Virginia Woolf, *Orlando*, trad. it. di N. Fusini, Milano, Neri Pozza, 2023 [d'ora in avanti *O.*], p. 23: «Lui – perché quanto al suo sesso non c'erano dubbi, anche se la moda dei tempi tendeva a dissimularlo – stava facendo a fette la testa di un moro, che dondolava dalla trave del soffitto. Aveva la tinta d'una vecchia palla di cuoio, e più o meno la stessa forma, salvo le guance scavate, e un filo o due di peli duri e secchi, come la barba d'una noce di cocco. Il padre di Orlando, o forse il nonno, l'aveva spiccata dal busto di un enorme pagano, che gli s'era parato dinanzi all'improvviso al chiaro di luna nelle barbare distese africane; e ora quella medesima testa oscillava con moto dolce, incessante, alla brezza costante che soffiava nelle soffitte della vasta dimora del signore che l'aveva decapitato».

7. A proposito della scena che apre il romanzo si vedano le efficaci considerazioni di DiBattista in *The Fables of Anon*, a p. 116: «Its opening scene reveals the eponymous hero "in the act of slicing at the head of a Moor", a shrunken head with in shape and color resembles a football. In Orlando's adolescent game, the violence inherent in his aristocratic, chivalric ancestry is comically contained and displaced through a diminished image (a shrunken head) of a formidable danger ("a vast Pagan... in barbarian fields")».

8. Nell'utilizzare questa categoria faccio riferimento a Lina Bolzoni, *Il lettore creativo, Percorsi cinquecenteschi fra memoria, gioco, scrittura*, Napoli, Guida Editori, 2012. Si legga in particolare a p. 6 il passaggio in cui Bolzoni riflette su «come l'atto della lettura possa essere creativo, di come il lettore, e il lettore/scrittore in primo luogo, collabori col testo che legge, facendone emergere aspetti insospettati, prospettive (e conseguenze) spesso imprevedibili».

9. Ivi, p. 7.

cavalleresca, quanto il genere biografico, vengono chiamati esplicitamente in causa.

A tal proposito, è interessante notare che Woolf non solo non avesse in mente di scrivere questo libro,[10] ma che la prima idea del titolo – per come la scrittrice stessa ne riferisce in una lettera a Vita-Sackville West, amica e amante cui l'opera sarà dedicata – si fosse fatta strada in un momento di vuoto e crisi creativa:

> Yesterday morning I was in despair [...] I couldn't screw a word from me; and at last dropped my head in my hands: dipped my pen in the ink, and wrote these words, as if automatically, on a clean sheet: *Orlando: A Biography*. No sooner had I done this than my body was flooded with rapture and my brain with ideas [...] it sprung upon me how I could revolutionise biography in a night.[11]

Davanti alla vertigine della pagina bianca[12] la scrittrice si prende la testa tra le mani – ripetendo lo schema della «drooping head» analizzato da Klibansky, Panofsky e Saxl[13] – ma è proprio da questo ripiegamento, dalla *pesanteur* di questa caduta, che d'improvviso emerge, «as if automatically»,[14] il titolo dell'opera.

10. Siamo nell'ottobre del 1927, Woolf accarezzava già da alcuni mesi l'ipotesi di scrivere un'opera «for fun», che le consentisse di riposarsi dopo la fatica di *Al Faro* (1927), ma non aveva ancora formalizzato l'idea ed era ben più concentrata nella scrittura del saggio *Phases of fiction* (1929) e sul progetto del suo prossimo libro, «the very serious, mystical poetical work» che diventerà *Le onde* (1931) [cit. tratte dal diario di VW, 14 marzo 1927 in *The Diary of Virginia Woolf (1925-1930)*, vol. III, London, Hogarth Press, 1980, p. 131].

11. *The Letters of Virginia Woolf*, a cura di Nigel Nicolson e Joanne Trautmann, 6 voll., New York, Harcourt Brace Jovanovich, 1975-83, vol. III, p. 428; ed. it., *Scrivi sempre a mezzanotte. Lettere d'amore e desiderio*, a cura di Elena Munafò, trad. it. S. De Simone e N. Fusini, Milano, Feltrinelli, 2023, a p. 151: «Ieri mattina ero disperata [...] Non riuscivo a cavarmi una parola dalla testa, alla fine mi sono presa la testa tra le mani, ho intinto la penna nell'inchiostro e ho scritto queste parole, quasi automaticamente, sul foglio bianco: *Orlando: una Biografia*. Appena l'ho fatto il mio corpo è stato rapito in estasi e il mio cervello s'è riempito di idee [...] m'è saltato in testa che potrei rivoluzionare il genere biografia in una notte».

12. Mi permetto qui di rinviare a un mio contributo: Sara De Simone, *La pagina bianca. Riluttanza, inibizione, desiderio di essere autrici*, in *Critica clandestina? Studi letterari femministi in Italia*, a cura di Maria Serena Sapegno, Ilenia De Bernardis, Annalisa Perrotta, Roma, Sapienza Università Editrice, 2017, pp. 61-76.

13. Klibansky, Panofsky, Saxl, *Saturno e la melanconia*, pp. 269-271.

14. *The Letters of Virginia Woolf*, vol. III, p. 428.

Woolf ne descrive l'affioramento come "involontario": non c'è intenzione programmatica, il titolo sopraggiunge già formato dal territorio dell'inconscio, dove il nome *Orlando* si lega senz'altro a memorie antiche, che agiscono quasi in automatico.

In questo senso non stupisce, ed è tanto più interessante, che ad emergere sia uno dei nomi più significativi del canone occidentale: se è vero che, come ha scritto Maria Serena Sapegno, «la tradizione dominante, in quanto dominante, è anche dentro di noi e domina anche noi»,[15] la memoria dell'eroe interviene proprio nel momento in cui il controllo è allentato e la mente più ricettiva nei confronti del repertorio di temi e modelli assimilati nel tempo.

Vale lo stesso per il genere biografico: Virginia Woolf, *née* Stephen, è la figlia di quel Sir Leslie, intellettuale di spicco dell'Inghilterra vittoriana, celebre proprio per aver diretto il monumentale *Dictionary of National Biography*, contenente le vite degli inglesi più illustri raccolte in più di sessanta volumi.

La «tradizione dei padri»,[16] dunque, sembra arrivare alla mano della scrittrice come memoria «quasi automatica», ma diviene immediatamente spazio di una creatività esplosiva – «my body was flooded with rapture and my brain with ideas»[17] – e del forte desiderio di rivoluzionarla – «it sprung upon me how I could revolutionise biography in a night»[18] – proposito pienamente realizzato, e sui più diversi piani, poiché *Orlando* non sarà affatto solo un «joke», come a volte Woolf amerà definirlo, ma una ricca, complessa, colta, intelligente satira su «sex roles, literary styles, social fashions, and political factionalism»,[19] un'opera in cui, come ha riconosciuto anche il critico del Canone Harold Bloom, «si mette in discussione e si schernisce ogni tipo di autorità».[20]

15. Maria Serena Sapegno, *Uno sguardo di genere su canone e tradizione*, in *Dentro/Fuori, Sopra/Sotto. Critica femminista e canone letterario*, a cura di Alessia Ronchetti e Maria Serena Sapegno, Ravenna, Longo Editore, 2007, pp. 13-23.

16. A questo proposito rinvio all'approfondita riflessione di Maria Serena Sapegno nel volume di recente pubblicazione: Maria Serena Sapegno, *Figlie del padre. Passione e autorità nella letteratura occidentale*, Feltrinelli, Milano, 2018, cfr. in particolare pp. 162-167.

17. *The Letters of Virginia Woolf*, vol. III, p. 428.

18. *Ibidem*.

19. DiBattista, *The Fables of Anon*, p. 111.

20. Harold Bloom, *L'Orlando di Virginia Woolf: il femminismo come amore della lettura*, in *Il Canone Occidentale. I libri e le scuole delle Età*, trad. it. F. Saba Sardi, Milano, BUR, 2008, p. 490 [ed. or. *The Western Canon*, New York, Harcourt Brace & Co, 1994].

Mentre *Orlando*, appena pubblicato, nell'atto di ripensare e parodizzare i classici si avvia a diventare esso stesso un classico – 6.000 copie vendute e tre ristampe a soli due mesi dall'uscita – un'altra opera, completamente diversa nei toni e negli intenti da quella che la precede, è già nella mente della scrittrice.

Si tratta di quel «very serious, mystical poetical work»[21] a cui Woolf ha intenzione di dedicarsi da tempo, un «playpoem» «abstract» e «eyeless»[22] a più voci, dagli accenti lirico-drammatici, il cui titolo originario *The Moths* diventerà solo nel 1930, a stesura inoltrata, *The Waves*.

Anche al centro di quest'opera c'è la memoria di un eroe, quella di Perceval/Parsifal, che nella narrazione woolfiana diviene figura-chiave attorno a cui ruotano tutti i personaggi e la struttura del romanzo.

«His magnificence is that of some mediaeval commander»,[23] così viene descritto fin dalle prime pagine del libro, «he is a hero»,[24] viene ripetuto più volte da quanti lo osservano e ne riportano accuratamente i tratti e i gesti. All'interno di una partitura a sei voci – sei sono i personaggi che si alternano sulla scena del romanzo – Percival costituisce il settimo personaggio, l'eroe che non parla mai, ma di cui tutti gli altri raccontano.

«Cuore muto del romanzo»,[25] per l'intero corso della narrazione Percival viene ammirato, amato, seguito dagli occhi dei protagonisti che, quasi come un coro, ne intessono le lodi e ne accompagnano i movimenti. Di lui si esalta l'incedere mitico, con una scia di luce che sembra seguirlo sempre; o si allude al senso di lontananza che emana dallo stagliarsi della sua figura, antica e pagana – «he is remote from us all, in a pagan universe»[26] –; o si commenta la sua somiglianza con Alcibiade, Aiace ed Ettore; si sottolinea la devozione che ispira in tutti coloro che gli si avvicinano, come un soldato al comandante. Gli amici sono convinti sia destinato a compiere gesta di straordinario valore, sono certi che morirà in battaglia.

21. *The Diary of Virginia Woolf*, vol. III, p. 131.

22. Ivi, 7 November 1928: «Yes, but *The Moths*? That was to be an abstract mystical eyeless book: a playpoem».

23. Virginia Woolf, *The Waves*, a cura di Kate Flint, London, Penguin Classics, 2000 [d'ora in poi *Waves*], p. 26 [ed. or. The Hogarth press, London, 1931]. Ed. it. *Le onde*, trad. it. N. Fusini, Torino, Einaudi, 2002 [d'ora in poi *Onde*], p. 25: «Ha però la magnificenza di un condottiero medievale».

24. *Waves*, p. 92; *Onde*, p. 88.

25. Nadia Fusini, *Le onde: commento e note ai testi*, in Woolf, *Opere*, vol. I, p. 1386.

26. *Waves* p. 25; *Onde* p. 24.

Nella seconda parte del romanzo, però, mentre è in India impiegato nelle schiere dell'Impero britannico, Percival muore improvvisamente cadendo da cavallo: il motivo classico dell'eroe in cerca di avventure in sella al proprio cavallo si rovescia, la morte del «condottiero medievale»[27] sopraggiunge banale, nient'affatto eroica, un clamoroso fallimento dell'alta impresa a cui tutti lo credevano destinato e che continua a segnare fino alla fine del libro, nella memoria dei personaggi, il punto di luce di un ideale irrimediabilmente perduto.

Tanto Orlando quanto Percival, fin dalle prime pagine delle rispettive narrazioni, vengono presentati come personaggi eccezionali, sono più volte definiti «eroi», e sembrano destinati a compiere imprese memorabili: del primo, più trionfalmente, si dice che pare nato apposta per procedere di gesta in gesta, di gloria in gloria – «from deed to deed, from glory to glory [...] Orlando, to look at, was cut out precisely for some such career»[28] – del secondo, più drammaticamente, si afferma che «he will certainly attempt some forlorn enterprise and die in battle».[29] Nessuno dei due rispetterà tali premesse, nessuno dei due sarà il prode combattente che sembra essere all'inizio: Orlando proseguirà a lungo la sua *peregrinatio* nei secoli, ma non compirà alcun atto eroico, salvo pubblicare un poemetto di poche pagine la cui scrittura ha richiesto più di trecento anni; Percival morirà, sì, ma non certo in battaglia, piuttosto per un banale incidente mentre, figlio della ricca borghesia inglese, lavora in India provvisto non di elmo e corazza ma del caschetto del colonialista.

Viene da chiedersi come mai Virginia Woolf, nel breve arco di quattro anni – dal 1927 al 1931 – abbia composto di seguito due opere in cui, nell'una il protagonista, nell'altra il personaggio centrale, richiamano per nome e tratti essenziali i due più grandi eroi della tradizione epico-cavalleresca, salvo poi rappresentarne – comicamente o tragicamente – il loro comune fallimento.

È una domanda per cui non esiste una risposta univoca: niente nei diari e nelle lettere testimonia che la scrittrice avesse esplicitamente intenzione di confrontarsi con questi due modelli. Nondimeno, si tratta di una circo-

27. *Waves* p. 26 , *Onde* p. 25.

28. *O.B.*, p. 12; *O.*, p. 28: «Di gesta in gesta, di gloria in gloria [...] Solo a vederlo Orlando appariva tagliato per una simile carriera».

29. *Waves* p. 26, *Onde* p. 25: «Certamente tenterà una qualche impresa disperata, e morirà in battaglia».

stanza unica all'interno della sua produzione: lo ribadiamo, due romanzi consecutivi e molto diversi fra loro, in cui il tema dell'eroismo – e della sua disfatta – è centrale ed è portato sulla scena attraverso la memoria e la rielaborazione delle due principali figure eroiche della letteratura europea medievale e moderna.

L'assenza di un'intenzione dichiarata dell'autrice non ci incoraggia a fare ipotesi troppo elaborate, d'altra parte è importante provare a ricostruire l'"ambiente" in cui tali scelte espressive presero forma.

Il primo dato essenziale di cui tener conto è che il tema dell'eroismo occupava un posto di assoluto rilievo all'interno del pensiero e della produzione letteraria vittoriana, a contatto con la quale Woolf era cresciuta e si era formata per i primi vent'anni della sua vita: libri come *On Heroes, Hero-Worship, and The Heroic in History* (1841) di Thomas Carlyle, che la scrittrice conosceva molto bene come autore, e che era stato un caro amico di famiglia,[30] segnarono l'epoca e influenzarono a lungo l'immaginario collettivo.[31]

Inoltre, le opere del poeta laureato Alfred Tennyson – amato, e molto presente fra le letture di Woolf[32] – contribuirono a una notevole ripresa della materia arturiana in Inghilterra: egli vi dedicò, ispirandosi in buona parte a *Le morte d'Arthur* (1485) di Malory, un monumentale ciclo di dodici poemi dal titolo *Idylls of the King* (1856-85) che conobbe uno straordinario successo di pubblico, e che insieme alla pittura preraffaellita – tra i cui soggetti favoriti vi furono per l'appunto Artù, Tristano e Isotta, Gala-

30. James F. Stephen, zio paterno di Virginia, fu esecutore testamentario di Carlyle. Il padre, invece, fu presidente del Comitato per l'acquisto di Carlyle's House a Chelsea, che divenne casa-museo dello scrittore. Leslie Stephen aveva scritto personalmente la biografia di Carlyle all'interno del *Dictionary of National Biography*.

31. È proprio il gruppo di Bloomsbury a mettere in discussione con più forza tali paradigmi sull'eroico. In proposito, si veda in particolare il libro di Lytton Strachey *Eminent Victorians*, che incontrò uno straordinario successo, pur facendo scandalo per il modo familiare, spontaneo, dunque spregiudicato, in cui rappresentava alcune figure di spicco dell'epoca vittoriana (Lytton Strachey, *Eminent Victorians*, London, Chatto & Windus, 1918).

32. Nel catalogo della biblioteca dei Woolf spicca la presenza di oltre venti volumi di Tennyson, fra cui: Alfred Tennyson, *The Holy Grail and Other Poems*, London, Strahan, 1870; Alfred Tennyson, *Idylls of the King*, London, Moxon, 1859. Insieme a due esemplari de *Le morte d'Arthur* di Malory, cui Carlyle si era ispirato per il recupero della materia arturiana. Cfr. *The Library of Leonard and Virginia Woolf. A Short-title Catalog*, a cura di J. King e L. Miletic-Vejzovic, Pullman-WA, Washington State University Press, 2003.

had e così via – diede origine a un vero e proprio *revival* della letteratura medievale in terra anglosassone.

D'altro canto, in Europa, tra fine Ottocento e inizio Novecento, il medioevo tornò a essere oggetto privilegiato di studio in diversi ambiti: nelle accademie, figure come quelle di Gaston Paris[33] e poi di Joseph Bédier[34] in Francia, e di Ernesto Monaci[35] in Italia, determinarono l'ingresso della filologia romanza nei programmi universitari, mentre nel campo degli studi critico-antropologici l'enorme successo di opere come *The Golden Bough* (1890-1915) di Frazer e *From ritual to romance* (1920) di Jessy Weston (allieva di Paris) aveva riacceso l'interesse – quando non vere e proprie forme di fanatismo – attorno ai racconti dei cicli arturiani, e in particolare alla leggenda del Graal.

E a proposito del Graal, in quegli stessi anni la visione del *Parsifal* (1857-82) di Wagner era considerata un'esperienza di culto: chi volesse assistervi doveva necessariamente recarsi al Festival di Bayreuth, che ne mantenne il monopolio esclusivo per trent'anni dopo la morte dell'autore, dando così origine a una moda di "pellegrinaggi" da tutte le città d'Europa, a cui anche Woolf prese parte nel 1909, restandone profondamente colpita.[36]

Un'altra significativa occasione di contatto per la scrittrice con il tema del Graal – e di un eroismo in questo caso, sì, fallimentare – sarà indubbiamente la pubblicazione di *The Waste Land* di T.S. Eliot, che esce

33. Il filologo divenne direttore del Collège de France nel 1872, anno in cui pubblicò anche la sua edizione critica de *La Vie de Saint Alexis* [*Le vie de Saint Alexis. Recueil de Travaux Originaux ou Traduits*, éd. G. Paris, 5 fasc., Paris, Librarie A. Franck, 1872].

34. È del 1902 la sua fondamentale edizione de *Roman de Tristan* [Thomas, *Le roman de Tristan. Poème du XII Siècle*, a cura di J. Bédier, Paris, Librarie de Firmin Didot, 1902].

35. Risale al 1872 la fondazione da parte di Monaci della «Rivista di filologia romanza», primo periodico in Italia dedicato agli studi romanzi. Nel 1903, in continuità con la rivista precedente, nacque «Studj Romanzi».

36. Sull'esperienza del Festival di Bayreuth nel 1909 Woolf scrisse un lungo articolo per il «Times» dal titolo *Impressions at Bayreuth*, in cui, oltre a dimostrare una profonda conoscenza della musica wagneriana, spese diverse parole di elogio proprio per il *Parsifal*: «Somehow Wagner has conveyed the desire of the Knights for the Grail in such a way that the intense emotion of human beings is combined with the unearthly nature of the thing they seek. It tears us, as we hear it, as though its wings were sharply edged. Again, feelings of this kind that are equally diffused and felt for one object in common create an impression of largeness and, when the music is played as it was played on the night of the 11th, of an overwhelming unity» (Virginia Woolf, *Impressions at Bayreuth*, in *The Essays of Virginia Woolf*, a cura di Andrew McNeillie, vol. I, New York, Harcourt Brace, 1967, pp. 288-293).

in Inghilterra proprio per i tipi della Hogarth Press, la casa editrice dei coniugi Woolf. Leonard e Virginia vi lavorano personalmente, a mano, per settimane, compongono carattere dopo carattere, e spesso ne mandano a memoria interi passaggi.[37]

Quanto al contesto storico e ai rivolgimenti tra fine Ottocento e i primi decenni del Novecento in Inghilterra, tanto le politiche imperialistiche quanto l'enfasi intorno alla partecipazione alla Prima guerra mondiale avevano posto al centro la retorica dell'eroismo: nel 1915 in tutto il Regno Unito campeggiavano manifesti con un leone dalla folta criniera in primo piano e la scritta «The Empire needs men!», che invitavano i giovani inglesi ad arruolarsi coraggiosamente e ad andare volontari in India, Australia, Canada e Nuova Zelanda.

Nonostante la catastrofe umana della Prima guerra mondiale, l'avanzata dei totalitarismi in Spagna, Germania e Italia negli anni Trenta riproporrà in una versione ancora più roboante e più grottesca il mito dell'eroe viriloide contro cui Virginia Woolf avrebbe scritto pagine memorabili nel 1938, in *Three Guineas*, il suo celebre pamphlet contro la guerra, i cui semi di pensiero critico stanno senz'altro crescendo e sviluppandosi proprio tra la fine degli anni Venti e l'inizio dei Trenta.

Che al centro dei due capolavori di questo periodo ci sia il tema dell'eroismo dipende sicuramente anche da questo: «che cos'è – o meglio – chi è l'eroe contemporaneo?» sembra domandarsi Woolf. Combattere è di per sé atto eroico? E davvero alle donne tocca il compito di essere «specchi indispensabili a ogni azione violenta ed eroica»?[38] E il «corteo dei figli degli uomini colti», imparruccati e togati mentre sfilano in uno «spettacolo solenne»,[39] può ancora essere considerato un corteo di eroi?

Tornare a guardare, per la scrittura dei suoi romanzi di questi anni, ai grandi modelli dell'eroico nella tradizione letteraria europea fu senza dubbio anche un modo per interrogarsi e provare a rispondere a queste domande.

37. In una lettera a Barbara Bagenal dell'8 luglio 1923, Woolf scriveva: «I have just finished setting up the whole of Mr Eliots poem [The Waste Land] with my own hands: You see how my hand trembles. Don't blame your eyes. It is my writing» (*The Letters of Virginia Woolf*, vol. II, p. 57).

38. Virginia Woolf, *Una stanza tutta per sé*, a cura di Maria Antonietta Saracino, Milano, Mondadori, 2000 [d'ora in poi *Una stanza*], p. 45; *A room of one's own*, London, Hogarth Press, 1935 [d'ora in poi *A Room*], p. 54: «Mirrors are essential to all violent and heroic action».

39. Virginia Woolf, *Le tre ghinee*, trad. it. A. Bottini, Milano, Feltrinelli, entrambe le cit. a p. 90; *Three Guineas*, Orlando, Harvest Book, 1966, pp. 60-61: «The procession of the sons of educated men»; «a solemn sight» [ed. or. Hogarth Press, London, 1938].

Fig. 4. *The Empire needs men*, litografia su carta, Parliamentary Recruiting Committee, 1915.

Orlando e la testa di Moro

Mentre la testa di Moro penzola dal soffitto dell'immenso castello di Orlando, una brezza sottile e continua la mantiene in movimento: è l'immagine in cui si condensa tutto il luminoso passato di una famiglia che ha combattuto contro gli Infedeli, il segno di appartenenza alla più nobile schiatta di condottieri d'Occidente, e, soprattutto, il dispositivo attraverso cui la scrittrice si pone in continuità – e in discontinuità – con il classico che sta citando.[40]

40. Non v'è dubbio che Virginia Woolf avesse letto l'*Orlando Furioso*, per quanto questo non figuri nella lista di volumi presenti nella libreria dei coniugi Woolf. Senz'altro, la prima lettura fu ai tempi della sua giovinezza, probabilmente quando Leslie Stephen, suo padre, le diede l'autorizzazione ad accedere ai volumi dell'immensa biblioteca familiare – permesso accordatole nel 1898, all'età di sedici anni. Woolf non cita mai esplicitamente l'*Orlando Furioso* all'interno della sua opera, ma, come ha rilevato Madeline Moore nella sua edizione critica del testo, nel manoscritto originale di *Orlando* è presente un passaggio in cui la scrittrice descrive la libreria del suo personaggio, e tra i vari autori presenti menziona Ariosto: «There were the great editions of the Greek & Roman classics; also many of the Italian and French romance; Petrarch; Boccaccio; Ariosto; [...] Chaucer [...] Spenser's Faerie Queen [...] Montaigne», righe che in seguito decise evidentemente di eliminare (si veda in proposito Madeline Moore, *Orlando: An Edition of the Manuscript*, in «Twentieth Century Literature», 25, 3/4 (1979), pp. 303-355, cit. pp. 319-320). Un altro riferimento ariostesco è sotteso alla descrizione, che ricorre più volte nel libro, degli arazzi del castello di Orlando. Come dimostrato da Louise DeSalvo, gli arazzi del romanzo corrispondono effettivamente agli arazzi presenti nel castello di Vita Sackville-West a Knole, che raffigurano proprio alcune scene dell'*Orlando Furioso*. Woolf aveva visitato Knole per la prima volta il 4 luglio del 1924, e aveva registrato nel diario la grande emozione che la visione di quella dimora – dei suoi pavimenti, quadri, arazzi – le aveva suscitato. Secondo quanto la stessa Vita-Sackville West avrebbe scritto nella guida al castello di Knole, commissionatale dal National Trust e pubblicata per la prima volta nel 1948, gli arazzi «depicting scenes from *Orlando Furioso*, are Flemish, by Franz Spierincz, of the late sixteenth or early seventeenth century» (Vita Sackville-West, *Knole*, The National Trust, 1974, p. 26). Per DeSalvo la visione di questi arazzi potrebbe aver contribuito all'ispirazione per la scrittura di *Orlando*: «The Venetian Ambassador's Beedrom was certainly shown to Virginia Woolf by Sackville-West at some time: her description of it in *Orlando* indicates that she saw it. It is certainly possible that Woolf drew her name for *Orlando* from the tapestries wich now hang in that bedroom at Knole House, depicting scenes from Ariosto's work» (Louise DeSalvo, *A note on the Orlando tapestries at Knole house*, in «Virginia Woolf Miscellany», 12 (1979), cit. p. 4). Un ultimo dato interessante riguardo ai rapporti della scrittrice col poema ariostesco è che nel 1936 Woolf regalò all'amico economista Maynard Keynes per Natale un prezioso esemplare dell'*Orlando Furioso* che era stato di proprietà di Jane Austen e che aveva acquistato presso gli eredi della famiglia Austen-Leigh.

Per riportare sulla scena di apertura del suo romanzo quell'insieme di testi, immagini e memorie che costituiscono il canone cui sta rivolgendo lo sguardo, a Virginia Woolf basta una testa: la Tradizione è un trofeo di guerra appeso alle travi di una soffitta, il Classico è diventato un oggetto o meglio, per usare le parole di Lina Bolzoni sul potere delle immagini, «una *res*: una cosa che attraversa i tempi e le generazioni, e che funziona da *auctoritas* anche in quanto è spezzettato, digerito, fatto rivivere in altre forme e in altri modelli di comportamento».[41]

E consumata, digerita e rivisitata è di certo l'*auctoritas* che quello scalpo rappresenta: su di esso campeggiano i segni delle grandi glorie del passato – ispirazione e monito per le future generazioni – ma a guardar bene, la testa di Moro somiglia anche ad una vecchia palla da football, «it was the colour of an old football, and more or less the shape of one».[42]

È giocando a colpire questa «palla» che il sedicenne Orlando, nella prima pagina del romanzo, giura solennemente che seguirà le orme dei suoi padri – per quanto possa essere solenne un giuramento pronunciato davanti a una palla da football:

> Orlando's fathers had ridden in fields of asphodel, and stony fields, and fields watered by strange rivers, and they had struck many heads of many colours off many shoulders, and brought them back to hang from the rafters. So too would Orlando, he vowed. But since he was sixteen only, and too young to ride with them in Africa or France, he would steal away from his mother and the peacocks in the garden and go to his attic room and there lunge and

41. Bolzoni, *La rete delle immagini*, p. XVIII.

42. *O.B.*, p. 11; *O.*, p. 27: «Aveva la tinta d'una vecchia palla di cuoio, e più o meno la stessa forma, salvo le guance scavate, e un filo o due di peli duri e secchi, come la barba d'una noce di cocco». A proposito dell'abbassamento parodico della scena iniziale e della testa di Moro ridotta a un giocattolo si legga quanto scrive DiBattista nella sua introduzione al romanzo, a p. LVIII: «A young Elizabethan nobleman slices away at the head of a Moor, shriveled and debased into a plaything. In a single swoop of the pen, the tradition of chivalric romance, summoned by the very name of Orlando and its illustrious literary pedigree – Ariosto's Orlando Furioso and the exiled prince from Shakespeare's *As You Like It* – is dealt a fatal blow. The curse of Empire, the corrupting lust for assertive action, the simultaneously ennobling and debasing cult of heroic manhood are caricatured in the fantasy combats of a young boy. Orlando's "fun" is a deceptively innocent figure for the deadly intentions of Woolf's satire – to mount her own play-assault on the human head, where the most fantastic notions of reality, honor, privilege, history, literature are conceived, lodged, and defended».

> plunge and slice the air with his blade. Sometimes he cut the cord so that the skull bumped on the floor and he had to string it up again, fastening it with some chivalry almost out of reach so that his enemy grinned at him through shrunk, black lips triumphantly.[43]

Il giovane che si diverte a rivaleggiare con la testa decapitata, immaginando di combattere anch'egli, come i suoi parenti, contro barbari nemici, dimostra di essere «cavalleresco» nell'atto di riattaccarla ogni volta un po' più in alto, ma non ha nulla di «eroico»: la sua cavalleria si esaurisce nel gioco imitativo e nella fantasia di gesta valorose che non si realizzeranno mai, e che anzi, come vedremo più avanti, verranno rimpiazzate da ben altre occupazioni – pensare, contemplare, amare, leggere, scrivere. Tutto l'opposto che combattere.

In questo senso l'*Orlando* di Virginia Woolf è davvero un «romanzo», nell'accezione bachtiniana del termine: «il romanzo parodia gli altri generi (proprio in quanto generi), smaschera la convenzionalità delle loro forme e del loro linguaggio, soppianta alcuni generi e ne introduce altri nella sua propria struttura, reinterpretandoli e riqualificandoli».[44]

È quanto accade, ad esempio, all'atmosfera epica dell'*incipit*, che subisce un brusco abbassamento parodico non appena il glorioso cimelio viene paragonato a una quotidiana e triviale palla da gioco. Il simbolo per eccellenza della conquista cavalleresca perde ogni solennità, diviene ordinario, vicino e comico:

> È appunto il riso a distruggere la distanza epica e in generale ogni distanza gerarchica che allontana l'oggetto [...]. Nell'immagine di lontananza l'oggetto non può essere comico; perché diventi tale è necessario avvicinarlo; tutto ciò che è comico è vicino; tutta la creazione comica lavora in una

43. *O.B.*, p. 11; *O.*, p. 27: «Gli antenati di Orlando avevano cavalcato in mezzo a campi di asfodeli, o in campi sassosi, oppure bagnati da fiumi esotici, e da più d'un busto avevano spiccato più d'una testa di colore diverso, e quelle teste se l'erano portate a casa per appenderle alle travi dei loro soffitti. Così avrebbe fatto anche Orlando, giurava. Ma poiché aveva solo sedici anni ed era troppo giovane per partecipare con loro alle scorribande in Africa o in Francia, spesso sfuggiva alla madre e ai pavoni del giardino, e saliva in soffitta e menava gran colpi e stoccate e fendeva l'aria con la lama. A volte tagliava di netto la corda, così il teschio rimbalzava sull'impiantito, e doveva legarlo di nuovo, e cavallerescamente l'assicurava oltre la sua portata, e quasi pareva che un ghigno di trionfo schiudesse le labbra nere e contratte del nemico».

44. Michail Bachtin, *Epos e romanzo. Sulla metodologia dello studio del romanzo*, in *Estetica e romanzo*, a cura di Clara Strada Janovič, Torino, Einaudi, 1979, p. 447.

zona di massimo avvicinamento. Il riso ha la forza straordinaria di avvicinare l'oggetto; esso introduce l'oggetto in una zona di brusco contatto, dove si può familiarmente tastarlo da tutte le parti, capovolgerlo, rivoltarlo, guardarlo dall'alto e dal basso, spezzarne l'involucro esteriore, gettare uno sguardo nel suo interno, dubitarne, scomporlo, smembrarlo, denudarlo e smascherarlo, studiarlo liberamente, sottoporlo a esperimento. Il riso distrugge la paura e il rispetto di fronte all'oggetto, di fronte al mondo, fa di questo oggetto un contatto familiare e così ne prepara l'analisi assolutamente libera.[45]

Passando dalle mani della scrittrice a quelle del suo personaggio, la testa di Moro diventa una "cosa" toccabile, maneggiabile, anche per i lettori. Si può palparla, girarla, rivoltarla, osservarla bene da vicino, dubitarne: non c'è più alcuna distanza a separare l'oggetto epico dalla sua esperienza quotidiana, nessun apparato, nessun timore reverenziale. Il rapporto con la letteratura precedente è confidenziale, vivificato da un'«analisi assolutamente libera»[46] e per questo piena di guizzi e di trovate.

La straordinaria carriera da eroe che sembrava attendere il giovane protagonista – «di gesta in gesta, di gloria in gloria, di onore in onore [...] Solo a vederlo Orlando appariva tagliato per una simile carriera» – diventerà piuttosto un viaggio fra le epoche dall'andatura intermittente, pieno di pause, interruzioni e perdite di tempo.

Del resto, che Orlando sia ben lontano dal realizzare i pronostici che lo vorrebbero inarrestabile condottiero e uomo d'azione, appare già evidente a poche pagine dall'inizio del libro, quando, disteso sotto l'ombra della quercia millenaria che campeggia di fronte al suo castello, il giovane si mette a fantasticare, sollecitato dalla sensazione che gli danno le radici dell'albero sotto la schiena:

He loved, beneath all this summer transiency, to feel the earth's spine beneath him; for such he took the hard root of the oak tree to be; or, for image followed image, it was the back of a great horse that he was riding, or the deck of a tumbling ship.[47]

45. Ivi, pp. 464-465.
46. *Ibidem*.
47. *O.B.*, p. 15; *O.*, p. 32: «Al di là della caducità transeunte dell'estate, amava sentire sotto di sé la spina dorsale della terra; perché questo per lui era la dura radice della quercia; oppure, un'immagine seguendo l'altra, era il dorso d'un grande destriero che lui cavalcava; il ponte di una nave in balia delle onde».

Orlando non è un uomo d'azione, ma una creatura immaginativa. Il contatto con la quercia – simbolo che rimarrà centrale nel romanzo, poiché è alla quercia che egli dedicherà il suo poemetto «The Oak», scritto in tre secoli – produce in lui la fantasia di essere un paladino a cavallo del proprio destriero, o un eroe ritto sul ponte di una nave in mare aperto. La sua mente lavora così, per catene di immagini, «for image followed image»,[48] tanto che l'azione eroica – cavalcare, domare i venti – diviene pura sequenza associativa, scenario fantastico e del tutto astratto.

Il mondo dell'azione si dispiega nella mente del personaggio ma non ha nessun riscontro nei fatti narrati, è anzi talmente lontano dall'occupare uno spazio concreto nel romanzo che – per renderlo ancora più evidente – Orlando, invece di provare a mettere in pratica ciò che fantastica, mentre fantastica si addormenta.

L'eroismo rimane così relegato alla sola sfera immaginativa, puro frutto dell'invenzione del protagonista, esperienza fittizia e improduttiva sul piano della narrazione: mentre sogna di compiere le imprese che non compirà mai, Orlando sottrae al racconto la sua stessa materia, ovvero l'azione che dovrebbe esserne l'oggetto.

Davanti al protagonista disteso, immoto, anche ciò che lo circonda sembra fermarsi. Foglie, animali, nuvole, insetti: tutto concorre alla pausa. Se l'eroe dorme e non collabora all'ordito della narrazione, è la Natura a ricamare attorno a lui un'altra trama:

> The little leaves hung, the deer stopped; the pale summer clouds stayed; his limbs grew heavy on the ground; and he lay so still that by degrees the deer stepped nearer and the rooks wheeled round him and the swallows dipped and circled and the dragonflies shot past, as if all the fertility and amorous activity of a summer's evening were woven web-like about his body.[49]

Il corpo eroico che non corre verso la realizzazione di imprese eccezionali – «di gesta in gesta, di gloria in gloria»[50] – rimane così sospeso

48. *Ibidem*.

49. *Ibidem*, «Le foglioline rimasero sospese, il daino si fermò; le pallide nuvole d'estate si arrestarono; le membra a terra si fecero pesanti; e lui giacque così immobile, che passo dopo passo l'avvicinò il daino, le cornacchie roteando gli scesero intorno, e le rondini si tuffarono volteggiandogli intorno, mentre le libellule rapide lo sorvolavano, come se tutta la fertilità e l'attività amorosa della sera d'estate tramasse la sua tela intorno al corpo di lui».

50. *O.*, p. 28; *O.B.*, p. 12.

in una sorta di «pausa planetaria»[51] dove, invece di dominare la scena con i propri atti, finisce per diventare parte dello spettacolo della natura, punto di fuga intorno a cui convergono gli elementi del paesaggio.

Si tratta di un'inversione di prospettive e di ritmo che si verificherà spesso nel corso dell'opera, perché Orlando non solo non compirà azioni memorabili, ma si dimostrerà sempre più incline alla malinconia, alla fantasticheria e al sonno profondo.

Pasticcione, distratto, contemplativo – sarà frequentemente definito «clumsy» e «absentminded»[52] – Orlando occuperà intere pagine del romanzo con le sue meditazioni malinconiche, i suoi sogni a occhi aperti. E inciamperà, farà cadere oggetti, capitombolerà da cavallo perché troppo preso dai suoi pensieri astratti – «he had twice fallen, in sheer abstraction, from his horse»[53] – in questo del tutto simile agli eroi suoi predecessori.

Ma a differenza di Lancelot e Perceval, Orlando non trarrà da questi momenti di trasognamento alcuna potenza fisica straordinaria. L'azione, per lui, continuerà ad abitare solo nella dimensione immaginativa e neanche l'incontro con l'amore – che per gli altri, come s'è visto, funziona da serbatoio di energie e motore di imprese eccezionali – lo trasformerà nel protagonista delle gesta memorabili che l'*incipit* sembrava preannunciare.

Infatti, sebbene Orlando alla vista del suo primo amore, la Principessa russa Sasha, dimostri di avere molti dei sintomi tipici dell'innamoramento nella sua codificazione medioevale e rinascimentale – «Orlando stared;

51. Mi richiamo alla già citata espressione di Bespaloff a proposito delle sospensioni epiche nell'*Iliade*, in cui, come in questo caso, la natura svolge un ruolo centrale: Bespaloff, *Sull'Iliade*, p. 62.

52. *O.B.*, p. 14: «For Orlando was a trifle clumsy», «the biographer should here call attention to the fact that this clumsiness is often mated with a love of solitude», p. 27 «he was clumsy and a little absentminded»; *O.*, a p. 30: «Perché Orlando era un tantino sbadato», p. 31 «qui il biografo farebbe bene a dare risalto al fatto che la sbadataggine spesso si accompagna all'amore della solitudine», p. 47 «era goffo e un po' distratto». La situazione non cambia anche quando O. è una donna: *O.B.*, p. 143: «there was an absent mindedness about her which sometimes made her clumsy; she was apt to think of poetry when she should have been thinking of taffeta; her walk was a little too much of a stride for a woman, perhaps, and her gestures, being abrupt, might endanger a cup of tea on occasion»; *O.* p. 183: «la sua distrazione la rendeva talvolta goffa; era capace di pensare alla poesia quando avrebbe dovuto pensare al taffettà; il suo passo era forse un po' troppo energico per una donna, ed i suoi gesti, spesso improvvisi, potevano mettere in pericolo qualche tazza di tè».

53. *O.B.*, p. 62; *O.*, p. 89: «Due volte, per pura distrazione, era caduto da cavallo».

trembled; turned hot; turned cold»[54] – non per questo le sue avventure cominceranno ad assomigliare a quelle dei suoi antenati, tutt'altro. Il sentimento amoroso susciterà sì in lui prodezze, ma prodezze ancora una volta solo immaginarie.

Ne è un esempio efficace la scena in cui, poco dopo aver conosciuto Sasha, Orlando siede accanto a lei durante un sontuoso banchetto al cospetto di re Giacomo. Il giovane, guardando la donna di cui è innamorato, comincia a immaginare di essere il protagonista di grandi scene eroiche:

> For as he looked the thickness of his blood melted; the ice turned to wine in his veins; he heard the waters flowing and the birds singing; spring broke over the hard wintry landscape; his manhood woke; he grasped a sword in his hand; he charged a more daring foe than Pole or Moor; he dived in deep water; he saw the flower of danger growing in a crevice; he stretched his hand – in fact he was rattling off one of his most impassioned sonnets when the Princess addressed him, 'Would you have the goodness to pass the salt?'[55]

Il crescendo di emozioni alla vista di Sasha produce in Orlando un desiderio di potenza che prorompe in una fantasia eroico-guerresca. L'amore per la Principessa gli fa venir voglia di infilzare nemici, di andare incontro ad avventure e pericoli, di compiere imprese straordinarie, ma ancora una volta l'unico teatro in cui tutto questo può svolgersi è la sua mente.

Peraltro, il tono epico della fantasticheria viene bruscamente interrotto e abbassato – secondo il meccanismo già messo in luce – attraverso l'introduzione di un elemento prosaico, quotidiano: mentre Orlando, ispirato e sognante la guarda e si immagina nell'atto di compiere gesta eccezionali, Sasha ha una sola preoccupazione pratica, il sale. Due temperamenti diversi, se non opposti, si confrontano sulla scena: il giovane imbambolato, fantasioso, visionario e la donna concreta, corporea, tutt'altro che angelicata e evanescente. Anche qui l'intento parodico è dichiarato: dall'accostamento fra l'*escalation* immaginifica, tutta mentale, del protagonista e la richiesta

54. *O.B.*, p. 28; *O.*, p. 48: «Orlando la fissò; tremò; sentí caldo; poi freddo».

55. *O.B.*, p. 30; *O.*, p. 50: «E mentre la guardava il sangue gli si sciolse nelle vene, il ghiaccio tramutò in vino. Udì lo scroscio dell'acqua e il canto degli uccelli; la primavera irruppe nel rigido paesaggio invernale; la sua virilità si destò; e all'improvviso ecco che afferrò una spada, caricò un nemico più ardito del polacco, o del moro, si tuffò nelle acque profonde, vide il fiore del pericolo che cresceva nel crepaccio, allungò la mano… In realtà, stava per prorompere in uno dei suoi più appassionati sonetti, quando la Principessa gli si rivolse: «Vorreste avere la bontà di passarmi il sale?».

materiale della Principessa, l'eroismo di Orlando emerge ancora una volta come del tutto fittizio, irreale e irrealizzabile. Oggetto della satira, del resto, sono anche i rapporti tra i sessi e i codici dell'amor cortese: nel dialogo amoroso con la Principessa russa, Orlando si esprime in un perfetto francese, quasi fosse la sua lingua d'origine.

Ove mai si fosse tentati di interpretare questo dato come un riferimento "alto" alla lingua dei trovatori, lingua d'amore per eccellenza, o alle nobili origini geografiche della famiglia di Orlando,[56] o al suo altrettanto blasonato *pedigree* letterario, si resterebbe alquanto delusi perché, come la scrittrice non esiterà ad aggiungere, Orlando il francese «l'aveva imparato dalla cameriera di sua madre».[57]

Anche quando dovrà confrontarsi con la ferita della delusione amorosa – proprio come Angelica, infatti, Sasha gli preferirà un altro, un semplice marinaio, e con lui se ne andrà lontano – Orlando non proromperà in nessun gesto eclatante.

Pur preso da un furore (nel testo originale il termine è «rage»[58]) per certi versi simile a quello del suo antenato, l'eroe non sradicherà piante né lancerà massi, ma si limiterà a urlare inutilmente al vento accuse e improperi contro la donna ingannatrice e infedele che gli ha voltato le spalle. Ritiratosi poi, in completa solitudine, nella sua dimora, Orlando cadrà in un sonno profondissimo, questo sì molto somigliante a quello del paladino di Carlo Magno nel Canto XIII del *Furioso.*

E stanco al fin, e al fin di sudor molle,
poi che la lena vinta non risponde

56. Più volte viene ribadito che i suoi avi erano arrivati dalla Francia in Inghilterra al seguito di Guglielmo il Conquistatore.

57. *O.*, p. 50; *O.B.*, p. 30: «With all the pleasure in the world, Madame,' he replied, speaking French with a perfect accent. For, heaven be praised, he spoke the tongue as his own; his mother's maid had taught him».

58. *O.B.*, p. 48: «The ship of the Muscovite Embassy was standing out to sea. Flinging himself from his horse, he made, in his rage, as if he would breast the flood. Standing knee deep in water he hurled at the faithless woman all the insults that have ever been the lot of her sex. Faithless, mutable, fickle, he called her; devil, adulteress, deceiver; and the swirling waters took his words, and tossed at his feet a broken pot and a little straw»; *O.*, pp. 70-71: «Il vascello dell'ambasciata moscovita aveva preso il largo. Buttandosi giú dalla sella, nella rabbia fece la mossa di slanciarsi tra i flutti. Con l'acqua che gli arrivava al ginocchio, scagliò contro la donna infedele tutti gli insulti che da sempre sono la prerogativa del suo sesso. Infedele, incostante, frivola, la chiamò; demonio, adultera, ingannatrice; e le acque turbinose incassarono le sue parole, e gli restituirono una tazza rotta e un filo di paglia».

allo sdegno, al grave odio, all'ardente ira,
cade sul prato, e verso il ciel sospira.
Afflitto e stanco al fin cade ne l'erba,
e ficca gli occhi al cielo, e non fa motto.
Senza cibo e dormir così si serba,
che 'l sole esce tre volte e torna sotto.[59]

Come il suo predecessore, Orlando, a causa del dolore per il comportamento di Sasha, dormirà ininterrottamente per giorni, senza mangiare né dare alcun segno di vita, in uno stato di «trance» che pare impossibile interrompere:

When his groom went to call him he was found fast asleep. Nor could he be awakened. He lay as if in a trance, without perceptible breathing; and though dogs were set to bark under his window; cymbals, drums, bones beaten perpetually in his room; a gorse bush put under his pillow; and mustard plasters applied to his feet, still he did not wake, take food, or show any sign of life for seven whole days.[60]

Al risveglio, la manifestazione della sua pazzia non somiglierà a quella del paladino, piuttosto a quella di uno dei suoi più celebri imitatori. Il giovane Orlando, infatti, non svellerà tronchi, né vivrà per giorni come *homo selvaticus* terrorizzando interi villaggi, ma si chiuderà nella sua biblioteca, trasformandosi – e qui lo sguardo verso Don Chisciotte si fa evidente – in «a nobleman afflicted with a love of literature»:[61]

Many people of his time, still more of his rank, escaped the infection and were thus free to run or ride or make love at their own sweet will. Some were early infected by a germ said to be bred of the pollen of the asphodel and to be blown out of Greece and Italy, which was of so deadly a nature that it would shake the hand as it was raised to strike, and cloud the eye as it sought its prey, and make the tongue stammer as it declared its love. It was the fatal nature of this disease to substitute a phantom for reality, so that Orlando, to whom fortune had given every gift – plate, linen, houses, men-servants, carpets, beds in pro-

59. Ariosto, *Orlando Furioso*, XXIII, 131-132, p. 598.

60. *O.B.*, p. 50; *O.*, p. 74: «Quando il domestico entrò in camera sua lo trovò profondamente addormentato. Né si riuscì a svegliarlo. Era in una specie di trance, non si percepiva il respiro; e anche quando si portarono sotto le finestre delle sue stanze cani ad abbaiare, e cimbali e tamburi e castagnette a suonargli giorno e notte proprio in camera; e malgrado ciuffi d'erica gli venissero posti sotto il guanciale, e impiastri di senape applicati ai piedi, pure non si destò; non mangiava, né dava segni di vita, e questo per ben sette giorni di fila».

61. *O.B.*, p. 55; *O.*, p. 80: «un aristocratico malato d'amore per la letteratura».

fusion – had only to open a book for the whole vast accumulation to turn to mist. The nine acres of stone which were his house vanished; one hundred and fifty indoor servants disappeared; his eighty riding horses became invisible. [...] So it was, and Orlando would sit by himself, reading, a naked man.[62]

Il germe fatale che ha infettato Orlando concorre a renderlo, se possibile, ancora più inefficace dal punto di vista dell'azione: la smodata passione per la letteratura viene descritta, infatti, come un morbo che minaccia il compimento di qualsiasi atto, come un'affezione che interviene ogni qualvolta un gesto è sul punto di realizzarsi.

Essa è capace di far tremare la mano che sta per colpire, di annebbiare lo sguardo proprio mentre sta mirando alla preda, di bloccare la lingua nell'atto di pronunciare parole d'amore. Si tratta di un tipo di patologia che sostituisce alla realtà dei fantasmi, a causa dei quali ogni gioia, ogni conforto, ogni bene materiale diventa, agli occhi di chi ne è affetto, solo fumo.

A Orlando, in definitiva, basta aprire un libro perché tutto scompaia e la realtà si eclissi, lasciandolo solo ed esposto, come «un uomo nudo».

È interessante notare come in Woolf il dispositivo della nudità come espressione della pazzia faccia un ulteriore passaggio: se il paladino ariostesco si spoglia davvero,[63] e anche Don Chisciotte per imitarlo rimane in braghe,[64] Orlando, ultimo, tardivo, figlio di questa stirpe, non si strappa i vestiti, ma nell'atto di leggere rimane metaforicamente «nudo».

62. *O.B.*, p. 55; *O.*, pp. 80-81: «Parecchi suoi contemporanei, e piú ancora tanti del suo rango sfuggivano a quella peste, e rimanevano cosí liberi di correre, andare a cavallo, o fare l'amore a loro piacimento. Ma altri s'infettavano presto del virus che si diceva emanasse dal polline dell'asfodelo e venisse dalla Grecia o dall'Italia, di natura cosí fatale da far tremare la mano che si levava a colpire, a velare l'occhio che cercava la preda, e far balbettare la lingua che pronunciava parole d'amore. Era nella natura funesta della malattia sostituire un fantasma alla realtà, sì che a Orlando, a cui la fortuna aveva dato in dono tutto – vasellame, biancheria, case, servitori, tappeti, letti a profusione – bastava solo aprire un libro perché tutta quella ricchezza dileguasse in fumo. I nove acri in pietra della casa svanivano; sparivano i centocinquanta valletti, diventavano invisibili gli ottanta cavalli [...] Era cosí: Orlando si metteva a leggere, ed era un uomo nudo».

63. Ariosto, *Orlando Furioso*, XXIII, 132-133, p. 598: «Di crescer non cessò la pena acerba,/ che fuor del senno al fin l'ebbe condotto./ Il quarto dí, da gran furor commosso,/ e maglie e piastre si stracciò di dosso.// Qui riman l'elmo, e lá riman lo scudo,/ lontan gli arnesi, e piú lontan l'usbergo:/ l'arme sue tutte, in somma vi concludo,/ avean pel bosco differente albergo./ E poi si squarciò i panni, e mostrò ignudo/ l'ispido ventre e tutto 'l petto e 'l tergo;/ e cominciò la gran follia, sí orrenda,/ che de la piú non sará mai ch'intenda».

64. Miguel de Cervantes, *Don Quijote*, a cura di F. Rico, 2 voll., Barcelona, Instituto Cervantes-Crítica, 1998, vol. I, 25, p. 531: «Tengo de quitar todas estas armas y quedar

Anche in questo caso l'azione – sia pure quella poco lusinghiera dello spogliarsi in pubblico – non viene compiuta concretamente, resta un'immagine. Il paragone con i predecessori è stabilito attraverso una metafora e questa basta per segnalare i legami, e richiamare alla memoria del lettore le celebri scene di pazzia degli eroi antenati.

Orlando, insomma, non solo non compie per tutto l'arco della sua giovinezza alcuna impresa degna di nota, ma non è neanche capace di impazzire «attivamente» per amore.

Al romanzo, quindi, non potendo raccontare le sue azioni del suo eroe, non resta che raccontare il suo non-fare:

> When a man has reached the age of thirty, as Orlando now had, time when he is thinking becomes inordinately long; time when he is doing becomes inordinately short.[65]

Nell'esistenza di Orlando, la sproporzione tra tempo dedicato al pensiero e tempo dedicato all'azione diviene sempre maggiore. Una singola pausa, nella sua epopea, sembra contare più di centinaia di imprese guerresche:

> As this pause was of extreme significance in his history, more so, indeed, than many acts with bring men to their knees and make rivers run with blood, it behoves us to ask why he paused.[66]

L'ironia è chiara, ma non è solo l'eroe che non agisce ad essere ridicolo, è anche la violenza delle azioni eroiche a esserlo diventata. Una pausa di Orlando, per quanto estenuante, può avere più significato della narrazione di imprese che oramai non hanno più senso di esistere. Anche se, è chiaro, le pause di Orlando sono «estremamente significative» alla maniera di quelle di Tristram Shandy: servono a rendere il movimento e le continue

desnudo como cuando nací, si es que me da en voluntad de seguir en mi penitencia más a Roldán que a Amadís» e poi in chiusura di capitolo, a p. 540: «Y, desnudándose con toda priesa las calzones, quedó en carnes y en pañales, y luego, sin más ni más, dio dos zapatetas en el aire y dos tumbas, la cabeza abajo y los pies en alto, descubriendo cosas que, por no verlas otra vez, volvió Sancho la rienda a Rocinante y se dio por contento y satisfecho de que podía jurar que su amo quedaba loco».

65. *O.B.*, p. 72; *O.*, pp. 101-102. «Quando un uomo, che come ora nel caso di Orlando abbia raggiunto l'età di trent'anni, si mette a pensare, il tempo gli diventa smisuratamente lungo; mentre se fa qualcosa, gli diventa smisuratamente breve».

66. *O.B.*, p. 58; *O.*, pp. 83-84: «Questa pausa, che è densa di significato per la storia, assai piú di altre azioni che costringono gli uomini in ginocchio e colorano i fiumi di rosso, ci occorre per domandarci perché lui si arrestasse».

deviazioni del pensiero, ed è nel racconto caotico, digressivo, disorganico di quel movimento che la narrazione raggiunge il suo obiettivo.

> Uno storiografo potrebbe anche trascinare la sua storia come un mulattiere trascina il suo mulo, dritto filato, senza mai sostare, per esempio da Roma a Loreto, e senza mai voltare né a destra né a sinistra; allora forse potrebbe riuscire a prevedere l'ora in cui pensa di terminare il viaggio. Ma un tal comportamento, moralmente parlando, è impossibile perché, se è una persona dotata di un po' di spirito, devierà almeno cinquanta volte dal cammino diritto.[67]

Le deviazioni e le interruzioni di *Orlando* sono sempre originate da un movimento mentale del protagonista: egli si ferma perché legge, perché pensa, perché cerca ispirazione, perché si perde in una fantasticheria o, molto spesso, perché ricorda.

Invece di agire come un eroe, che sta nel presente e si proietta verso il futuro, Orlando procede per continue digressioni e sospensioni. La Memoria – nel romanzo sempre chiamata in causa con la lettera maiuscola attraverso prosopopee – svolge da questo punto di vista un ruolo centrale:

> Memory is the seamstress, and a capricious one at that. Memory runs her needle in and out, up and down, hither and thither. We know not what comes next, or what follows after. Thus, the most ordinary movement in the world, such as sitting down at a table and pulling the inkstand towards one, may agitate a thousand odd, disconnected fragments, now bright, now dim, hanging and bobbing and dipping and flaunting, like the underlinen of a family of fourteen on a line in a gale of wind. Instead of being a single, downright, bluff piece of work of which no man need feel ashamed, our commonest deeds are set about with a fluttering and flickering of wings, a rising and falling of lights.[68]

67. Laurence Sterne, *Vita e opinioni di Tristram Shandy*, trad. it. G. A. Pompili, Milano, BUR, 2005, p. 84 [ed. or. *The Life and Opinions of Tristram Shandy, Gentleman*, 9 voll., London, printed for R. and J. Dodsley (1759-1761), printed for T. Becket and P.A. Dehondt (1762-1767)].

68. *O.B.*, p. 58; *O.*, pp. 84-85: «La Memoria è la cucitrice, e anche capricciosa, se per quello. La Memoria fa correre l'ago su e giù, sopra e sotto, di qua e di là. Non sappiamo quel che viene dopo, quel che viene poi. Perciò il gesto più naturale del mondo, come sedersi al tavolino e tirare a sé il calamaio, può agitare mille frammenti bizzarri e sconnessi, colorati o scuri, che svolazzano qua e là come la biancheria d'una famiglia di quattordici creature, stesa al filo ad asciugare in un giorno di vento. Invece di riuscire in un bel capo d'opera, fatto con coscienza, di cui nessuno al mondo debba vergognarsi, i nostri atti più comuni alla prima folata svolazzano con un battito d'ali, e alla luce s'illuminano e poi si spengono».

La cucitrice capricciosa che va in su e in giù governa l'andatura intermittente dei pensieri di Orlando, e così della narrazione. Il ricordo diviene elemento sempre più ingombrante. Del resto i secoli cominciano ad accumularsi, e Orlando non dimentica nulla:

> Every single thing, once he tried to dislodge it from its place in his mind, he found thus cumbered with other matter like the lump of glass which, after a year at the bottom of the sea, is grown about with bones and dragon-flies, and coins and the tresses of drowned women.[69]

Ogni volta che Orlando cerca di tirar fuori dalla sua personale «stanza della memoria»[70] un oggetto, un ricordo, un argomento, questo ne esce incrostato di altre cose, come il pezzo di vetro che è stato a lungo negli abissi marini e su cui si sono depositati i residui più diversi: ossa, insetti, monete, capelli.

Quello nella mente di Orlando non è un «teatro della memoria»[71] – che con applicazione e metodo può diventare uno spazio organizzato, un sistema di immagini di cui l'invenzione si giova – ma un magazzino pieno zeppo di scarti, concrezioni, fantasmi, un guazzabuglio fuori controllo. Del resto, come scrive Lina Bolzoni:

> Le immagini di memoria [...] non sono semplici strumenti: hanno una forza, una vitalità che a volte va combattuta, alla quale si può anche soccombere. [...] Il rapporto con le immagini che si vogliono rimuovere si fa conflittuale: è una vera battaglia quella che si ingaggia con l'immagine, proprio perché essa è così potente e viva.[72]

69. *O.B.*, p. 74; *O.*, p. 103: «Ogni volta che tentava di spostare qualcosa per fare spazio nella sua mente, la trovava ingombra di altre materie, come un pezzo di vetro che sia rimasto un anno in fondo al mare, e sopra gli si sono incrostate ossa e libellule, monete e trecce di donne annegate».

70. Rimando all'omonimo volume di Bolzoni, in particolare al capitolo *Il potere dell'immaginazione e la fatica di dimenticare*, in Lina Bolzoni, *La stanza della memoria. Modelli letterari e iconografici nell'età della stampa*, Torino, Einaudi, 1995, pp. 143-148.

71. Mi riferisco al «Teatro della memoria», o «Casa della sapienza», progettato da Giulio Camillo. Si vedano in proposito almeno: Giulio Camillo, *L'idea del theatro. Con «L'idea dell'eloquenza» e il «De transumatione» e altri testi inediti*, a cura di L. Bolzoni, Milano, Adelphi, 2015; *La cultura della memoria*, a cura di Lina Bolzoni e Pietro Corsi, Bologna, il Mulino, 1992; Lina Bolzoni, *Il teatro della memoria: studi su Giulio Camillo*, Padova, Liviana, 1984.

72. Ivi, p. 146. A proposito di ricordare e dimenticare si veda anche: Paolo Rossi, *Il passato, la memoria, l'oblio. Otto saggi di storia delle idee*, Bologna, il Mulino, 2001. In

Ma Orlando, come si sa, non combatte, da nessun punto di vista. Anzi si crogiola nella contemplazione e nella rievocazione fantasmatica delle immagini del passato, così come nella creazione di un mondo fittizio di fantasie irrealizzabili.

Tanto che, durante la sua ennesima, trasognata, meditazione, la biografa s'inserisce e commenta metanarrativamente: «Still he looked; still he paused. It is in these pauses that are our undoing».[73] La rovina del romanzo sono le continue pause del protagonista, che si rifiuta di collaborare alla trama, eppure – soggiunge la narratrice, insistendo ancora sul contrasto azione/inazione – Orlando è nel fiore degli anni e potrebbe mettersi senza alcuna esitazione alla testa di un manipolo di soldati, o lanciarsi a combattere in un duello!

> And here we may profit by a pause in his soliloquy to reflect how odd it was to see Orlando stretched there on his elbow on a June day and to reflect that this fine fellow with all his faculties about him and a healthy body, witness cheeks and limbs – a man who never thought twice about heading a charge or fighting a duel – should be so subject to the lethargy of thought, and rendered so susceptible by it that when it came to a question of poetry, or his own competence in it, he was as shy as a little girl behind her mother's cottage door.[74]

Nonostante sia dotato di membra forti e in perfetta salute, Orlando trascorre il suo tempo così, riflettendo, col gomito a reggergli il capo, in una delle classiche pose del melanconico. La *gravitas* delle sue meditazioni vie-

particolare il capitolo *Che cosa abbiamo dimenticato sulla memoria?*, pp. 35-58. Qui Rossi dedica alcune pagine alle «mostruosità per eccesso di ricordo», analizzando il personaggio di Borges, Funes el memorioso, la cui memoria «è come un deposito di rifiuti», e il caso realmente accaduto di un paziente del neuropsicologo russo Aleksandr R. Lurija, a cui il medico stesso aveva dedicato il volume *Viaggio nella mente di un uomo che non dimenticava nulla* (1968).

73. *O.B.*, p. 60; *O.*, p. 86: «E lui continuava a guardare, a fissare. Sono proprio queste pause la nostra rovina».

74. *O.B.*, p. 75; *O.*, pp. 104-105: «E qui, approfittiamo di una pausa nel suo soliloquio, per riflettere su come fosse bizzarro vedere Orlando sdraiato, appoggiato al gomito in quella giornata di giugno; come fosse bizzarro, cioè, che questo bel giovane nel vigore delle sue forze e in buona salute – lo dimostravano le guance e le membra – un uomo che non ci pensava due volte a guidare una carica o a battersi in duello – si fosse reso schiavo di una tale letargia del pensiero, e così suscettibile, che quando entrava in ballo la poesia, e la sua propria competenza al riguardo, diventava timido come una fanciullina che si nasconde dietro la porta della casa materna».

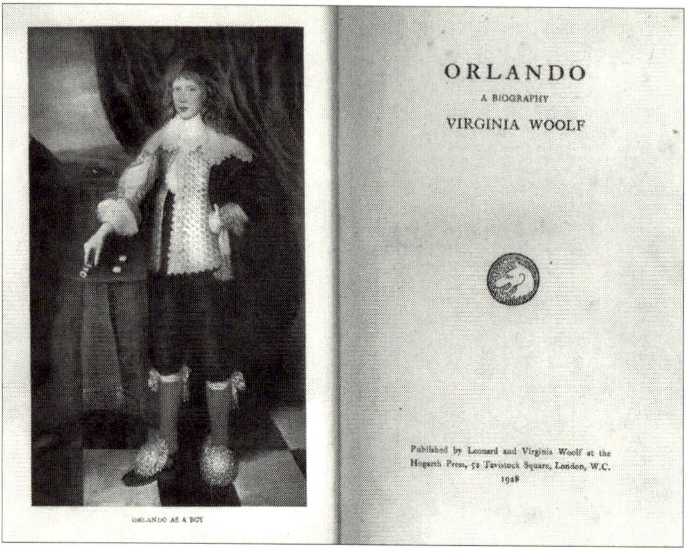
ORLANDO AS A BOY

ORLANDO

A BIOGRAPHY

VIRGINIA WOOLF

Published by Leonard and Virginia Woolf at the Hogarth Press, 52 Tavistock Square, London, W.C.
1928

ORLANDO

hyacinth, the purple iris wrought her to cry out in ecstasy at the goodness, the beauty of nature; raising her eyes again, she beheld the eagle soaring, and imagined its raptures and made them her own. Returning home, she saluted each star, each peak, and each watch-fire as if they signalled to her alone; and at last, when she flung herself upon her mat in the gipsies' tent, she could not help bursting out again, How good to eat! How good to eat! (For it is a curious fact that though human beings have such imperfect means of communication, that they can only say 'good to eat' when they mean 'beautiful' and the other way about, they will yet endure ridicule and misunderstanding rather than keep any experience to themselves.) All the young gipsies laughed. But Rustum el Sadi, the old man who had brought Orlando out of Constantinople on his donkey, sat silent. He had a nose like a scimitar; his cheeks were furrowed as if from the age-long descent of iron hail; he was brown and keen-eyed, and as he sat tugging at his hookah he observed Orlando narrowly. He had the deepest suspicion that her God was Nature. One day, he found her in tears. Interpreting this to mean that her God had punished her, he told her that he was not surprised. He showed her the fingers of his left hand, withered by the frost; he showed her his right foot, crushed where a rock had fallen. This, he said, was what her God did to men.

144

Orlando on her return to England

Fig. 5. *Orlando. A Biography*, frontespizio, The Hogarth Press, London, 1928.

Fig. 6. «Orlando on her return to England», pagina dell'interno con una foto di Vita nei panni della protagonista.

ne descritta come una «letargia del pensiero», uno stato di generale appesantimento che incide anche sul ritmo della narrazione, rallentandola e privandola della materia stessa di cui dovrebbe occuparsi: la vita del protagonista.

Ma la vita di Orlando, come ormai risulta evidente, non è scandita né da ciò che fa, né da ciò che gli accade, piuttosto dal tempo lento e inoperoso delle sue pause, a cui peraltro non segue alcuno slancio o ripresa dell'azione.

La letargia di Orlando, infatti, non prepara – come nel caso degli altri eroi esaminati, Lancelot e Perceval – un'esplosione di rinnovata energia fisica; non è nella sospensione dell'atto che, al pari dei suoi predecessori, Orlando accumula le forze per poi slanciarsi in un combattimento furibondo, in un assalto, in una conquista.

Eppure, è proprio da tale attitudine «letargica» che sembrano dipendere i veri elementi costitutivi dell'epopea di questo eroe, ovvero le sue trasformazioni e la sua persistenza nei secoli.

È il sonno a portare avanti Orlando nella storia della sua vita e nella storia delle epoche ed è nell'apparente inattività della *trance* che avvengono – come per mezzo di una segreta fermentazione – i cambiamenti più significativi della sua esistenza.

Sarà ancora un lungo sonno, infatti, a traghettare Orlando verso una nuova metamorfosi, la più importante.

Dopo aver dormito – come aveva già fatto in precedenza – per sette giorni filati, Orlando si sveglia e, guardandosi allo specchio, si scopre diverso.

L'eroe è diventato una donna.

A cavallo del mondo

«When you asked me to speak about women and fiction I sat down on the banks of a river and began to wonder what the words meant»:[75] è con questa immagine che Virginia Woolf apre il suo celebre saggio del 1929, *A Room of One's Own*, nato a seguito di due conferenze tenute all'Arts Society di Newnham e all'ODTAA di Girton – entrambi college femminili dell'Università di Cambridge – tra il 20 e il 26 ottobre del 1928. E continua:

> Here then was I [...] sitting on the banks of a river a week or two ago in fine October weather, lost in thought. That collar I have spoken of, women and fiction, the need of coming to some conclusion on a subject that raises all sorts of prejudices and passions, bowed my head to the ground.[76]

Ancora una volta, l'immagine della scrittrice pensosa, con la testa reclina, appesantita dalla *gravitas* della questione su cui si sta interrogando, funziona come porta d'accesso per una sua opera. Il processo creativo di cui Woolf sceglie di metterci a parte nell'*incipit* del suo saggio è complesso e faticoso: seduta sulla riva di un fiume – scenario tipico, come s'è visto, anche delle meditazioni degli eroi malinconici – la scrittrice è «lost in thought», persa nei suoi pensieri. Il tema con cui deve misurarsi, le donne e il romanzo, è come un «collare» che le pesa su spalle e nuca, tanto massiccio da costringerla a chinare la testa fino a terra.

La difficoltà di confrontarsi con un argomento così vasto e problematico prende le forme di una vera e propria oppressione fisica: nel carico del «collare» c'è tutto il peso del canone e della tradizione, così come della secolare disparità nell'accesso all'istruzione, alla cultura e al lavoro per i due sessi.

La scrittrice rimane a lungo sulla riva del fiume a riflettere. Il flusso dei suoi pensieri si accorda al flusso delle acque che scorrono sotto il suo sguardo:

75. *A Room*, p. 5; *Una stanza*, p. 7: «Quando mi avete chiesto di parlarvi delle donne e il romanzo, sono andata a sedere sulla sponda di un fiume e ho cominciato a chiedermi che cosa volessero significare quelle parole».

76. *A Room*, p. 8; *Una stanza*, p. 9. «Eccomi qui [...] seduta sulla riva di un fiume, in una bella giornata di ottobre, immersa nei miei pensieri. Quel collare del quale vi avevo parlato, le donne e il romanzo, la necessità di raggiungere una conclusione di qualche tipo su un tema che solleva ogni sorta di pregiudizi e di passioni, mi faceva piegare la testa sino a terra».

> There one might have sat the clock round lost in thought. Thought – to call it by a prouder name than it deserved – had let its line down into the stream. It swayed, minute after minute, hither and thither among the reflections and the weeds, letting the water lift it and sink it until – you know the little tug – the sudden conglomeration of an idea at the end of one's line: and then the cautious hauling of it in, and the careful laying of it out? Alas, laid on the grass how small, how insignificant this thought of mine looked; the sort of fish that a good fisherman puts back into the water so that it may grow fatter and be one day worth cooking and eating.[77]

Woolf rappresenta il movimento del pensiero come quello di una lenza, che pesca nel fiume finché un'idea non si forma ed addensa intorno all'amo. Il pesce che la scrittrice tira fuori dalla corrente, però, appare talmente piccolo e insignificante ai suoi occhi, che forse sarebbe meglio ributtarlo in acqua:

> But however small it was, it had, nevertheless, the mysterious property of its kind –put back into the mind, it became at once very exciting, and important; and as it darted and sank, and flashed hither and thither, set up such a wash and tumult of ideas that it was impossible to sit still. It was thus that I found myself walking with extreme rapidity across a grass plot. Instantly a man's figure rose to intercept me. [...] His face expressed horror and indignation. Instinct rather than reason came to my help, he was a Beadle; I was a woman.[78]

77. *A Room*, pp. 8-9; *Una stanza*, pp. 9-10. «Era un luogo nel quale si sarebbe potuti rimanere seduti giorno e notte, immersi nel proprio pensiero. E questo pensiero – per usare un termine più altisonante di quanto non meriti – aveva tuffato la sua lenza nella corrente. Aveva ondeggiato, un minuto dopo l'altro, qua e là tra i riflessi e le erbacce, lasciando che l'acqua lo riportasse a galla e poi lo facesse affondare di nuovo ed ecco – immaginate quel rapido strappo – l'improvviso agglutinarsi di un'idea alla estremità della lenza, e poi la delicata manovra per tirarla fuori dall'acqua e la cautela nel metterla giù. Ma ahimè, una volta adagiata sull'erba quanto appariva piccolo, davvero insignificante il mio pensiero; come quei pesci che il pescatore accorto ributta nell'acqua perché diventino più grossi e un bel giorno vengano cucinati e mangiati».

78. *A Room*, p. 9; *Una stanza*, pp. 9-10. «Ma per quanto minuscolo, pure godeva di quella misteriosa proprietà che appartiene al suo genere – una volta risospinto nella mente diventava di colpo entusiasmante e importante; e mentre guizzava e sprofondava e balenava di qua e di là, sollevava tanta acqua e un tale tumulto di idee che era impossibile starsene seduti tranquilli. Fu così che mi ritrovai ad attraversare a grandi passi un tratto di terreno erboso. Immediatamente la sagoma di un uomo si avvicinò per mettersi sul mio percorso. [...] La faccia dell'uomo esprimeva orrore e indignazione. Fu l'istinto, più che la ragione, a venirmi in soccorso; quell'uomo era un custode; io ero una donna».

Appena il piccolo, misterioso, pesce-pensiero comincia a guizzare nella mente della scrittrice l'entusiasmo monta e un tumulto di idee sembra diffondersi in tutto il corpo.

Proprio come era avvenuto per il processo creativo di *Orlando* – nei termini in cui Woolf ne aveva riferito a Vita Sackville-West[79] – ad un momento di pesantezza e di stasi apparentemente insormontabili segue un'esplosione dinamica, estatica, una «potenza del pensiero» che prorompe e impedisce di rimanere fermi.

Dall'immobilità opprimente causata dal peso del «collare» all'incontenibile smania di movimento, la parabola delineata dalla scrittrice appare in effetti molto simile a quella delle figure eroiche analizzate fin qui.

Certo, l'antagonista che si para davanti a lei non è un nemico con scudo e lancia, ma un custode in uniforme, la cui arma, altrettanto temibile, consiste nel divieto: è proibito calpestare il prato del college su cui la scrittrice sta camminando a grandi passi, poiché si tratta di un'area riservata «soltanto ai membri del college e agli studiosi».[80]

Il perimetro sorvegliato dal custode è lo spazio simbolico in cui confluiscono tutti i privilegi del sesso maschile, e che quindi segnala anche tutti i divieti e gli svantaggi che riguardano quello femminile.

La cacciata dal sentiero "privilegiato", il senso di esclusione che questa produce, la necessaria deviazione che ne consegue, costituiranno il perno attorno a cui la scrittrice organizzerà e svilupperà l'intera struttura del suo saggio.

Uno dei punti fondamentali su cui Woolf concentrerà la sua analisi sarà quello dell'appropriatezza degli argomenti da affrontare in un romanzo: cosa è degno di essere raccontato, cosa invece deve rimanere fuori dalla rappresentazione letteraria? In che rapporto gerarchico sono le materie narrate da uomini e donne?

> And since a novel has this correspondence to real life, its values are to some extent those of real life. But it is obvious that the values of women differ very often from the values which have been made by the other sex; naturally, this is so. Yet it is the masculine values that prevail. Speaking crudely, football and sport are 'important'; the worship of fashion, the buying of clothes 'trivial'. And these values are inevitably transferred from life to fiction. This is an important book, the critic assumes, because it deals with war. This is an insig-

79. Cfr. *supra*, p. 116, n. 11.
80. *A Room*, p. 9: *Una stanza*, p. 8. «Only the Fellows and Scholars are allowed here».

nificant book because it deals with the feelings of women in a drawing-room. A scene in a battle-field is more important than a scene in a shop – everywhere and much more subtly the difference of value persists.[81]

Vita e rappresentazione letteraria non sono mondi separati, isolati l'uno dall'altro. La gerarchia valoriale che governa la realtà orienta e condiziona anche le sue narrazioni fittizie. In definitiva, i criteri con cui vengono composti e classificati i romanzi sono gli stessi che dominano la vita di tutti i giorni: se ne deduce che la guerra, le battaglie e lo sport saranno argomenti degni della grande letteratura; mentre la moda, i vestiti e i sentimenti delle donne costituiranno l'oggetto di «libri insignificanti».

A meno di due settimane dalla pubblicazione di *Orlando* – uscito l'11 ottobre dello stesso anno – Woolf sembra riportare sul piano critico-teorico delle sue conferenze ciò che già aveva affrontato dal punto di vista narrativo nel suo romanzo.

L'*incipit* dell'opera è assolutamente rappresentativo in questo senso: come messo in luce da Maria DiBattista, «if football and war are more important than fashion, she will introduce her hero playing at war as if it were a sport».[82] L'eroe che gioca alla guerra col trofeo della testa di Moro è un giovane maschio che si diverte con la palla: l'identità stabilita da Woolf tra impresa eroico-guerresca e football ha il compito di esplicitare fin da subito non solo il tono parodico che caratterizzerà tutto il romanzo, ma anche la posizione critica dell'autrice nei confronti del canone letterario e delle gerarchie di valori vigenti.

Se questi elementi risulteranno già chiari nel corso della narrazione dei primi trent'anni di vita dell'eroe protagonista, al momento della sua trasformazione in donna diventeranno più che evidenti.

81. *A Room*, pp. 110-111; *Una stanza*, pp. 88-89. «E poiché un romanzo ha questa corrispondenza con la vita reale, i valori che lo animano sono entro certi limiti gli stessi della vita reale. Ma è ovvio che i valori delle donne molto spesso differiscono da quelli che sono stati inventati dall'altro sesso; è naturale che sia così. Eppure sono i valori maschili a prevalere. Parlando grossolanamente, il calcio e lo sport sono "importanti"; il culto della moda, acquistare vestiti sono "frivolezze". E questi valori, inevitabilmente, trasmigrano dalla vita alla narrativa. Ecco un libro importante, pensa il critico, perché parla di guerra. Quest'altro invece è un libro insignificante perché ha a che fare con i sentimenti delle donne in un salotto. Una scena che si svolge in un campo di battaglia è più importante di una scena che si svolge in un negozio – dovunque, e molto più sottilmente, la differenza di valore persiste».

82. DiBattista, *The Fables of Anon*, p. LXIV.

Del resto, la metamorfosi costituisce, già di per sé, un sovvertimento assoluto dell'ordine costituito: trasformare il protagonista, omonimo del più grande eroe della letteratura cavalleresca, in una donna, non è solo un rovesciamento comico, ma anche una sfida autoriale attraverso cui provare a mostrare nuove strade percorribili, altri modi di raccontare.

La trasformazione di Orlando diventa quindi l'occasione per affrontare questioni su cui la scrittrice si sta interrogando da tempo, il *coup de théâtre* attraverso cui svolgere narrativamente l'inchiesta – sul maschile e il femminile, sui libri degni e quelli indegni, sui codici rappresentativi e interpretativi della realtà, come del romanzo – che Woolf è interessata a portare avanti e approfondire.

Quando Orlando si risveglia dal suo lungo sonno e scopre di essere diventato una donna, comincia ben presto a riflettere sulle mutate condizioni della sua esistenza: cosa si aspetta il mondo da lei, ora che appartiene all'altro sesso? E quali sono i codici secondo cui dovrà comportarsi? Quali gli svantaggi e quali i benefici?

> I shall never be able to crack a man over the head, or tell him he lies in his teeth, or draw my sword and run him through the body, or sit among my peers, or wear a coronet, or walk in procession, or sentence a man to death, or lead an army, or prance down Whitehall on a charger, or wear seventy-two different medals on my breast. [83]

Si tratta di azioni che Orlando, di fatto, non ha mai compiuto in vita sua. Certo, in potenza, finché apparteneva al genere maschile, avrebbe sempre potuto compierle. Ma adesso, essendo mutate le condizioni, sono del tutto irrealizzabili. Anche le fantasie di combattimento e di imprese eroiche cesseranno dunque di far parte dei suoi orizzonti.

La cosa, comunque, non sembra scuoterla più di tanto, anzi. Poiché il cambiamento di sesso non ha mutato in nulla il suo carattere, tantomeno la sua indole, che è rimasta contemplativa, Orlando ha l'impressione di aver tratto degli indubbi vantaggi dalla sua metamorfosi:

83. *O.B.*, p. 116; *O.*, p. 151: «Non potrò più spaccare la testa a un uomo, né dirgli che mente per la gola, né tirare fuori la spada e trapassarlo da parte a parte, né sedere tra i miei pari, né portare una coroncina, né andare in processione, né condannare un uomo a morte, né comandare un esercito, né cavalcare impettito sul mio destriero a Whitehall, né portare settantadue medaglie sul petto». In *Tre Ghinee* Woolf parlerà del «potere ipnotico sulla mente umana di medaglie, simboli, decorazioni, e persino calamai scolpiti» nelle cerimonie e nella retorica degli «Stati fascisti» (Woolf, *Tre Ghinee*, p. 153; *Three Guineas*, pp. 134-135).

Better to leave the rule and discipline of the world to others; better be quit of martial ambition, the love of power, and all the other manly desires if so one can more fully enjoy the most exalted raptures known to the humane spirit, which are [...] contemplation, solitude, love.' 'Praise God that I'm a woman!'.[84]

Molto meglio dedicarsi esclusivamente alla contemplazione, alla solitudine, all'amore, che doversi occupare di regole e discipline, di ridicole cerimonie, di processioni e di medaglie, insomma, di tutto ciò che riguarda le ambizioni degli uomini e il loro «love of power».

La scrittrice sta facendo qui svolgere al suo personaggio un ragionamento che sarà centrale nei suoi futuri saggi, in *A Room of One's Own*, ma soprattutto a distanza di alcuni anni in *Three Guineas*. Nel suo pamphlet del 1938 contro la guerra, infatti, auspicando che le donne possano riunirsi insieme in una «Society of Outsiders» – la società delle estranee alla guerra, che non partecipa ai riti maschili e alla retorica del potere – Woolf scrive:

Broadly speaking, the main distinction between us who are outside society and you who are inside society must be that whereas you will make use of the means provided by your position – leagues, conferences, campaigns, great names, and all such public measures as your wealth and political influence place within your reach – we, remaining outside, will experiment not with public means in public but with private means in private. [...] The outsiders will dispense with pageantry not from any puritanical dislike of beauty. [...] But they will dispense with the dictated, regimented, official pageantry, in which only one sex takes an active part – those ceremonies, for example, which depend upon the deaths of kings, or their coronations to inspire them. Again, they will dispense with personal distinctions – medals, ribbons, badges, hoods, gowns – not from any dislike of personal adornment, but because of the obvious effect of such distinctions to constrict, to stereotype and to destroy.[85]

84. *O.B.*, p. 119; *O.*, p. 153: «Meglio lasciare agli altri il governo e la disciplina del mondo; meglio spogliarsi di ogni ambizione marziale, dell'amore del potere, e di tutti gli altri desideri virili, se così si possono meglio gustare gli esaltati rapimenti che lo spirito umano conosce, che sono [...] contemplazione, solitudine, amore. Sia ringraziato Iddio che sono donna!».

85. Woolf, *Three Guineas*, pp. 134-135; *The Ghinee* p. 153: «In generale possiamo dire che la principale differenza tra noi che siamo fuori dalla società e voi che siete dentro la società consiste in questo: che voi utilizzerete i mezzi che la vostra posizione vi offre: leghe, convegni, campagne, grossi nomi e tutte le misure pubbliche che la ricchezza e il potere politico vi mettono a disposizione [...] le estranee faranno a meno delle cerimonie, ma non per un puritano disprezzo della bellezza. [...] Ma faranno a meno della bellezza

Le considerazioni di Orlando sui vantaggi dell'aver cambiato sesso – e dell'essere dunque diventata una *outsider* – rappresentano le prime cellule di un pensiero critico che negli anni Woolf svilupperà e metterà a fuoco in maniera sempre più chiara ed efficace.

È interessante notare come nel romanzo il senso di liberazione provato dalla protagonista, emancipatasi dall'obbligo di distintivi, cerimonie e incarichi – «the pleasure of having no documents to seal, or sign, no flourishes to make, no calls to pay was enough»[86] – sembri riguardare anche la creatura maschile che Orlando era prima della trasformazione.

Tutto ciò che lo rendeva ridicolo, fuori posto, fuori tempo, quand'era uomo, adesso sembra accettabile, normale, talvolta addirittura richiesto. L'inettitudine nel compiere le imprese e gli atti memorabili cui sembrava predestinato non fa più problema. Eppure – la scrittrice insiste molto su questo – i due Orlando sono la stessa persona. Se ne deduce che ciò che ora è un sollievo per la donna, sarebbe stato un sollievo anche per l'uomo:

> Orlando had become a woman – there is no denying it. But in every other respect, Orlando remained precisely as he had been. The change of sex, though it altered their future, did nothing whatever to alter their identity. Their faces remained, as their portraits prove, practically the same. His memory – but in future we must, for convention's sake, say 'her' for 'his,' and 'she' for 'he'– her memory then, went back through all the events of her past life without encountering any obstacle. Some slight haziness there may have been, as if a few dark drops had fallen into the clear pool of memory; certain things had become a little dimmed; but that was all. [87]

imposta, irreggimentata, ufficiale delle cerimonie in cui un solo sesso prende parte attiva: quelle, per esempio, che traggono ispirazione dalla morte dei re o dalla loro incoronazione. E faranno a meno dei segni di distinzione personale – medaglie, nastrini, distintivi, cappucci, toghe – non per antipatia verso gli ornamenti personali, ma perché tali distinzioni finiscono per costringere, stereotipare, distruggere».

86. *O.B.*, p. 104; *O.*, p. 137: «Il piacere di non avere documenti da sigillare, firmare, niente svolazzi, né visite, già bastava».

87. *O.B.*, pp. 102-103; *O.*, p. 135: «Orlando era diventato donna – non si può negarlo. Ma sotto ogni altro aspetto, Orlando rimaneva tale e quale com'era prima. Il cambio di sesso, che alterava senz'altro la vita futura dei due Orlando, non alterava affatto la loro identità. La faccia rimaneva la stessa, come provano i ritratti. La sua memoria – e cioè, la memoria di lei, non di lui, si dovrà dire per convenzione d'ora in poi – risaliva il corso degli eventi passati senza ostacoli. Se c'era una leggera foschia, era perché, come se delle gocce scure fossero cadute nel limpido stagno della memoria, certi fatti s'erano intorbidati, ma tutto lì».

Si tratta, insomma, di una metamorfosi del tutto indolore. Non solo la sua personalità è sempre la stessa, ma anche la memoria di tutti i fatti avvenuti prima del mutamento è pressoché intatta, e perfino i tratti del viso sono rimasti identici.

Il dettaglio sulla somiglianza dei volti tra Orlando uomo e Orlando donna è interessante, anche perché ricorda uno dei passi più celebri di *A Room of One's Own*, quello sulla sorella di Shakespeare.

Quando Woolf immagina l'esistenza di una sorella del grande bardo, di nome Judith, dotata come e forse più di lui, ma per cui, vista l'epoca, è impossibile dedicarsi alla scrittura e che è dunque destinata a una tragica fine, scrive:

> Yet her genius was for fiction and lusted to feed abundantly upon the lives of men and women and the study of their ways. At last – for she was very young, oddly like Shakespeare the poet in her face, with the same grey eyes and rounded brows – at last Nick Greene the actor-manager took pity on her; she found herself with child by that gentleman and so – who shall measure the heat and violence of the poet's heart when caught and tangled in a woman's body?[88]

William e Judith sono stranamente molto simili nei lineamenti del volto, gli occhi grigi sono identici, così come le sopracciglia. Le somiglianze di tratti e di indole tra i due fratelli – anche Judith è un genio poetico – servono a Woolf, in questo caso, per insistere sulla disparità di trattamento e di destini che, pur partendo da presupposti comuni, si riveleranno tragicamente diversi: la sorella di Shakespeare è un cuore di poeta «intrappolato nel corpo di una donna». Mentre il fratello sarà celebrato come il più grande autore dell'epoca, a lei – incinta e impossibilitata a far fiorire il proprio talento – non resterà che il suicidio.

In *Orlando*, il procedimento sembra svolgersi all'inverso: il corpo in cui il poeta sembra essere intrappolato è quello dell'eroe, un corpo maschile che comporta obblighi, vincoli, aspettative e che proprio grazie alla

88. *A Room*, pp. 72-73; *Una stanza*, p. 60: «Il suo talento la spingeva verso la letteratura e desiderava ardentemente potersi nutrire in abbondanza della vita di uomini e donne e studiarne i costumi. E alla fine – poiché era molto giovane, stranamente somigliante nel volto a Shakespeare, il poeta, con gli stessi occhi grigi e le sopracciglia arrotondate – , alla fine Nick Greene, l'attore impresario, ebbe compassione di lei; la ragazza si ritrovò incinta di quel gentiluomo e così – chi mai potrà misurare il fervore e la violenza del cuore di un poeta quando rimane preso e intrappolato in un corpo di donna?».

metamorfosi in donna può finalmente liberarsi dal suo "dover essere". Da donna, Orlando, può dedicarsi alla scrittura come e quanto vuole, senza che nessuno le chieda di compiere alcun atto eroico. Ma le epoche di Judith e Orlando, certo, sono diverse, perché la metamorfosi di quest'ultimo avviene durante l'Età dei Lumi, non certo nel periodo elisabettiano.

Nell'Inghilterra dei Lumi, Orlando ha la libertà di trascorrere il proprio tempo tra il castello di famiglia e Londra, dove frequenta i grandi salotti illuministi e incontra i più celebri poeti e autori del Settecento inglese: Joseph Addison, Alexander Pope, Jonathan Swift. D'altra parte, non disdegna le serate invernali passate a chiacchierare con le prostitute di Leicester Square, davanti a un buon bicchiere di punch caldo.

Questo perché per la protagonista del romanzo vale quanto Woolf scriverà a proposito di Judith Shakespeare: «il suo talento la spingeva verso la letteratura e desiderava ardentemente potersi nutrire in abbondanza della vita di uomini e donne e studiarne i costumi».[89] Orlando non è mai sazia di indagare le vite degli uomini e delle donne che la circondano, quali che siano la loro estrazione e le loro abitudini. Ciò che le interessa è osservare la vita ed è infatti così che, anche da donna, ama trascorrere le sue giornate: Orlando bighellona, ascolta storie, esplora il mondo dei salotti – di cui però si stufa facilmente – contempla la natura, legge libri. E, soprattutto, continua a scrivere il suo poemetto, *The Oak*, che sta componendo ormai dal lontano 1586.

In definitiva, Orlando seguita a fare ciò che gli è sempre venuto meglio: non compiere alcuna impresa. Piuttosto si attarda, riflette, prende tempo. Le pause, infatti, continuano a costituire il perno della sua epopea e – ora che i suoi obblighi nei confronti dell'azione sono definitivamente decaduti – si moltiplicano, si dilatano, tanto da costringere la biografa-narratrice a intervenire con maggiore frequenza.

> But what can the biographer do when his subject has put him in the predicament into which Orlando has now put us? Life, it has been agreed by everyone whose opinion is worth consulting, is the only fit subject for novelist or biographer; life, the same authorities have decided, has nothing whatever to do with sitting still in a chair and thinking. Thought and life are as the poles asunder. Therefore – since sitting in a chair and thinking is precisely what Orlando is doing now – there is nothing for it but to recite the calendar, tell one's beads, blow one's nose, stir the fire, look out of the window, until she

89. *Ibidem.*

has done. Orlando sat so still that you could have heard a pin drop. Would, indeed, that a pin had dropped! That would have been life of a kind. Or if a butterfly had fluttered through the window and settled on her chair, one could write about that. Or suppose she had got up and killed a wasp. Then, at once, we could out with our pens and write. For there would be blood shed, if only the blood of a wasp. Where there is blood there is life. And if killing a wasp is the merest trifle compared with killing a man, still it is a fitter subject for novelist or biographer than this mere wool-gathering; this thinking; this sitting in a chair day in, day out, with a cigarette and a sheet of paper and a pen and an ink pot.[90]

Se il pensiero e la vita sono due poli opposti, che cosa può raccontare il biografo che si ritrovi per le mani un personaggio che non fa altro che pensare? Come si racconta una vita in cui non succede nulla? Orlando si limita a trascorrere le sue giornate seduta in poltrona, meditando, con una sigaretta in bocca, e carta e calamaio a disposizione.

Alla biografa, quindi, non resta che perdere tempo a sua volta aspettando che la protagonista si decida a porre fine alla sua stasi o sperando in un qualsiasi evento, anche minimo – lo spargimento di sangue di una vespa, ad esempio – purché fornisca un po' di azione per il racconto.

But Orlando was a woman [...] and when we are writing the life of a woman, we may, it is agreed, waive our demand for action.[91]

90. *O.B.*, p. 197; *O.*, pp. 246-247: «Ma che cosa può mai fare il biografo, una volta che il suo protagonista lo abbia messo nella situazione in cui ci ha messi Orlando? La vita, coloro la cui opinione è degna di essere ascoltata sono tutti d'accordo, è l'unico tema adatto per un romanziere o un biografo; la vita, le medesime autorità hanno stabilito, non ha nulla a che fare con lo starsene seduti in poltrona a pensare. Il pensiero e la vita sono su sponde opposte. Quindi – siccome sedere in poltrona e pensare è appunto quello che sta facendo Orlando proprio in questo momento – a noi non rimane altro che snocciolare il calendario, sgranare il rosario un grano dopo l'altro, soffiarci il naso, attizzare il fuoco, guardare fuori dalla finestra, aspettando che abbia finito. Orlando sedeva così immobile che si sarebbe potuto sentire cadere uno spillo. Magari fosse caduto almeno uno spillo! Sarebbe stato comunque un segno di vita. Oppure, se una farfalla fosse entrata dalla finestra e si fosse posata sulla sua poltrona, si sarebbe potuto scrivere almeno quello. Mettiamo che lei si fosse alzata per ammazzare una vespa. Allora, subito, eccoci dare di piglio alla penna e scrivere. Perché si sarebbe versato del sangue, anche se sangue di vespa. E dove c'è sangue c'è vita. E se uccidere una vespa è una sciocchezza in confronto a uccidere un uomo, è tuttavia un soggetto più adatto a un romanziere, o a un biografo, piuttosto che sognare a occhi aperti, pensare, stare seduti in poltrona dal mattino alla sera, con una sigaretta in bocca e una penna e un calamaio».

91. *O.B.*, p. 198; *O.*, p. 247: «Ma Orlando era una donna [...] E quando si scrive la vita di una donna, si sa, sono tutti d'accordo, bisogna mettere da parte l'azione».

Del resto, Orlando è una donna, e com'è noto quando si racconta la vita di una donna si può rinunciare all'azione. Come sottolinea in proposito Fusini, «la biografia di una donna è per forza trasgressiva: resiste alla convenzione della "fine", alla retorica della "formazione"»:[92] non c'è alcun disegno, nessuna ascesa, niente da conquistare nella vita di una donna. A parte l'amore, certo, e la famiglia, ma per questo Orlando non sembra essere molto portata:

> If then, the subject of one's biography will neither love nor kill, but will only think and imagine, we may conclude that he or she is no better than a corpse and so leave her. [93]

Se il protagonista di una biografia non ama, né uccide, forse sarebbe meglio abbandonarlo definitivamente, come corpo morto, e passare oltre.

Orlando, infatti, nonostante agli inizi del Novecento si sia decisa a sposare il romantico e avventuroso Shelmerdine, continua a trascorrere la maggior parte delle sue giornate a pensare e a immaginare. Del resto, si è scelta un marito la cui principale occupazione è cercare di doppiare Capo Horn mentre il mare è in tempesta. Si capisce che vivendo i due a distanza per la maggior parte del tempo, saranno ben pochi gli eventi amorosi su cui la narrazione potrà fare affidamento.

Ma allora, interviene ancora una volta la scrittrice, di cosa potrà mai parlare questa biografia? La domanda, sempre più insistita, prende la cadenza di un *refrain*: «Life, life, what art thou?»[94] si chiede, e ancora «What's life, we ask»,[95] e di nuovo, a mo' di formula o cantilena: «what life is; Life, Life, Life!».[96]

Ma Orlando non darà alcuna soddisfazione alla sua biografa anche quando, nel 1928, dopo più di tre secoli, il poemetto *The Oak* verrà finalmente pubblicato, incontrando un grande successo di critica e di pubblico. Quello che sembrava l'obiettivo di una vita lunghissima è per la protagonista un'esperienza come un'altra; quello che avrebbe potuto essere registrato dalla narrazione come l'acme, il culmine, il trionfo di un'esistenza,

92. Fusini, *Orlando: commento e note ai testi*, p. 1368.

93. *O.B.*, p. 198; *O.*, p. 248: «E perciò, se l'eroe della nostra biografia non ama, né uccide, ma solo pensa e immagina, ne concluderemo che lui, o lei, non vale più di un cadavere, e lasciamola perdere».

94. *O.B.*, p. 199, *O.*, p. 249.

95. *Ibidem.*

96. *Ibidem.*

è sgonfiato e minimizzato dalla stessa Orlando, attraverso un impietoso anticlimax:

> Fame! (She laughed.) Fame! Seven editions. A prize. Photographs in the evening papers [...] how discomposing it is for her biographer that this culmination to which the whole book moved, this peroration with which the book was to end, should be dashed from us on a laugh casually like this; but the truth is that when we write of a woman, everything is out of place – culminations and perorations; the accent never falls where it does with a man.[97]

Ancora una volta l'abbassamento di tono dissacra la circostanza solenne, rovina il momento topico, ma questa volta è Orlando in prima persona a fare la parodia di sé stessa.

Del resto, commenta la biografa, quando si racconta la vita di una donna tutto è fuori posto, un'incoronazione poetica diviene una burla, sette edizioni e un premio passano per un'inezia, la Fama, raggiunta dopo tre secoli, finisce per risultare ridicola: gli accenti sull'esistenza di una donna non cadono, non cadranno mai, come cadrebbero su quella di un uomo.

Risulta sempre più evidente che quella domanda febbrile, insistente, «che cos'è la Vita? La Vita, la Vita, la Vita!» se da un lato è una piroetta linguistica, un modo per chiedersi – giocando con il nome[98] della donna cui Woolf dedica la sua opera – chi è Vita (Sackville-West)?, dall'altro è il segno di un'interrogazione profonda, teorica, sulle questioni che diventeranno centrali in *A Room of One's Own:* quale vita è degna di essere raccontata? Che cosa rende memorabile una vita? Di quali vite deve parlare la letteratura?

97. *O.B.*, p. 228; *O.*, pp. 284-285: «Fama! (rise). Fama! Sette edizioni. Un premio. Fotografie nei giornali della sera [...] e qui dobbiamo rubare un po' di spazio per constatare la delusione, amara per il suo biografo, di veder buttata lì, tra due risate, quella specie di culmine di tutta l'opera sua, la perorazione con cui si sarebbe voluto concludere il libro; vero è che, quando si scrive di una donna, tutto risulta improprio – incoronazioni e perorazioni; l'accento non cade mai dove cade con un uomo».

98. Virginia Woolf era perfettamente consapevole del significato italiano del nome della sua amata, e il valore di quel termine è spesso oggetto delle loro conversazioni affettuose. Si veda ad es. la lettera di Vita Sackville-West del 28 febbraio 1926: «Mi manchi così tanto. Quanto non lo crederai, né saprai mai. In ogni singolo momento del giorno. Mi dà dolore ma anche piacere, se capisci cosa intendo. Voglio dire che è bello avere un sentimento così intenso, così ostinato per qualcuno. È un segno di vita-lità (Nessun gioco di parole)» (*Scrivi sempre a mezzanotte*, p. 71).

Se proviamo a porre una di queste domande all'opera che abbiamo analizzato finora, ovvero: «che cosa rende memorabile la vita di Orlando?», la risposta non sarà certo la gloria. La reazione della protagonista al successo letterario, finalmente raggiunto dopo secoli di interminabile lavoro e fatica, ribadisce – qualora ce ne fosse ancora bisogno – che fama e potere ricoprono nella sua esistenza un ruolo del tutto marginale.

Quello che conta, invece, per Orlando, è l'immaginazione. È nel vivere costantemente a contatto con la propria immaginazione che Orlando realizza lo scopo della sua vita.

Da questo punto di vista, non è un caso che alla fine del romanzo si ripresenti, per una perfetta chiusura circolare, una delle immagini che lo aveva aperto: proprio come quando era un giovane maschio adolescente, l'eroina trentaseienne torna a stendersi sotto la quercia millenaria di fronte al suo castello. Le radici dell'albero sotto la schiena sollecitano, come trecento anni prima, la sua immaginazione:

> Flinging herself on the ground, she felt the bones of the tree running out like ribs from a spine this way and that beneath her. She liked to think that she was riding the back of the world.[99]

Orlando torna a fantasticare di essere a cavallo, questa volta non più di un destriero, ma del mondo intero. Si tratta di un'immagine che, se da un lato paga un ultimo tributo alla musa del romanzo – Vita Sackville-West era una cavallerizza eccezionale[100] – dall'altro riguarda profondamente e specificatamente l'autrice, il suo modo di scrivere e di vivere.

Ne è ulteriore testimonianza ciò che Virginia Woolf scrisse sul diario nell'agosto del 1929, subito dopo aver concluso *A Room of One's Own*:

99. *O.B.*, p. 237; *O.*, pp. 294-295: «Gettandosi a terra, sentì l'ossatura dell'albero sotto di lei, come costole che si diramassero da una spina dorsale. Le piaceva pensare di essere a cavallo del mondo».

100. Per Virginia Woolf, Vita Sackville-West è una vera amazzone. In una lettera del 1° aprile del 1933 indirizzata lei, l'autrice scriveva: «settle on your estates, and preserve the woods, and ride a white horse, and breed dogs, and have me to stay, and write poetry»; «Sistemati nelle tue proprietà, e occupati dei boschi e monta un cavallo bianco e alleva i cani e invitami e scrivi poesia» (*Scrivi sempre a mezzanotte*, p. 214). A proposito dell'essere "a cavallo del mondo", in una lettera del 15 marzo 1927, Virginia aveva scritto a Vita, che si trovava a Teheran: «Damn you Vita, why do you insist upon taking the world by the scruff of its neck and shaking it?» (*The Letters of Virginia Woolf*, vol. III, p. 347); «Accidenti a te Vita, perché insisti a prendere il mondo per la collottola e sbatterlo di qui e di là?» (*Scrivi sempre a mezzanotte*, p. 133).

I have just set the last correction to Women and Fiction, or A Room of One's Own. I shall never read it again I suppose. Good or bad? Has an uneasy life in it I think: you feel the creature arching its back and galloping on.[101]

A cavallo della creatura inquieta – ovvero dell'opera appena compiuta – che inarca la schiena e comincia a galoppare, non c'è un eroe ma la scrittrice in persona.

Perché per Virginia Woolf «essere a cavallo del mondo» non è altro che questo: creare.

101. *The Diary of Virginia Woolf*, vol. III, p. 242; 19 agosto 1929. «Nel bene o nel male ho apportato l'ultima correzione a le *Donne e il Romanzo*, o *Una stanza tutta per sé*. Non lo rileggerò più, penso. Bello? Brutto? C'è un'inquieta vitalità, si sente una creatura che inarca la schiena e galoppa» (trad. it. N. Fusini, in "Note", *Una stanza tutta per sé*, p. 135).

Percival e la poesia

Nel «play-poem»[102] che Virginia Woolf scrive tra il 1929 e il 1931, e che solo alla fine della prima stesura prenderà il titolo di *The Waves*, la poesia riveste – come risulta chiaro dalla definizione che la scrittrice stessa gli attribuisce nel diario – un ruolo di assoluto rilievo.

In quest'opera, la qualità sperimentale della scrittura woolfiana trova la sua piena applicazione nella scelta compositiva di attenuare i confini tra prosa e poesia e di rinunciare alla trama in favore del ritmo.

Nella lettera a Vita Sackville-West del 16 marzo del 1926, del resto, Virginia Woolf già scriveva:

> Style is a very simple matter: it is all rhythm. Once you get that, you can't use the wrong words. [...] Now this is very profound, what rhythm is, and goes far deeper than words. A sight, an emotion, creates this wave in the mind, long before it makes words to fit it; and in writing (such is my present belief) one has to recapture this, and set this working (which has nothing apparently to do with words) and then, as it breaks and tumbles in the mind, it makes words to fit it.[103]

Se per la scrittrice lo stile è sempre stato una questione di ritmo, e per quanto ciò emerga chiaramente da tutte le sue opere, è in *The Waves* che Woolf metterà particolarmente a frutto tale convinzione, realizzandola compiutamente. Qui più che altrove, infatti, l'autrice perseguirà il proposito di ricreare e rendere, attraverso la scrittura, quella «wave in the mind»[104] di cui parla nella lettera indirizzata all'amica.

Nel maggio del 1929, mentre sta ragionando su come procedere per la scrittura delle *Onde*, Woolf annota nel diario: «I am not trying to tell a story. Yet perhaps it might be done in that way. A mind thinking. [...] Life itself going on».[105]

102. *The Diary of Virginia Woolf*, vol. III, p. 139.

103. *The Letters of Virginia Woolf*, vol. III, p. 247; *Scrivi sempre a mezzanotte*, p. 81. «Lo stile è una cosa molto semplice: è ritmo. Una volta preso il ritmo, non puoi usare parole sbagliate. [...] L'essenza del ritmo è arcana, è più profonda delle parole. Uno spettacolo, un'emozione sollevano un'onda nella mente prima ancora che si presentino le parole adatte a esprimerli; quando scriviamo (questo è ciò che penso ora) dobbiamo richiamare l'emozione alla memoria e lasciare che operi (una cosa che non ha evidentemente niente a che fare con le parole) e, intanto che si agita nel fondo della mente, trovi le parole adatte».

104. *Ibidem.*

105. Woolf, *The Diary of Virginia Woolf*, vol. III, p. 229; «Ma io non voglio raccontare una storia. Forse si potrebbe fare così. Una mente che pensa [...] La vita in sé che procede» (Woolf, *Opere*, vol. II, *Commento e note ai testi*, a cura di Nadia Fusini, pp. 1374-1375).

Fig. 7. *The Waves*, 1ª edizione, copertina disegnata da Vanessa Bell, Hogarth Press, London, 1931.

L'intenzione con cui la scrittrice si accinge ad affrontare la sua nuova opera non è, per l'appunto, quella di raccontare una storia, non è la trama che le interessa, ma la possibilità di restituire, attraverso una scrittura «a ritmo», i movimenti di «una mente che pensa» e della «vita in sé che procede».

Si tratta di una sfida difficilissima, cui Woolf farà fronte dando alla sua opera una struttura bipartita: il libro si comporrà infatti di dieci interludi, che introdurranno nove sezioni di soliloqui, condotti dalle voci di sei personaggi.

Agli interludi, brani di prosa lirica in terza persona, sarà affidato il compito di portare sulla scena la forza impersonale della Natura, nel suo procedere impassibile e distante: il sole con le sue diverse posizioni nell'arco della giornata; le onde che battono e ribattono sulla riva; il canto degli uccelli; lo stormire delle foglie; tutto ciò, insomma, che concorre a rappresentare l'andamento ciclico, e incurante, della «vita in sé».

Ai soliloqui, invece, spetterà la resa delle oscillazioni della «mente che pensa», ottenuta attraverso i flussi di coscienza dei sei personaggi: Bernard, Susan, Rhoda, Neville, Jinny, e Louis.

Per tutta la durata del romanzo, ad alternarsi e confrontarsi sulla scena, saranno quindi due cadenze distinte, il tempo della Natura e il tempo della creatura:

> A tema è lo scontro tra due ritmi, quello ciclico dell'eterno ritorno di un'energia apparentemente senza entropia, senza dispendio; e il misurato e miserabile consumo di forza – lo sforzo dell'individuo, la spesa, lo spreco di energia senza ritorno, la perdita.[106]

Al fluire eterno, disumano, insensibile della Natura, l'individuo sembra opporre di volta in volta la sua fragile, inquieta, esperienza del tempo. È nella resa di questa dialettica antagonistica che Woolf individua il fine ultimo della sua opera, ovvero quello di mostrare la creatura nell'atto di compiere lo sforzo smisurato, eroico, di confrontarsi col ritmo vasto e indifferente di vita e morte.

Da questo punto di vista, il «caleidoscopio di coscienze» costituito dai sei personaggi mira a rendere conto della «varietà delle esperienze umane»[107] su più livelli: *The Waves* si configura come «un'autobiografia

106. Fusini, *Le onde: commento e note ai testi*, p. 1381.
107. Ivi, p. 1384.

che è anche la biografia di uomini e donne [...] e nella sua onda più vasta, una cosmogonia».[108]

Ciò che più ci interessa è che al centro dell'esperienza di questi uomini e donne – ovvero al vertice della cosmogonia che essi mettono in scena – c'è sempre la rappresentazione, mitica e rarefatta, di un altro essere umano: la figura che domina le visioni e i racconti dei sei protagonisti è quella di Percival, il settimo personaggio del romanzo, che non parla mai con la propria voce, ma di cui tutti gli altri raccontano.

Creatura lontana, irraggiungibile, proveniente da un altro tempo, Percival si staglia sulla scena del romanzo come l'idolo attorno a cui si riuniscono e coagulano le singole esperienze dei personaggi. È Percival, l'eroe, che con la sua sola esistenza – per quanto remota e inafferrabile – dà unità alle voci dei protagonisti.

Ecco come, in una delle sue prime apparizioni, viene descritto:

> There he sits, upright among the smaller fry. He breathes through his straight nose rather heavily. His blue and oddly inexpressive eyes are fixed with pagan indifference upon the pillar opposite. [...] He is allied with the Latin phrases on the memorial brasses. He sees nothing; he hears nothing. He is remote from us all in a pagan universe.[109]

La «parentela» di Percival con le frasi latine incise nel bronzo segnala fin da subito la sua appartenenza a un altro mondo, un'altra epoca; è da un universo pagano, antico, che egli attinge e diffonde la sua luce. In questo senso, lo statuto del personaggio di Percival corrisponde a ciò che Blanchot ha scritto a proposito dell'identità dell'eroe: «è necessario che [...] l'eroe, il primo uomo per eccellenza, sia un uomo venuto da lontano, una meraviglia ereditaria ricevuta e trasmessa».[110]

> Look now, how everybody follows Percival. He is heavy. He walks clumsily down the field, through the long grass, to where the great elm trees stand. His magnificence is that of some mediaeval commander. A wake of light seems

108. *Ibidem*.

109. *Waves*, p. 25; *Onde*, p. 24. «Eccolo lì seduto ben eretto, tra i piccoli. Respira profondamente dal naso dritto. Gli occhi azzurri stranamente inespressivi fissano con pagana indifferenza la colonna di fronte. [...] È parente di quelle frasi latine incise nel bronzo. Non vede nulla: non sente nulla. È lontanissimo da noi, in un universo pagano».

110. Blanchot, *La fine dell'eroe*.

> to lie on the grass behind him. Look at us trooping after him, his faithful servants, to be shot like sheep, for he will certainly attempt some forlorn enterprise and die in battle.[111]

Come mostra il passo appena riportato, all'interno della scuola privata di Elvedon, dove si svolge la prima parte del romanzo, tutti ammirano e seguono – come pecorelle, come servi fedeli – Percival, che nell'essere associato a un «condottiero medievale», chiarisce il modello cui la scrittrice sta guardando per la caratterizzazione del personaggio.

La memoria dell'eroe graaliano si fa esplicita: Percival nasce da alcuni frammenti di Perceval/Parsifal che Virginia Woolf rielabora e dissemina all'interno della sua opera.

Anche se cammina sgraziatamente, goffamente – si noti l'avverbio «clumsily» – Percival è magnifico, porta con sé una luce sublime, solenne, che pare preannunciare un destino tragico, per quanto coerente con il suo eroismo: la morte in battaglia.

Ma le caratteristiche che fanno di Percival un «condottiero», un leader, non sono certo tutte positive, anzi. Percival è violento, c'è qualcosa di distruttivo in lui:

> This I see for a second, and shall try tonight to fix in words, to forge in a ring of steel, though Percival destroys it, as he blunders off, crushing the grasses, with the small fry trotting subservient after him. Yet it is Percival I need; for it is Percival who inspires poetry.[112]

A prendere la parola qui è Louis, l'unica tra le sei voci a essere contraddistinta da un accento straniero.[113] Louis è il personaggio *outsider*, il

111. *Waves*, p. 26; *Onde*, p. 25. «Eccoli, seguono tutti Percival. È grande e grosso. Cammina senza grazia per il campo in mezzo all'erba alta, fino ai grandi olmi. Ha però la magnificenza di un condottiero medievale. Una scia di luce sembra cadere sull'erba al suo passaggio. E noi, quasi fossimo un gregge, gli andiamo tutti dietro in schiera, come servi fedeli pronti a morire, perché certamente tenterà una qualche impresa disperata e morirà in battaglia».

112. *Waves*, p. 28; *Onde*, p. 27. «Ecco ciò che vedo in quest'istante, e stanotte proverò a metterlo in parole; ne farò un anello di acciaio, anche se Percival ora lo distrugge, allontanandosi con passo pesante, calpestando l'erba, con tutti i piccoli che gli trottano dietro ubbidienti. Ma è di Percival che ho bisogno; perché è Percival che ispira la poesia».

113. È un accento australiano. Pur non provenendo dagli Stati Uniti come Eliot, anche Louis arriva da lontano.

banchiere e poeta del gruppo, per la cui caratterizzazione Woolf si ispirò all'amico T.S. Eliot.

Agli occhi di Louis, Percival è un prepotente. Il suo modo rozzo di calpestare l'erba lo indispone, ne disturba il processo creativo. Eppure, allo stesso tempo, egli sembra non poter fare a meno di lui per creare: Percival è la sua fonte d'ispirazione.

Che sia la voce del personaggio poeta – e, in filigrana, quella dell'autore di *The Waste Land* – ad affermare che Percival «ispira la poesia» è certo elemento degno di nota. D'altronde, come vedremo più avanti, la ricorrenza nel testo di immagini e ambientazioni che rimandano alla *waste land*[114] suggerisce che durante la scrittura delle *Onde* Woolf fosse stata condizionata dalla memoria di alcune atmosfere del poema eliotiano.

Ma cerchiamo ora di comprendere meglio perché Percival e la poesia sono talmente legati da finire per essere spesso utilizzati come sinonimi.

Percival non legge libri, non è interessato che all'azione, allo sport e al football, ma come riferisce un altro personaggio, Neville – che di Perci-

114. Ne è un esempio particolarmente efficace, fra gli altri, un passaggio dell'ultimo monologo di Bernard: «The woods had vanished; the earth was a waste of shadow. No sound broke the silence of the wintry landscape. No cock crowed; no smoke rose; no train moved. A man without a self, I said. A heavy body leaning on a gate. A dead man. With dispassionate despair, with entire disillusionment, I surveyed the dust dance; my life, my friends' lives [...] clouds and phantoms made of dust too, of dust that changed, as clouds lose and gain and take gold or red and lose their summits and billow this way and that, mutable, vain. I, carrying a notebook, making phrases, had recorded merely changes; a shadow, I had been sedulous to take note of shadows» (*Waves*, p. 219), «I boschi erano scomparsi, la terra un deserto di ombra. Non un suono rompeva il silenzio del paesaggio invernale. Non un gallo cantava, non si levò, il fumo, nessun treno partì. Un uomo senza più io, mi dissi un corpo pesante appoggiato a un cancello. Un uomo morto. Con disperazione spassionata, nel disinganno totale, esaminai la danza di polvere; la mia vita, la vita dei miei amici [...] nuvole e fantasmi fatti anch'essi di polvere, di una polvere che mutava, al modo in cui le nubi perdono e guadagnano, acquistano ora del rosso e dell'oro, e perdono ora la cima, mentre fluttuano in questa o quella direzione, mutevoli, vane. Io, con il mio taccuino, le mie frasi avevo registrato pure metamorfosi; un'ombra io stesso, ero stato solerte nel prendere nota di ombre» (*Onde*, p. 211). Cfr. con le prime immagini de *La sepoltura dei morti*, in T.S. Eliot, *La terra desolata*, a cura di Angelo Tonelli, Milano, Feltrinelli, 2007, pp. 32-34, vv. 25-30: «[...] only/ There is shadow under this red rock,/ (Come in under the shadow of this red rock),/ And I will show you something different from either/ Your shadow at morning striding behind you/ Or your shadow at evening rising to meet you;/ I will show you fear in a handful of dust», trad. it. «[...] soltanto/ ombra sotto la roccia rossa/ (venite all'ombra della roccia rossa)/ e vi mostrerò qualcosa di diverso/ dalla vostra ombra che al mattino vi segue/ o dall'ombra che di sera vi si leva incontro:/ vi mostrerò il terrore/ in un pugno di polvere».

val è innamorato pur riconoscendo in lui una forma di stupidità – sembra capire meglio e più degli altri l'essenza della poesia.

> When I read Shakespeare or Catullus, lying in the long grass, he understands more than Louis. Not the words – but what are words? Do I not know already how to rhyme, how to imitate Pope, Dryden, even Shakespeare? But I cannot stand all day in the sun with my eyes on the ball; I cannot feel the flight of the ball through my body and think only of the ball.[115]

Percival, nella sua ignoranza, comprende la poesia meglio di Louis – che è un poeta. La comprende perché ne tocca l'essenza più profonda, che non dipende dall'esteriorità delle parole, ma dalla purezza e dalla concentrazione dell'emozione.

Nell'essere tutt'uno col pallone che calcia, ovvero nell'essere tutto dentro a ciò che fa, Percival non interpone filtri di alcun tipo tra sé e l'esperienza del mondo: è in questo che consiste la sua vicinanza, o meglio la sua identità, con la poesia. Percival non è il ragionamento sulla cosa, è la cosa stessa.

Per le medesime ragioni, Percival è l'eroe nella sua rappresentazione più luminosa e mitica: i suoi occhi fissi sul pallone, in pieno sole, il suo farsi tutto corpo e azione durante la partita, rappresentano l'istantanea splendida, irripetibile, dell'attimo totale, assoluto, in cui l'eroismo si manifesta.

> La gloria è l'irradiarsi dell'azione immediata, è luce, fama. L'eroe si mostra, è la manifestazione abbagliante, in un essere, dell'essere; è la trasfigurazione dell'origine in principio, la trasparenza dell'assoluto in una decisione o in una azione che pure restano particolari e momentanee. Ma questa gloriosa scoperta che non lascia niente da scoprire (l'anima dell'eroe è la più vuota di tutte), e nello stesso tempo pretende di essere inesauribile, costituisce il privilegio del suo quasi-omonimo, l'araldo, colui che annuncia e fa echeggiare. L'eroismo è rivelazione, mirabile intensità luminosa dell'atto in cui si uniscono essenza e apparenza. L'eroismo è la luminosa sovranità dell'atto. Solo l'atto è eroico, mentre l'eroe che non agisce non è nulla, l'eroe preso al di fuori della chiarezza dell'atto che illumina e lo illumina non è nulla.[116]

115. *Waves*, pp. 34-35; *Onde*, p. 33. «Quando ci sdraiamo nell'erba e io gli recito Shakespeare e Catullo, capisce più di Louis. Non le parole, ma che cosa sono le parole? Sì, io so già fare le rime, imitare Pope, Dryden, perfino Shakespeare, ma non riesco a stare tutto il giorno al sole con gli occhi sulla palla; non sento con tutto il corpo il lancio del pallone, non penso solo a quello».

116. Blanchot, *La fine dell'eroe*, p. 493.

Le azioni «particolari e momentanee» di Percival, di cui i sei personaggi sono testimoni e cantori per tutta la durata il romanzo, consentono di assistere ogni volta alla «manifestazione abbagliante, in un essere, dell'essere».

Tutti guardano Percival perché è in Percival che l'essere, balenando, si rivela e si mostra, dato che «not a thread, not a sheet of paper lies between him and the sun, between him and the rain, between him and the moon»,[117] niente separa Percival dalla sostanza del mondo.

Anche quando, a distanza di alcuni anni, i compagni di scuola – ormai giovani uomini e donne – si ritroveranno seduti alla tavola di un ristorante proprio per salutare Percival che è in partenza per l'India, l'entrata di quest'ultimo nel locale avrà il carattere di un'apparizione:

> 'Here is Percival,' said Bernard, 'smoothing his hair, not from vanity (he does not look in the glass), but to propitiate the god of decency. He is conventional; he is a hero. The little boys trooped after him across the playing-fields. They blew their noses as he blew his nose, but unsuccessfully, for he is Percival. Now, when he is about to leave us, to go to India, all these trifles come together. He is a hero. Oh yes, that is not to be denied, and when he takes his seat by Susan, whom he loves, the occasion is crowned. We who yelped like jackals biting at each other's heels now assume the sober and confident air of soldiers in the presence of their captain.[118]

L'arrivo di Percival ha un effetto immediato sull'atmosfera rumorosa, disordinata, conflittuale del gruppo di giovani: appena l'eroe si siede tra loro, tutti diventano misurati, responsabili, sicuri di sé, come fossero soldati al cospetto del proprio comandante.

È interessante notare come, anche in questo caso, la descrizione di Percival sia ambivalente: se per Louis era rozzo, e per Neville ignorante, per Bernard – è lui a parlare ora – Percival è convenzionale. «He is con-

117. *Waves*, p. 35; *Onde*, p. 33. «Non un filo, non un foglio di carta lo separa dal sole, dalla pioggia, dalla luna».

118. *Waves*, p. 92; *Onde*, p. 88. «Ecco Percival, – disse Bernard – si liscia i capelli, non per vanità (non si guarda allo specchio), ma per propiziare il dio del decoro. È pura convenzione; è un eroe. I bambini gli correvano dietro a frotte nei campi da gioco. Si soffiavano il naso come lui, ma senza successo, perché lui è Percival. Ora che ci sta per lasciare, per andare in India, questi dettagli insignificanti riaffiorano. È un eroe. Oh, sì, non può negarlo, e ora che si siede accanto a Susan, che adora, il momento è completo. Noi che abbaiavamo come sciacalli l'uno contro l'altro ora assumiamo l'aria sobria e sicura che hanno i soldati al cospetto del capitano».

ventional; he is a hero»: critica e ammirazione sembrano andare insieme, di pari passo, quasi che fossero interdipendenti, legate da un nesso causale implicito.

D'altra parte l'aggettivo «conventional» ha almeno due livelli di lettura: da un lato, designa una persona o un comportamento banale, scontato, stereotipato; dall'altro è in qualche modo sinonimo di «tradizionale»: Percival è un eroe tipico e per questo risponde a delle convenzioni, ovvero a un repertorio di temi e motivi che costituiscono un codice – essendo appunto il codice l'insieme delle convenzioni.

Resta il fatto che alla presenza dell'eroe il gruppo di amici si aggrega, si compatta: è intorno a lui che i sei protagonisti diventano un solo corpo, è Percival a tenerli uniti, con la propria luce, con la propria solidità.[119]

Per Jinny «i muri sono fatti di Percival»,[120] della sua giovinezza e bellezza; per Louis è Percival svelare i rapporti di interdipendenza fra tutti i personaggi, il loro costituire, assieme, un unico corpo e anima.[121] Per Rhoda:

> He is like a stone fallen into a pond round which minnows swarm. Like minnows, we who had been shooting this way, that way, all shot round him when he came. Like minnows, conscious of the presence of a great stone, we undulate and eddy contentedly. Comfort steals over us. Gold runs in our blood. One, two; one, two; the heart beats in serenity, in confidence, in some trance of well-being, in some rapture of benignity.[122]

119. È interessante notare che nei romanzi di Virginia Woolf questa funzione unificante sia di solito demandata ai personaggi femminili, in particolare a Mrs Dalloway e Mrs Ramsay. Si veda, ad esempio, in *To the Lighthouse*: «Nothing seemed to have merged. They all sat separate. And the whole of the effort of merging and flowing and creating rested on her. Again she felt, as a fact without hostility, the sterility of men, for if she did not do it nobody would do it» (Virginia Woolf, *To the Lighthouse*, Wordsworth Classics, Ware, 2002, p. 60; «Niente all'apparenza era legato. Sedevano separati gli uni dagli altri. E lo sforzo del legare e del fluire e del creare poggiava tutto su di lei. Di nuovo sentì, come un dato di fatto puri, non ostile, la sterilità degli uomini; perché se quello sforzo non lo faceva lei, non lo avrebbe fatto nessuno» (Virginia Woolf, *Al Faro*, trad. it. N. Fusini, Milano, Feltrinelli, 2008).

120. *Waves*, p. 109. «Walls are made of Percival, of youth and beauty»; *Onde*, p. 105: «Le pareti sono fatte di Percival, della giovinezza, della bellezza».

121. *Waves*, p. 103 «It is Percival [...] who makes us aware that these attempts to say, "I am this, I am that," which we make, coming together, like separated parts of one body and soul, are false»; *Onde*, p. 99 «È Percival [...] è lui a farci capire la falsità di ogni tentativo di dire: "sono questo, sono quello", quando, quasi fossimo parti separate di un solo corpo, ci ritroviamo».

122. *Ibidem*. «Percival è la pietra che cade in uno stagno, intorno alla quale sciamano a frotte i pesciolini. Come pesciolini, noi che prima sfrecciavamo di qua e di là, appena è ar-

Dalla «grande pietra» che è Percival emana un senso di conforto, di benessere che dà il ritmo e regola i battiti del cuore: i protagonisti sono pesciolini che gli nuotano incontro febbrili, estatici, desiderosi di partecipare al suo incanto. È grazie alla sua presenza, infatti, che il sangue si mischia con l'oro, che il bello e il bene avvolgono, proteggono, consolano. In questo scenario, la partenza di Percival non potrà che somigliare a uno smembramento. La paura, il presentimento di non rivederlo mai più, attraversano come presagi di un destino nefasto la mente di tutti i personaggi.

Ma è sempre attraverso la mente che questi si sforzano di continuare a seguirlo, a immaginarlo, a vederlo, anche mentre è lontano:

> "I see India", said Bernard "I see the low, long shore; I see the tortuous lanes of stamped mud that lead in and out among ramshackle pagodas; I see the gilt and crenellated buildings which have an air of fragility and decay as if they were temporarily run up buildings in some Oriental exhibition. I see a pair of bullocks who drag a low cart along the sun-baked road. The cart sways incompetently from side to side. Now one wheel sticks in the rut, and at once innumerable natives in loin-cloths swarm round it, chattering excitedly. But they do nothing. Time seems endless, ambition vain. Over all broods a sense of the uselessness of human exertion. [...] But now, behold, Percival advances; Percival rides a flea-bitten mare, and wears a sun-helmet. By applying the standards of the West, by using the violent language that is natural to him, the bullock-car is righted in less than five minutes. The Oriental problem is solved. He rides on; the multitude cluster round him, regarding him as if he were – what indeed he is –a God".[123]

rivato, gli siamo corsi intorno. Come pesciolini, consci della presenza di una grande pietra, onduliamo e turbiniamo soddisfatti. Ci invade un senso di conforto. Nel sangue affluisce l'oro. Uno, due, uno, due, il cuore batte in pace, fiducioso, in un'estasi di benessere, in un trasporto di bontà».

123. *Waves*, p. 102; *Onde*, p. 98. «Vedo l'India, – vedo la riva bassa, lunga. Vedo i viottoli tortuosi di fango battuto che entrano ed escono da pagode malridotte; vedo edifici dorati, merlati, dall'aria fragile, decadente, come se fossero stati allestiti per una mostra temporanea sull'Oriente. Vedo una coppia di buoi che tirano un carro basso per una strada arroventata dal sole. Il carro sbanda paurosamente. Non una ruota sta fissa, mentre intorno innumerevoli indiani, coi loro perizomi, eccitati, si affollano, schiamazzano. Ma non fanno nulla. Il tempo sembra infinito, vana ogni ambizione. Su tutto cova il senso dell'inutilità dello sforzo umano [...] ma ecco, ora compare Percival. Percival cavalca una puledra mangiata dalle mosche, e ha in testa un elmetto. Applicando modi occidentali, usando il linguaggio violento che gli è connaturato, fa raddrizzare in meno di cinque minuti il carro.

Quasi fosse un veggente capace di sintonizzarsi sulla frequenza di Percival a migliaia di chilometri di distanza, Bernard lo visualizza, ne descrive l'incedere, tra i viottoli tortuosi e le pagode fatiscenti del paesaggio indiano.

Percival cavalca una cavalla infestata dalle pulci e indossa un «sun helmet», un caschetto per proteggersi dal sole. La degradazione del modello cavalleresco è palese, Percival non è più un «condottiero», e al posto del destriero – neanche fosse Sancio Panza – ha una cavalla malridotta, in sostituzione dell'elmo ha il copricapo del colonialista.[124]

Certo, i suoi modi rozzi, violenti, sono efficaci. Gli consentono di rimettere in piedi nel giro di pochi minuti un carretto rovesciato sulla strada di cui nessuno sembrava capace di occuparsi: Percival ha la competenza e la risoluzione dell'Occidente, che si contrappongono all'inettitudine dei colonizzati.

Impossibile non cogliere in queste righe il sarcasmo e la polemica che Woolf riserva all'esperienza plurisecolare dell'Imperialismo britannico. L'immagine di Percival che, scortato dalla folla come un dio, procede trionfalmente su una puledra malandata, dopo aver risolto in quattro e quattr'otto «il problema orientale», è una rappresentazione parodica e provocatoria della retorica trionfalista utilizzata, ancora in quegli anni, per convincere i giovani inglesi ad arruolarsi al servizio della madrepatria.

Nello scenario delineato dalla scrittrice anche l'India risulta fasulla, irreale, posticcia, «as if they were temporarily run up buildings in some Oriental exhibition».[125] Le strade, il paesaggio, gli edifici, sembrano messi su alla buona, temporaneamente, come per una mostra sull'Oriente. Ma non è forse la lente distorta dello sguardo del colonialista occidentale a falsare e sovrapporre stereotipi e luoghi comuni a tutto ciò che vede?

Poco dopo questo episodio che lo ha messo in ridicolo, la morte di Percival sopraggiunge improvvisa. La notizia viene ripetuta, come una formula – «he is dead» – da tutti i personaggi ma è Neville, legato a Percival da un sentimento amoroso, il primo ad annunciarla:

Il problema orientale è risolto. Continua a cavalcare: la folla gli si accalca intorno, lo guardano come fosse quel che in verità egli è, e cioè un dio».

124. È importante ricordare che anche Leonard Woolf aveva lavorato in India per l'Impero britannico, e sull'esperienza aveva in seguito scritto il romanzo *The Village in the Jungle* (1913) ripubblicato dalla Hogarth Press proprio nel 1931, anno di pubblicazione delle *Onde*.

125. *Waves*, p. 102; *Onde*, p. 98.

> 'He is dead,' said Neville. 'He fell. His horse tripped. He was thrown. The sails of the world have swung round and caught me on the head. All is over. The lights of the world have gone out.[126]

Percival è morto per una banale caduta da cavallo, in un incidente che sembra anche il simbolo di un rovesciamento del paradigma epico-cavalleresco – o meglio, degli echi e residui di tale paradigma – su cui il personaggio è stato costruito.

La degradazione del suo eroismo, la cui impresa principale, spogliata di qualsiasi valore etico o aura sacrale, si riduce all'essere un «impiegato» dell'Impero britannico, raggiunge qui il suo culmine.

Eppure, nonostante la morte di Percival non avvenga in battaglia come prefigurato all'inizio del romanzo, e sia tutt'altro che gloriosa, l'atmosfera mitica che aveva contraddistinto la sua figura non cessa di essere rievocata dagli altri personaggi, anzi riacquista vigore. La memoria dell'eroe – ora che egli è divenuto irrimediabilmente assente – sembra strutturarsi, almeno in parte, su una rimozione degli aspetti fallimentari dell'epilogo della sua vicenda.

Anche se, al banco di prova, l'eroismo di Percival si è rivelato un insuccesso clamoroso, la funzione simbolica che egli ha svolto per i sei amici fin dall'inizio del romanzo resta intatta. Anzi, nel farsi ricordo e rievocazione, essa acquista i tratti dell'elogio funebre, la potenza della dimensione elegiaca:

> About him my feeling was: he sat there in the centre. Now I go to that spot no longer. The place is empty. 'Oh yes, I can assure you, men in felt hats and women carrying baskets – you have lost something that would have been very valuable to you. You have lost a leader whom you would have followed.[127]

Il posto che Percival occupava al centro dell'esistenza dei protagonisti è rimasto vuoto. La sua perdita – apostrofa Bernard – è una perdita per tutti: il mondo è stato privato di un leader, di un capo, di un modello da seguire.

126. *Waves*, p. 114; *Onde*, p. 109. «È morto, – disse Neville. – È caduto. Il cavallo ha scartato. L'ha sbalzato di sella. Le vele del mondo si sono voltate di scatto e l'hanno colpito alla testa. È tutto finito. Le luci del mondo si sono spente».

127. *Waves*, p. 116; *Onde*, p. 11. «Ciò che provavo per lui era: lui era lì, al centro. Ora lì non c'è più. Quel luogo è vuoto. Oh, sì, vi assicuro, voi uomini col cappello e donne coi panieri – avete perso qualcosa che vi sarebbe stata preziosa. Avete perso un capo che avreste seguito».

Eppure è ancora a Bernard – lo *storyteller*, ovvero il personaggio che in certa misura condivide con l'autrice il ruolo di narratore – che tocca riaffermare l'importanza di una rappresentazione ambivalente dell'eroe:

> This is important; that I should be able to place him in trifling and ridiculous situations, so that he may not feel himself absurd, perched on a great horse. I must be able to say, "Percival, a ridiculous name." At the same time let me tell you, men and women, hurrying to the tube station, you would have had to respect him. You would have had to form up and follow behind him.[128]

I propositi di Bernard su come rappresentare Percival sembrano dar voce a quelli della scrittrice stessa: è senz'altro lei ad aver posto queste condizioni, e ad averle seguite nel corso del romanzo. Riuscire a rendere la figura eroica nella sua complessità ambivalente – ovvero nella sua oscillazione tra aspetti ridicoli e aspetti realmente grandiosi, tra banalità ed eccezionalità – è proprio l'obiettivo che Virginia Woolf sembra essersi prefissata, e che ha conseguito.

Del resto, l'idea di raccontare «un'esistenza interrotta sulle proprie potenzialità»,[129] deve aver affascinato la scrittrice proprio per l'ambiguità intrinseca a una parabola eroica troncata a metà, di cui non si potrà verificare la traiettoria finale.

Per certi versi, Percival è solo il figlio bello, sportivo e spaccone della buona borghesia inglese che va a lavorare per l'Impero coloniale in India. O meglio, per andare ancor più all'essenza, per certi versi Percival è solo un ragazzo che muore.

Nella sua morte c'è tutto lo spreco, la catastrofe, lo splendore della giovinezza e della bellezza che si estinguono prima del tempo. Ma Percival – proprio perché è un ragazzo che muore – è anche la rappresentazione per eccellenza dell'eroe giovane, per cui la morte costituisce la massima realizzazione, la via d'accesso a una gloria imperitura.

Certo, quella di Percival non è la «bella morte» nella sua accezione classica: anche su questo paradigma, come su tutti i più tradizionali, la scrittrice lavora secondo il suo stile, ovvero attraverso il metodo della

128. *Ibidem*. «Questo è importante: che io riesca a collocarlo in situazioni insignificanti, ridicole, senza che lui si senta assurdo, appollaiato su un enorme cavallo. Devo poter affermare: "Percival, che nome ridicolo". Allo stesso tempo lasciate che vi dica, uomini e donne che vi affrettate alla metropolitana, sì, avreste dovuto ammirarlo. Avreste dovuto mettervi in riga a seguirlo».

129. Fusini, *Le onde: commento e note ai testi*, p. 1387.

smentita, del rovesciamento, della degradazione, che però – è importante tenerlo presente – sono anche tutte forme di recupero, in cui qualcosa della dimensione originaria sopravvive e continua a essere proposto.

Se Percival, dunque, non compie alcuna impresa straordinaria e non muore in battaglia ma per una banale caduta da cavallo, che è l'esatto contrario del paradigma della "bella morte", pure di questo paradigma, nella sua vicenda, persistono alcuni elementi costitutivi – come la celebrazione dello splendore e dell'unicità dell'eroe, l'esaltazione della sua memoria, la commemorazione elegiaca – sì che quella di Percival finisce per essere contemporaneamente una morte ridicola e una «bella morte».

È proprio in questa ambivalenza che risiede lo spessore del personaggio, la sua ricchezza, la sua forza e, in sostanza, la sua memorabilità. Smentendo ma al contempo recuperando, attraverso la riscrittura, il modello mitico a cui si ispira, Virginia Woolf costruisce un personaggio che di quel mito e di quelle memorie letterarie si nutre e sostanzia, pur discostandosene.

Percival e il suo modello originario antico-francese Perceval – capostipite di una lunghissima serie di altri Perceval/Parsifal – sono senz'altro molto distanti, eppure condividono alcuni tratti essenziali, fra cui la rozzezza, la grande energia fisica, i temi del ridicolo e del fallimento, una forma d'incompiutezza della parabola di cui sono protagonisti.

Anche il fattore del mutismo sembra, per certi versi, accomunarli, visto che per l'uno è caratteristica dominante – Percival non parla mai – per l'altro, difetto e colpa imperdonabile che interviene nel momento decisivo della sua epopea.

Mettendo i testi a confronto, per quanto lontani, sarà forse possibile provare a riconoscere al loro interno una ricorrenza di tratti e di situazioni simili e in qualche caso – pur nella distanza linguistica – alcune scelte espressive affini.

Si prenda ad esempio la scena in cui, all'inizio del romanzo, Percival viene descritto mentre fissa lo sguardo su una colonna e, lontano da tutto e tutti, irraggiungibile, sembra non vedere e non sentire niente di ciò che lo circonda. Il racconto di questo momento è in parte accostabile, con tutte le cautele del caso, a una delle più celebri scene de *Le Conte du Graal*, quella in cui Perceval, anch'egli alienato dal resto del mondo, fissa le tre gocce di sangue nella neve e non vede nient'altro all'infuori di quelle, né sembra sentire chi gli rivolge la parola:

> His blue and oddly inexpressive eyes are fixed with pagan indifference upon the pillar opposite. [...] He is allied with the Latin phrases on the memorial brasses. He sees nothing; he hears nothing. He is remote from us all in a pagan universe.[130]

> Percevax sor les gotes muse/ [...] il ne mot/ et fet sanblant que pas ne l'ot.[131]

I verbi «to fix» e «muse» associati agli occhi esprimono una stessa attitudine dello sguardo che concentrato, assente, apparentemente inespressivo, è catturato ipnoticamente da un'immagine. Si tratta di un'esperienza visiva intensa e individuale, assolutamente esclusiva, che allontana il personaggio che ne sta facendo esperienza da tutto ciò che lo circonda. Come trasportati in un'altra dimensione, sia Percival che Perceval, non rispondono agli stimoli esterni, sono altrove, remoti, e non vedono e non sentono nulla all'infuori del circuito chiuso della loro contemplazione alienata.

Un altro passaggio in cui le atmosfere delle due opere toccano un punto di convergenza è quello in cui, subito dopo la morte di Percival, Louis – il personaggio-poeta, alter ego di T.S. Eliot – comincia a ripetere, come un *refrain*, quasi un lamento funebre, il motivo di una vecchia canzone: «Percival died [...] O western wind, when wilt thou blow,/ that the small rain down can rain?».[132]

Si tratta di una melodia popolare molto celebre nell'Inghilterra rinascimentale, il cui testo si basa sui versi di una lirica anonima di epoca medievale, composta in Middle English. L'invocazione al vento d'occidente e alla pioggia viene ripetuta da Louis per sei volte e prelude a una serie di immagini che riguardano il deserto, l'aridità, la desolazione, che saranno poi sviluppate da Bernard:

130. *Waves*, p. 25; *Onde*, p. 24: «Eccolo lì seduto ben eretto, tra i piccoli. Respira profondamente dal naso dritto. Gli occhi azzurri stranamente inespressivi fissano con pagana indifferenza la colonna di fronte. [...] È parente di quelle frasi latine incise nel bronzo. Non vede nulla: non sente nulla. È lontanissimo da noi, in un universo pagano».

131. Chrétien de Troyes, *Perceval*, v. 4211 e vv. 4245-46: «Perceval fissa lo sguardo sulle gocce»; «Non si muove e sembra che non abbia sentito».

132. *Waves*, p. 155; *Onde*, p. 148. «Percival è morto [...] O vento d'occidente, quando soffierai,/ sì che la pioggia fine cada?». La lirica medievale da cui è tratta la canzone fu ripubblicata nella raccolta nel *Week-end book* del 1924, di cui in Inghilterra uscirono ben 17 edizioni. Una testimonianza manoscritta delle parole e della melodia della canzone è conservata presso la British Library di Londra nel manoscritto Royal Appendix 58, f. 5.

The woods had vanished; the earth was a waste of shadow. No sound broke the silence of the wintry landscape. No cock crowed; no smoke rose; no train moved.[133]

Nello scenario catastrofico delineato da Bernard i boschi svaniscono, la terra è deserta, guasta, piena di ombre. Nessun suono rompe il silenzio, nessun segno dimostra che c'è ancora vita: non il canto del gallo, non i fumi dei camini, non un treno che parte.

Il modello della *Terre Gaste* è palese, l'apocalisse descritta da Bernard ha gli stessi toni di quella preannunciata nel romanzo di Chrétien dalla «laide dameisele»,[134] a seguito del fallimento di Perceval al Castello del re Pescatore: a causa dell'incapacità dell'eroe di portare a termine la sua missione, la terra sarà devastata, le donne perderanno i mariti, i cavalieri moriranno, le fanciulle resteranno orfane. Un'ondata di morte, rovina e sofferenza invaderà il regno.

Non si tratta di dimostrare una citazione diretta del testo di Chrétien da parte di Woolf. Ma è importante osservare il ripresentarsi di immagini e motivi che attraversano i secoli e giungono al romanzo woolfiano.

A tal punto che il Percival di Virginia Woolf somiglia molto di più all'originale antico-francese che alle sue caratterizzazioni successive, compresa la riscrittura wagneriana.

La morte di Percival interrompe bruscamente la sua epopea fissandola in una sospensione eterna. Come ogni «esistenza interrotta sulle proprie

133. *Waves*, p. 219; *Onde*, p. 211. «I boschi erano scomparsi, la terra un deserto di ombra. Non un suono rompeva il silenzio del paesaggio invernale. Non un gallo cantava, non si levò il fumo, nessun treno partì».

134. Chrétien de Troyes, *Perceval*, vv. 4662-4683: «Ce es tu, li maleüreus/ Qui veïs qu'il fu tans leus/ De parler, et si te teüs!/ En mal eür tant te teüsses,/ Que, se tu demandé eüsses/ Li riches rois qui si s'esmaie/ Fust ores gariz de sa plaie/ Et si tenist sa terre an pes,/ Dom il ne tanra point ja mes./ Et sez tu qu'il an avandra/ Del roi qui terre ne tandra,/ Ne n'iert de sa plaie gariz?/ Dames an perdront lor mariz,/ Terres an seront essilliees/ Et puceles desconselliees,/ Qui orfelines remandront,/ Et maint chevalier an morront,/ Et tuit avront le mal par toi»; «Sei tu, disgraziato, che avevi ben visto che era tempo di parlare, e invece hai taciuto! Disgraziato il momento in cui sei stato tanto muto: se tu avessi parlato, il ricco re che si strugge nel dolore ora sarebbe guarito dalla sua piaga e avrebbe tenuto la sua terra in pace, e invece non la terrà mai più. E sai cosa succederà per il fatto che il re non terrà più la sua terra e non sarà guarito dalla sua piaga? Le dame ne perderanno i loro mariti, le terre saranno devastate e le fanciulle rimaste orfane saranno lasciate senza guida, e molti cavalieri ne moriranno, e tutti soffriranno per colpa tua».

potenzialità»,[135] anche quella di Percival rimane per sempre in un intervallo mitico, luminoso, enigmatico.

Lo stesso accade con *Le Conte du Graal*, un'opera «interrotta sulle proprie potenzialità», in cui le domande che il giovane eroe non pronuncia alla mensa del re Pescatore restano sospese per sempre.

Ma è proprio per questa ragione che il romanzo di Chrétien diviene nucleo propulsore e modello di una serie sterminata di narrazioni che si susseguono nei secoli: il vuoto lasciato dall'incompiutezza dell'opera e dal fallimento del suo eroe producono uno spazio narrativo potenzialmente inesauribile, generativo, fecondo.

Anche Percival, nell'opera woolfiana, lascia uno spazio vuoto con la sua morte improvvisa e banale: «He sat there in the centre», dice Bernard, «now [...] the place is empty».[136]

È nel vuoto che rimane al centro, come nell'atto che rimane sospeso, che la poesia trova spazio e respiro. E continua a mostrarsi.

Per questo abbiamo bisogno di Percival. «For it is Percival who inspires poetry».[137]

135. Fusini, *Le onde: commento e note ai testi*, p. 1387.

136. *Waves*, p. 116; *Onde*, p. 111. «Lui era lì, al centro», «Ora [...] quel luogo è vuoto».

137. *Waves*, p. 28.

Bibliografia

Testi

Ariosto, Ludovico, *Orlando Furioso*, a cura di G. Innamorati, Milano, Feltrinelli, 2008.

Aristotele, *Poetica*, a cura di P. Donini, Torino, Einaudi, 2008.

—, *Politica*, a cura di F. Ferri, Firenze, Bompiani, 2016.

Bhagavadgītā, a cura di Anne-Marie Esnoul, trad. it. B. Candian, Milano, Adelphi, 1991.

Cervantes, Miguel de, *Don Quijote*, a cura di Francisco Rico, Barcelona, Instituto Cervantes-Crítica, 1998.

La Chanson de Roland, a cura di Ian Short, Paris, Lettres Gothiques, 1990.

Chrétien de Troyes, *Œuvres complètes*, a cura di Daniel Poirion, con Anne Berthelot, Peter F. Dembowski, Sylvie Lefèvre, Karl D. Uitti e Philippe Walter, Paris, Gallimard, 1994.

—, *Erec e Enide*, trad. it. C. Noacco, intr. F. Zambon, Milano-Trento, Luni Editrice, 1999.

Eliot, Thomas Stearns, *La terra desolata*, a cura di A. Tonelli, Milano, Feltrinelli, 2007 [Ed. or. *The Waste Land*, Hogart Press, London, 1923].

Eschilo, *I Persiani*, a cura di Monica Centanni, Milano, Feltrinelli, 1991.

—, *Le tragedie*, a cura di Monica Centanni, Milano, Mondadori, 2007.

Euripide, *Le tragedie*, a cura di Anna Beltrametti, trad. it. F. M. Pontani, voll. 1-2, Milano, Mondadori, 2007.

Il Graal. I testi che hanno fondato la leggenda, a cura di Mariantonia Liborio, trad. it. A. Cipolla, S. De Laude, M. Infurna, M. Liborio, F. Zambon, Milano, I Meridiani Mondadori, 2005.

Gugliemo IX, *Poesie*, ed. critica a cura di Nicolò Pasero, Modena, STEM Mucchi, 1973.

Lancelot du Lac, Roman français du XIII siècle, vol. I, ed. Elspeth Kennedy, a cura di François Mosès, Paris, Librairie générale françąise, 1991.

Lancelot du Lac, Roman français du XIII siècle, vol. II, ed. Elspeth Kennedy, a cura di Marie-Luce Chênerie, Paris, Librairie générale française, 1993.
Magno, Alberto, *Summa theologica*, in *Opera omnia*, Paris, Vivès, 1895.
Mahābhārata, a cura di Paola Agnolucci, Arezzo, Digitalsoul, 2018.
Omero, *Odissea*, trad. it. R. Calzecchi Onesti, Torino, Einaudi, 1997.
—, *Iliade*, trad. it. R. Calzecchi Onesti, Torino, Einaudi, 2018.
Pascal, Blaise, *Pensieri*, a cura di Benedetta Papasogli, Roma, Città Nuova Editrice, 2003 [*Pensées*, Paris, Pocket, 2003].
Première Continuation de Perceval (Continuation-Gauvain), a cura di William Roach, Paris, Librairie générale française, 1993.
Sackville-West Vita, *Knole*, The National Trust, 1974.
Shakespeare, William, *Amleto*, trad. it. A. Lombardo, Milano, Feltrinelli, 1995.
—, *Macbeth*, trad. it. A. Lombardo, Milano, Feltrinelli, 1997.
—, *Giulio Cesare*, trad. it. A. Lombardo, Milano, Feltrinelli, 2000.
Sofocle, *Filottete*, a cura di Maria Serena Mirto, trad. it. M.P. Pattoni, Milano, BUR, 2000.
Sterne, Laurence, *Vita e opinioni di Tristram Shandy*, trad. it G. Aldi Pompili, Milano, BUR, 2005 [Ed. or. *The life and Opinions of Tristram Shandy, Gentleman*, 9 voll. printed for R. and J. Dodsley (1759-1761), printed for T. Becket and P.A. Dehondt (1762-1767)].
Thomas, *Le roman de Tristan. Poème du XII Siècle*, éd. J. Bédier, Paris, Librarie de Firmin Didot, 1902.
Le vie de Saint Alexis, éd. G. Paris, L. Pannier, 5 fascicule, Paris, Librarie A. Franck, 1872.
Woolf, Virginia, *A Room of One's Own*, London, Hogarth Press, 1935 [ed. or., London, Hogart Press, 1929].
—, *The Essays of Virginia Woolf*, a cura di Andrew McNeillie, vol. 1, New York, Harcourt Brace Jovanovic, 1967.
—, *The Letters of Virginia Woolf*, a cura di Nigel Nicolson e Joanne Trautmann, 6 voll., New York, Harcourt Brace, 1975-83.
—, *The Diary of Virginia Woolf* (1925-1930), vol. III, London, Hogarth Press, 1980.
—, *The Waves*, a cura di Kate Flint, London, Penguin Classics, 2000 [ed. or. London, Hogarth Press, 1931].
—, *To the Lighthouse*, Ware, Wordsworth Classics, 2002 [ed. or. London, Hogarth Press, 1927].
—, *Orlando: A Biography*, a cura di Maria DiBattista, New York, Harcourt, 2006 [ed. or. London, Hogarth Press, 1928].
—, *Three Guineas*, a cura di Jane Marcus, Orlando, Harvest Book, 2006 [ed. or. London, Hogarth Press, 1938].
—, *Opere*, a cura di Nadia Fusini, 2 voll., Milano, I Meridiani Mondadori, 1998.

—, *Una stanza tutta per sé*, trad. it. M.A. Saracino, note di N. Fusini, Milano, Mondadori, 2000.
—, *Le onde*, a cura di Nadia Fusini, Torino, Einaudi, 2002.
—, *Al Faro*, trad. it. N. Fusini, Milano, Feltrinelli, 2008 [I ed. it. Feltrinelli, 1992].
—, *Orlando*, trad. it. A. Scalero, Milano, Mondadori, 2009 [I ed. it. 1933].
—, *Orlando*, trad. di N. Fusini, Milano, Neri Pozza, 2023.
—, *Le tre ghinee*, a cura di Luisa Muraro, trad. it. A. Bottini, Milano, Feltrinelli, 2014 [I ed. it. Milano, La Tartaruga, 1975].
—, *Voltando pagina. Saggi 1905-1941*, a cura di Liliana Rampello, Milano, Il Saggiatore, 2011.
Woolf, Virginia, Sackville-West Vita, *Scrivi sempre a mezzanotte. Lettere d'amore e desiderio*, a cura di Elena Munafò, trad. it. S. De Simone e N. Fusini, Milano, Donzelli editore, 2019.
Zambrano, María, *A modo de autobiografía*, in «Anthropos», 70-71 (1987).

Critica

Agamben, Giorgio, *Idea della prosa*, Macerata, Quodlibet, 2002.
—, *La potenza del pensiero. Saggi e conferenze*, Vicenza, Neri Pozza, 2005.
—, *Stanze. La parola e il fantasma nella cultura occidentale*, Torino, Einaudi, 2006 [I ed. 1977].
—, *Karman. Breve trattato sull'azione, la colpa e il gesto*, Torino, Bollati Boringhieri, 2017.
Auerbach, Erich, *Mimesis. Il realismo nella letteratura occidentale*, con un saggio introduttivo di A. Roncaglia, Torino, Einaudi, 1956 [ed. or. *Mimesis: Dargestellte Wirklichkeit in der abendländischen Literatur*, Francke, Bern, 1956].
Antonelli, Roberto, *I magazzini della memoria. Luoghi e tempi dell'Europa*, Firenze, San Zanobi, 2000.
—, *Oltre la Krisis: letterature nazionali, letteratura europea, Weltliteratur. E. Auerbach e E. R. Curtius*, in *Gli scrittori che hanno inventato la letteratura europea*, Convegno internazionale, Innsbruck, 15-16 febbraio 2013, a cura di Alexandra Vranceanu e Angelo Pagliardini, Bern, Peter Lang Edition.
—, *Emozioni, canone letterario, Europa*, in *Ragionar d'amore*, a cura di Alessio Decaria e Lino Leonardi, Firenze, Il Galluzzo, 2015.
Bachtin, Michail, *Estetica e romanzo*, a cura di Clara Strada Janovič, Torino, Einaudi, 1979 [ed. or. *Èpos i roman (O metodologii issledovanija romana)*, Voprosy literatury, 8, 1970, pp. 95-122; in seguito *Voprosy literatury i èstetiki*, 1975, pp. 447-483].
Barbieri, Alvaro, *Eroi dell'estasi. Lo sciamanesimo come antefatto culturale e sinopia letteraria*, a cura di Alvaro Barbieri, Verona, Fiorini, 2017.

Barthes, Roland, *La chambre claire. Note sur la photographie*, Cahiers du Cinéma, Paris, Gallimard, 1980.

Beltrami, Piero G., *Racconto mitico e linguaggio lirico: per l'interpretazione del Chevalier de la charrete*, in «Studi mediolatini e volgari», 30 (1984), pp. 5-67.

Benjamin, Walter, *Il dramma barocco tedesco*, trad. it. F. Cuniberto, Torino, Einaudi, 2014 [ed. or. *Ursprung des deutschen Trauerspiel*, Frankfurt am Main, Suhrkamp Verlag, 1974].

Bespaloff, Rachel, *Sull'Iliade*, con una nota di J. Wahl, trad. it. S. Mambrini, Milano, Adelphi, 2018 [ed. or. *De l'Iliade*, New York, Brentano's, 1943].

Blanchot, Maurice, *L'infinito intrattenimento: scritti sull'insensato gioco di scrivere*, trad. it. R. Ferrara, Torino, Einaudi, 1977 [ed. or. *L'entretien enfini*, Paris, Gallimard, 1969].

Bloom, Harold, *Il Canone Occidentale. I libri e le scuole delle Età*, trad. it. F. Saba Sardi, Milano, BUR, 2008 [ed. or. *The Western Canon*, New York, Harcourt Brace & Co, 1994].

Boitani, Piero, *Prima lezione sulla letteratura*, Roma-Bari, Laterza, 2007.

—, *Dieci lezioni sui classici*, Bologna, il Mulino, 2007.

—, *Verso l'incanto. Lezioni sulla poesia*, Roma-Bari, Laterza, 2021.

—, *In cerca di Amleto*, Bologna, il Mulino, 2022.

Bologna, Corrado, *L'"invenzione" dell'interiorità. Spazio della parola, spazio del silenzio: monachesimo, cavalleria, poesia cortese*, in *Luoghi sacri e spazi della santità*, a cura di Sofia Boesch Gajano e Lucetta Scaraffia, Torino, Rosenberg e Sellier, 1990.

—, *La mano en la mejilla*, in *Criticón, "Estaba el jardín en flor...". Homenaje a Stefano Arata* = «Criticón», 87-88-89 (2003), pp. 79-96.

Bolzoni, Lina, *La stanza della memoria. Modelli letterari e iconografici nell'età della stampa*, Torino, Einaudi, 1995.

— *Il lettore creativo. Percorsi cinquecenteschi fra memoria, gioco, scrittura*, Napoli, Guida Editori, 2012.

Brelich, Angelo, *Gli eroi greci. Un problema storico-religioso*, Roma, Edizioni dell'Ateneo, 1958.

—, *Gli eroi greci. Un problema storico-religioso*, con una nota di C. Bologna, Milano, Adelphi, 2010.

Brunel, Clovis, *Les hanches du Roi Pêcheur. Chrétien de Troyes, Perceval, 3513*, in «Romania», 81 (1960), pp. 37-43.

Burkert, Walter, *La religione greca di epoca arcaica e classica*, trad. it. G. Arrigoni, Milano, Jaca Book, 2003 [ed. or. *Griechische Religion der archaischen und klassichen Epoche*, W. Kohlhammer, Stuttgart-Berlin-Köln, 1977].

Campbell, Joseph, *L'eroe dai mille volti*, trad. it. F. Piazza, Milano, Feltrinelli, 1958 [ed. or. *The Hero with a Thousand Faces*, Pantheon Books, New York, 1949].

Cardini, Franco, *Sciamani e cavalieri medievali*, in «Quaderni di Studi Indo-Mediterranei», 7 (2014), pp. 349-367.

Chantraine, Pierre, *Dictionnaire Étymologique de la Langue Grecque*, 3 voll., Paris, Éditions Klincksieck, 1968.

Chase, Carol J., *Sur la théorie de l'entrelacement: ordre et désordre dans le Lancelot en prose*, in «Modern Philology», 80 (1983), pp. 227-41.

Chênerie, Marie-Luce, *Le partage des rôles dans la société arthurienne*, in *Le chevalier errant dans le romans arthuriens en vers del XII et XIII siècles*, Genève, Droz, 1986. [I ed. French & European Pubns, 1965].

Curtius, Ernst R. *Letteratura europea e Medio Evo latino*, a cura di Roberto Antonelli, trad. it. C. Bologna, M. Candela, A. Luzzato, Firenze, La Nuova Italia, 1992. [ed. or. *Europäische Literatur und lateinisches Mittelalter*, Bern, Francke, 1948].

De Laude, Silvia, *Ancora su Ernst Robert Curtius e Aby Warburg (con l'idea di una nuova ricerca sul teatro)*, in «Moderna», VI (2004).

—, *Il filo ripreso*, in *Il Graal. I testi che hanno fondato la leggenda*, a cura di Mariantonia Liborio, trad. it. A. Cipolla, S. De Laude, M. Infurna, M. Liborio, F. Zambon, Milano, I Meridiani Mondadori, 2005, pp. 1703-1713.

DeSalvo, Louise, *A note on the Orlando tapestries at Knole house*, in «Virginia Woolf Miscellany», 12 (1979).

De Simone, Sara, *Quant vos demorastes deus pas: fratture e frattempi dell'eroe in sospeso*, in «*L'attesa. Forme, retorica, interpretazioni.* Atti del XLV Convegno Interuniversitario (Bressanone, 7-9 Luglio 2017), a cura di Gianfelice Peron e Fabio Sangiovanni, Padova, Esedra Editrice, 2018, pp. 89-100 (Quaderni del Circolo Filologico Linguistico Padovano 33).

—, *L'eroe medievale nel romanzo modernista: permanenze, discontinuità e nuovi respiri*, in «Critica del Testo», XXIII/3 (2020).

—, *Vita Sackville West*, in *Virginia Woolf e Bloomsbury. Inventing life*, a cura di Nadia Fusini e Luca Scarlini, Milano, Electa, 2022, pp. 110-116.

—, *Nessuna come lei. Katherine Mansfield e Virginia Woolf. Storia di un'amicizia*, Milano, Neri Pozza, 2023.

Deleuze, Gilles, Parnet, Claire, *Conversazioni*, trad. it. G. Comolli, R. Kirchmayr, Verona, Ombre Corte, 2006. [ed. or. *Dialogues*, Paris, Flammarion, 1977].

Derrida, Jacques, *Psyché. Invenzioni dell'altro*, trad. it. R. Balzarotti, Milano, Jaca Book, 2008 [ed. or. *Psyché. Inventions de l'autre*, Éditions Galilée, Paris, 1997].

Desideri, Giovannella, *«Et indefessa vertigo». Sull'immagine della ruota della Fortuna: Boezio, Lancelot e Commedia*, in «Critica del testo», VIII/1 (2005), pp. 389-426.

DiBattista, Maria, *Virginia Woolf's major novels: The Fables of Anon*, New Haven and London, Yale University Press, 1980.

—, *preface to Orlando: A Biography*, New York, Harcourt, 2006.

Dodds, Eric R., *I greci e l'irrazionale*, a cura di Riccardo Di Donato, Milano, BUR, 2009 [ed. or. *The greeks and the irrational*, Berkeley, University of California Press, 1951].

Donà, Carlo, *«Par le nom conoist en l'ome». Nome, conoscenza iniziatica e genealogia nel* Conte du Graal *di Chrétien de Troyes*, in *Tradizione letteraria, iniziazione, genealogia*, a cura di Carlo Donà e Mario Mancini, Milano, Luni Editrice, 1998, pp. 11-45.

—, *Il prologo del «Conte del Graal» e il senso del romanzo*, in *Il romanzo nel medioevo.* Atti del convegno, Bologna 20-21 Ottobre 2003, Bologna, Pàtron Editore, 2006, pp.33-43.

Douin, Jean-Luc, *Entretien avec Eric Rohmer; Perceval, C'est Buster Keaton au moyen age*, in «Télérama 1517», 10-16 febbraio 1979.

Dumézil, Georges, *Mitra-Varuna. Essais sur deux représentations indo-européennes de la souveraineté*, Paris, Gallimard, 1948.

—, *Le sorti del guerriero. Aspetti della funzione guerriera presso gli Indoeuropei*, trad. it. F. Bovoli, Milano, Adelphi, 1990 [ed. or. G. Dumézil, *Heur et malheur du guerrier, aspects de la fonction guerrière chez les Indo-Européens*, Paris, Presses Universitaire de France, 1969].

Ehrenberg, Victor L., *Origins of Democracy*, in «Historia» I (1950), pp. 515-548.

Eliade, Mircea, *Lo sciamanismo e le tecniche dell'estasi*, trad. it. R. Rambelli, Roma, Edizioni Mediterranee, 1974 [ed. or. *Le chamanisme et les techniques archaiques de l'extase*, Paris, Payot, 1951].

—, *Dictionnaire des Religions*, Paris, Plon, 1990.

Esposito, Roberto, *L'origine della politica: Hannah Arendt o Simone Weil?*, Roma, Donzelli Editore, 1996.

Fachinelli, Elvio, *La freccia ferma. Tre tentativi di annullare il tempo*, Milano, Adelphi, 1992 [I ed. Milano, L'erba voglio, 1979].

Ferrari, Franco., *Il dilemma di Pelasgo*, in «Annali della Scuola Normale Superiore di Pisa. Classe di Lettere e Filosofia», III, 4, 2 (1974), p. 376.

Frappier, Jean, *Chrétien de Troyes: l'homme et l'œuvre*, Paris, Hatier-Boivin, 1957.

—, *Autour du Graal*, Genève, Droz, 1977.

Frazer, James G., *Il Ramo d'oro. Studio sulla magia e la religione*, vol. I, trad. it. L. De Bosis, Torino, Bollati Boringhieri, 1973 [ed. or. *The Golden Bough: A Study in Comparative Religion*, 1915].

Freud, Sigmund, *Totem e Tabù*, in *Opere 1912-1914 Totem e Tabù e altri scritti*, a cura di Cesare L. Musatti, Torino, Boringhieri, 1975, pp. 10-105 [Ed. or. *Totem und Tabu: Einige Übereinstimmungen im Seelenleben der Wilden und der Neurotiker*, Leipzig, Heller, 1913].

Frontisi-Ducroux, Françoise, *La cithare d'Achille. Essai sur la poétique de l'Iliade*, Roma, Edizioni dell'Ateneo, 1986.

Fuksas, Anatole P., *Prosopopea, allegoria e forze tematiche nei romanzi di Chrétien de Troyes*, in «Rhesis. International Journal of Linguistics, Philology and Literature», 4.2 (2013), pp. 147-174.

Fusini, Nadia, *Orlando: commento e note ai testi*, in Virginia Woolf, *Romanzi*, a cura di Nadia Fusini, Milano, I Meridiani Mondadori, 2005 pp. 1341-1368 [I ed. 1998].
—, *Di vita si muore. Lo spettacolo delle passioni nel teatro di Shakespeare*, Milano, Mondadori, 2010.
—, *Hannah e le altre*, Milano, Einaudi, 2013.
Gombrich, Ernst H., *Aby Warburg. Una biografia intellettuale*, pref. di K. Mazzucco, trad. it. A. Dal Lago e P.A. Rovatti, Milano, Feltrinelli, 2003 [ed. or. *Aby Warburg: an intellectual biography*, London, Warburg Insitute, 1970].
Hölderlin, Friedrich, *Sul tragico*, a cura di Gigliola Pasquinelli e Remo Bodei, Milano, Feltrinelli, 1989.
Jung, Marc R., *Etudes sur le poème allégorique en France au Moyen Âge*, Berne, Franke, 1971.
Kennedy, Elspeth, *Royal broodings and lovers' trances in the First Part of the Prose* Lancelot, in *Mélanges offerts à Jeanne Wathelet-Willem*, éd. Jacques de Caluwé, Liège, Association des romanistes de l'Université de Liège, 1978, pp. 301-314.
Kerényi, Károly, *Gli dei e gli eroi della Grecia*, trad. it. V. Tedeschi, Il Saggiatore, Milano, 2009 [ed. or. *Die Mythologie der Griechen*, Zurich, Rhein-Verlag, 1958-1962].
Klibansky, Raymond, Panofsky, Erwin, Saxl, Fritz, *Saturno e la melanconia. Studi di storia della filosofia naturale, religione e arte*, trad. it. R. Federici, Einaudi, Torino, 1983 [ed. or. *Saturn and Melancholy: Studies in the History of Natural Philosophy, Religion and Art*, Nelson, London, 1964].
Köhler, Erich, *L'avventura cavalleresca. Ideale e realtà nei poemi della Tavola rotonda*, trad. it. G. Baptis, il Mulino, Bologna, 1985 [ed. or. *Ideal und Wirklichkeit in der höfischen Epik: Studien zur Form der frühen Artus- und Graldichtung*, Tübingen, Max Niemeyer Verlag, 1970].
Kott, Jan, *Divorare gli dei. Un'interpretazione della tragedia greca*, trad. it. E. Capriolo, Milano, Mondadori, 2005 [ed. or. *The Eating of the Gods: Interpretation of Greek Tragedy*, New York, Random House, 1973].
Kruger, Steven F., *Il sogno nel Medioevo*, trad. it. E. D'Incerti, Milano, Vita e Pensiero, 1996, [ed. or. *Dreaming in the Middle Ages*, Cambridge University Press, Cambridge, 1992].
Lanza, Diego, *Les temps de l'émotion tragique. Malaise et soulagement*, in «Mètis. Anthropologie des mondes grecs anciens», 3, 1-2 (1988), pp. 15-39.
—, *La disciplina dell'emozione. Un'introduzione alla tragedia greca*, Milano, Il Saggiatore, 1997.
Le Goff, Jacques, *Pour un autre Moyen Âge*, Paris, Gallimard, 1977.
—, Vidal-Naquet, Pierre, *Levi-Strauss en Brocéliande. Esquisse pour une analyse d'un roman courtois*, Paris, Gallimard, 1979.
—, *Il meraviglioso e il quotidiano nell'Occidente medievale*, a cura di F. Maiello, Roma-Bari, Laterza, 2010 [ed. or. *L'imaginire médiéval*, Paris, Gallimard, 1985].

Lesky, Albin L., *Decision and Responsibility in the Tragedy of Aeschylus*, in «Journal of Hellenic Studies» LXXXVI (1966), pp. 78-85.

Liborio, Mariantonia, *Sotto il segno del doppio*, in *Il Graal. I testi che hanno fondato la leggenda*, a cura di M. Liborio, trad. it. A. Cipolla, S. De Laude, M. Infurna, M. Liborio, F. Zambon, I Meridiani Mondadori, Milano, 2005, pp. 7-43.

The Library of Leonard and Virginia Woolf. A Short-title Catalog, a cura di Julia King e Laila Miletic-Vejzovic, Pullman-WA, Washington State University Press, 2003.

Lloyd-Jones, Hugh, *The Supplices of Aeschylus: the New Date and Old Problems*, in «L'Antiquité Classique», XXXIII (1964), pp. 356-74.

Lot, Ferdinand, *Etude sur le Lancelot en prose*, Paris, Champion, 1918.

Mauss, Marcel, *Sociologie et anthropologie*, Paris, Presses Universitaire de France, 1936.

Ménard, Philippe, *Le rire et le sourire dans le roman courtois en France au Moyen Age (1150-1250)*, Genève, Droz, 1969.

Mocan, Mira, *I pensieri del cuore. Per la semantica del provenzale cossirar*, Roma, Bagatto Libri, 2004.

Moore, Madeline, *Orlando: An Edition of the Manuscript*, in «Twentieth Century Literature», 25, 3/4 (1979), pp. 303-355.

Onians, Richard B., *Le origini del pensiero europeo*, a cura di Lorenzo Perilli, trad. it. P. Zaninoni, Milano, Adelphi, 2006 [ed. or. *The Origins of European Thought about the Body, the Mind, the Soul, the World, Time and Fate*, Cambridge University Press, Cambridge, 1951].

Panofsky, Erwin, *Father Time*, in *Studies in Iconology. Humanistic Themes In the Art of Renaissance*, New York, Harper & Row, 1966 [I ed. Oxford University Press, 1939].

—, *La vita e l'opera di Albrecht Dürer*, trad. it. C. Basso, Milano, Abscondita, 2006 [ed. or. *The Life and Art of Albrecht Dürer*, Princeton University Press, 1955].

Pastoureau, Michel, *La vita quotidiana ai tempi dei cavalieri della Tavola Rotonda*, trad. it. M. G. Meriggi, Milano, Rizzoli, 2007 [ed. or. *La vie quotidienne en France et en Angleterre au temps des chevaliers de la Table Ronde*, Paris, Hachette Littératures, 1991].

Pasero, Nicolò, *Cinema nel Medioevo*, in *Cinema e Medioevo*, a cura di Stefano. Pittaluga e Marco Salotti, Genova, Edizioni del DARFICLET, 2000, pp. 7-27.

Piraprez, Delphine, *Chrétien de Troyes, allégoriste malgré lui? Amour et allégorie dans* Le Roman de la Rose *et* Le Chevalier de la Charrette, in *Conjointure arthurienne*, a cura di. Juliette Dor, Actes de la "Classe d'excellence" de la Chaire Francqui 1998, Liège, Publications de l'Institut d'Etudes médiévales, 2000, pp. 83-94.

Prete, Antonio, *Il demone dell'analogia. Da Leopardi a Valéry: studi di poetica*, Milano, Feltrinelli, 1986.

Prosperi, Adriano, *Notti malinconiche. La tristezza del potere*, in *Arcipelago malinconia: scenari e parole dell'interiorità*, a cura di Biancamaria Frabotta, Roma, Donzelli Editore, 2001, pp. 133-140.

Punzi, Arianna, *Svenire per troppa emozione*, in «Critica del testo», VIII/1 (2005), pp. 147-181.

—, *L'allegoria nel Lancelot en prose*, in «Rhesis, International Journal of Linguistic, Philology and Literature», 4.2 (2013).

—, *Quando il personaggio esce dal libro: il caso di Galeotto signore delle isole lontane*, in *Dai pochi ai molti. Studi in onore di Roberto Antonelli*, a cura di Paolo Canettieri e Arianna Punzi, Roma, Viella, 2014, pp. 1395-1421.

—, *Intorno al personaggio di Galeotto, signore delle isole lontane*, in *La lettura degli altri*, a cura di Barbara Ronchetti, Maria Antonietta Saracino e Francesca Terrenato, Roma, Sapienza Università Editrice-Digilab edizioni digitali, 2015, pp. 69-86.

Rampello, Liliana, *Il canto del mondo reale. Virginia Woolf. La vita nella scrittura*, Milano, Il Saggiatore, 2005.

Riegl, Alois, *Die Entstehung Der Barockkunst in Rom*, Vien, A. Schroll, 1908.

Risset, Jacqueline, *Le potenze del sonno*, trad. it. A. Trocchi, Roma, Nottetempo, 2009 [ed. or. *Puissances du sommeil*, Paris, Éditions du Seuil, 1997].

Rohde, Erwin, *Psiche. Culto delle anime e fede nell'immortalità presso i Greci* pref. di S. Givone, trad. it. E. Codignola e A. Oberdorfer, Roma-Bari, Laterza, 2006 [ed. or. *Psyche: Seelencult und Unsterblichkeitsglaube der Griechen*, Tübingen, Mohr, 1903].

Rossi, Paolo, *Il passato, la memoria, l'oblio. Otto saggi di storia delle idee*, Bologna, il Mulino, 2001.

Rüsche, Franz, *Blut, Leben und Seele. Ihr Verhältnis nach Auffassung der griechischen und der alten alexandrinischen Theologie. Eine Vorarbeit zur Religionsgeschichte des Opfers*, in «Studien zur Geschichte und Kultur des Altertums», 5 (1930).

Sapegno, Maria Serena, *Uno sguardo di genere su canone e tradizione*, in *Dentro/Fuori, Sopra/Sotto. Critica femminista e canone letterario*, a cura di Alessia Ronchetti e Maria Serena Sapegno, Ravenna, Longo Editore, 2007, pp. 13- 23.

—, *Figlie del padre. Passione e autorità nella letteratura occidentale*, Milano, Feltrinelli, 2018.

Sergent, Bernard, *Celtes et grecs. Le livre des héros*, Paris, Payot&Rivages, 1999.

Snell, Bruno, *La cultura greca e le origini del pensiero europeo*, trad. it. V. Degli Alberti e A. Marietti Solmi, Torino, Einaudi, 1963 [ed. or. *Die Entdeckung des Geistes. Studien zur Entstehung des europäischen Denkens bei den Griechen*, Hamburg, Claassen & Goverts, 1946].

Sontag, Susan, *Under the Sign of Saturn*, New York, Random House, 1981 [I ed. New York, Farrar, Straus and Giroux, 1980].

Stanesco, Michel, *Entre sommeillant et éveillé*, in *Jeux d'errance du chevalier médiéval: aspects ludiques de la fonction guerriere dans la litterature du Moyen Age Flamboyant*, Leiden, Brill, 1988, pp. 148-172.

Starobinski, Jean, *Ritratto dell'artista da saltimbanco*, a cura di Corrado Bologna, Abscondita, Milano, 2018 [ed. or. *Portrait de l'artiste en saltimbanque*, Genève, Skira, 1970].

Stella, Massimo, *Madreparola. Risorgenze della Musa tra modernismo europeo e antichità classica*, Milano, Mimesis Edizioni, 2017.

Strubel, Armand, *La rose, Renart et le Graal, La littérature allégorique en France au XIII e siècle*, Paris, Champion, 1989.

Susanetti, Davide, *Catastrofi politiche: Sofocle e la tragedia di vivere insieme*, Roma, Carocci, 2011.

Van Gennep, Arnold, *I riti di passaggio*, trad. it. M. L. Remotti, Torino, Bollati Boringhieri, 2007 [ed. or. *Le rites de passage*, Paris, E. Nurry, 1909].

Varvaro, Alberto, *Letterature romanze del medioevo*, Bologna, il Mulino, 1985.

Vegetti, Mario, *Passioni antiche: l'io collerico*, in *Storia delle passioni*, a cura di Silvia Vegetti Finzi, Roma-Bari, Laterza, 1995, pp.39-73.

Vernant, Jean-Pierre, Vidal-Naquet, Pierre, *Mito e tragedia nell'antica Grecia. La tragedia come fenomeno sociale estetico e psicologico*, trad. it. M. Rettori, Torino, Einaudi, 1976 [ed. or. *Mythe et tragédie en Grèce ancienne*, Paris, Librarie François Maspero, 1972].

—, *La belle mort et le cadavre outragé*, in *La mort, les morts dans les sociétés anciennes*, Cambridge, Cambridge University Press, 1982, pp. 45-76.

Vidal-Naquet, Pierre, *L'Iliade sans travesti*, prefazione a l'*Iliade*, Paris, Gallimard, 1975, pp. 5-32.

Vinaver, Eugène, *Il tessuto del racconto. Il "romance" nella cultura medievale*, Bologna, il Mulino, 1988 [ed. or. *The Rise of Romance*, Oxford, Clarendon Press, 1971].

Virdis, Maurizio, *Perceval: per un'e(ste)tica del poetico. Fra immaginario, strutture linguistiche e azioni*, Oristano, Editrice S'Alvure, 1988.

Warburg, Aby, *Divinazione antica pagana in testi ed immagini dell'età di Lutero*, in *La Rinascita del paganesimo antico: contributi alla storia della cultura*, a cura di Gertrud Bing, trad. it. E. Cantimori, Firenze, La Nuova Italia, 1966, pp. 309-390 [ed. or. *Gesammelte Schriften*, a cura di Gertrud Bing, Berlin, B.G. Teubner Leipzig, 1932].

—, *Rembrandt Vortrag*, conferenza al Kulturwissenschaftliche Bibliothek Warburg, 1926 [ed. it. A.Warburg, *L'antico italiano nell'epoca di Rembrandt*, in *Opere*, a cura di M. Ghelardi, vol. II, Torino, Aragno, 2008].

Weil, Simone, *La Grecia e le intuizioni precristiane*, trad. it. M. Harwell Pieracci e C. Campo, Torino, Borla, 1967 [ed. or. *L'Iliade ou le poème de la force*, in *La source grecque*, Paris, Gallimard, 1953].

—, *Quaderni*, vol. I, a cura di Giancarlo Gaeta, Milano, Adelphi, 2017 [ed. or. *Cahiers*, Paris, Plon, 1970].

Wittkower, Rudolf, *Chance, Time and Virtue*, in «Journal of the Warburg Institute», 1, (1937-1938), pp. 313-321.

—, *Occasio, Tempus, Virtus* e *La ocasion e la pazentia: storia di un emblema politico*, in *Allegoria e migrazione dei simboli*, trad. it. G. Romano, Torino, Einaudi, 1987, pp. 188-207 e pp. 208-222 [ed. or. *Allegory and the migration of symbols*, London, Thames & Hudson, 1977].

—, Wittkower, Margot, *Nati sotto Saturno. La figura dell'artista dall'Antichità alla Rivoluzione francese*, trad. it. di F. Salvatorelli, Einaudi, Torino, 1968 [ed. or. *Born Under Saturn: The Character and Conduct of Artists*, New York, Random House, 1963].

Zambon, Francesco, *Introduzione*, in *Il Graal. I testi che hanno fondato la leggenda*, a cura di Marina Liborio, trad. it. A. Cipolla, S. De Laude, M. Infurna, M. Liborio, F. Zambon, Milano, I Meridiani Mondadori, 2005, pp. XI-LXVII.

—, *Lo scudo spezzato*, in *Metamorfosi del Graal*, Roma, Carocci, 2012, pp. 95-118.

Zink, Michel, *Séduire, endormir. Note sur les premiers vers d'un poerme du XVe siècle*, in «Littérature, Paroles du Désir», 23 (1976).

Ziolkowski, Theodore, *Hesitant heroes. Private inhibition, cultural crisis*, Ithaca, New York, Cornell University Press, 2003.

Zolla, Elémire, *Storia del fantasticare*, Milano, Bompiani, 1964.

Indice dei nomi

Finito di stampare
nel mese di aprile 2024
da The Factory s.r.l.
Roma